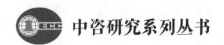 中咨研究系列丛书

中国工程咨询专业指南

第一卷

投资政策研究咨询专业指南

主编　李开孟

副主编　申海燕　刘义成

中国电力出版社
CHINA ELECTRIC POWER PRESS

内 容 提 要

本书从政策咨询和工程咨询的内在联系切入，系统阐述了工程咨询机构承担政策咨询业务的优势领域，包括投资决策政策咨询、产业政策咨询、区域政策咨询、农村发展政策咨询和可持续发展政策咨询的内涵及特点，详细介绍了政策咨询的理论基础和方法工具，以及政策实施、监督评价、执行纠偏、政策听证和公众参与的相关要求，并对加快推动我国工程咨询行业智库建设提出具体建议。可用于政策研究、政策咨询、政策评估相关领域专业人员继续教育及培训用书，也可作为高等院校相关专业教材用书。

图书在版编目（CIP）数据

中国工程咨询专业指南．第一卷，投资政策研究咨询专业指南/李开孟主编．—北京：中国电力出版社，2022.12
（中咨研究系列丛书）
ISBN 978-7-5198-6576-4

Ⅰ．①中…　Ⅱ．①李…　Ⅲ．①投资-咨询服务-中国-指南②投资政策-中国-指南
Ⅳ．①F832.48-62

中国版本图书馆 CIP 数据核字（2022）第 039040 号

出版发行：中国电力出版社
地　　址：北京市东城区北京站西街 19 号（邮政编码 100005）
网　　址：http://www.cepp.sgcc.com.cn
责任编辑：安小丹
责任校对：黄　蓓　常燕昆
装帧设计：赵丽媛
责任印制：吴　迪

印　　刷：三河市万龙印装有限公司
版　　次：2022 年 12 月第一版
印　　次：2022 年 12 月北京第一次印刷
开　　本：710 毫米×1000 毫米　16 开本
印　　张：21
字　　数：316 千字
定　　价：98.00 元

本书编委会

主　　编　李开孟

副 主 编　申海燕　刘义成

参编人员　（按姓氏拼音排序）

曹　玫　　何宇轩　　金啸东　　靳博越

李　东　　李　燕　　牛耘诗　　沈　欢

唐淮安　　伍　迪　　武　威　　徐成彬

杨洪涛　　杨凯越　　张　蓉　　张　最

赵　坤

总　序

　　现代咨询企业怎样才能不断提高核心竞争力？我们认为，关键在于不断提高研究水平。咨询就是参谋，如果没有对事物的深入研究、深层剖析和深刻见解，就当不好参谋，做不好咨询。

　　我国的工程咨询业起步较晚。以 1982 年中国国际工程咨询公司（简称中咨公司）的成立为标志，我国的工程咨询业从无到有，已经发展成具有较大影响的行业，见证了改革开放的历史进程，并且通过自我学习、国际合作、兼容并蓄、博采众长，为国家的社会经济高质量发展做出了重要贡献，同时也促进了自身的成长与发展壮大。

　　但应该清醒地看到，我国工程咨询业与发达国家相比还有不小差距。西方工程咨询业已经有一百多年的发展历史，其咨询理念、理论方法、工具手段，以及咨询机构的管理等各方面已经成熟，特别是在专业研究方面有着深厚基础。而我国的工程咨询业尚处于成长期，尤其在基础研究方面显得薄弱，因而总体上国际竞争力还不强。当前，我国正处于社会经济发生深刻变革的关键时期，不断出现各种新情况、新问题，很多都是我国特定的发展阶段和转轨时期所特有的，在国外没有现成的经验可供借鉴，需要我们进行艰辛的理论探索。立足新发展阶段，完整、准确、全面贯彻落实新发展理念，构建新发展格局，对标世界一流专业咨询机构，建设中国特色新型高端智库，促进高质量发展，对工程咨询提出了新的更高要求，同时也指明了发展方向，提供了巨大发展空间。这更需要我们研究经济建设特别是投资建设领域的各种难点和热点问题，创新咨询理论方法，以指导和推动咨询工作，提高咨询业整体素质，造就一支既熟悉国际规则，又了解国情的专家型人才队伍。

　　中咨公司历来非常重视知识资产的创造和积累，每年都投入相当的资金和人力开展研究工作，向有关机构提供各类咨询研究报告，很多都具有一定的学术价值和应用价值。《中咨研究系列丛书》的出版，就是为了充分发挥这些宝贵的智力财富应有的效益，同时向社会展示我们的研究实力，为提高我国工程咨询业的核心竞争力和促进高质量发展做出贡献。

立言，诚如司马迁所讲"成一家之言"，"藏诸名山，传之其人"。一个人如此，一个单位也是如此。既要努力在社会上树立良好形象，争取为社会做出更大贡献，同时还应当让社会倾听其声音，了解其理念，分享其思想精华。中咨公司会向着这个方向不断努力，不断将自己的研究成果献诸社会。我们更希望把《中咨研究系列丛书》这项名山事业坚持下去，让中咨的贡献持久恒长。

《中咨研究系列丛书》编委会

2022 年 9 月

前　言

　　中咨公司是顺应我国投资体制改革，贯彻投资决策科学化、民主化而成立的国内规模最大、涉及行业最多的综合性工程咨询机构，在我国工程咨询理论方法研究领域一直发挥着行业引领作用。公司自 1982 年成立以来，一直接受国家发展和改革委员会等有关部门的委托，并结合自开课题研究等形式，对工程咨询理论方法进行持续创新研究，取得了非常丰富的研究成果。部分成果以国家有关部委文件的方式在全国印发实施，部分成果以学术专著、论文、研究报告等方式在社会上推广应用，大部分成果则是以中咨公司内部咨询业务作业指导书、业务管理制度及业务操作规范等形式，用于规范和指导公司各部门及所属企业承担的各类工程咨询业务。中咨公司开展的各类咨询理论方法研究工作，为促进我国工程咨询行业健康发展发挥着重要作用。

　　自 1982 年成立以来，中咨公司为中央政府在国家重大建设项目的决策和实施中发挥了重要参谋作用，并为地方政府、企业、银行等各类客户提供大量咨询服务。参与了西气东输、西电东送、南水北调、退耕还林、青藏铁路、京沪高铁、港珠澳大桥、首钢搬迁、奥运场馆、百万吨级乙烯、千万吨级炼油、百万千瓦级超超临界电站、大飞机工程、载人航天、探月工程以及京津冀协调发展、长江经济带、粤港澳大湾区建设、海南自贸区、"一带一路"、生态文明建设、战略性新兴产业、西部大开发、东北振兴、新疆和藏区发展、三峡工程后续工作、汶川和玉树地震灾后重建规划等一大批关系国计民生、体现综合国力的建设项目和发展规划，积累了工程咨询业务实施的丰富经验，具有重要的总结提炼和推广应用价值。

　　中咨公司作为我国规模最大的综合性工程咨询机构，在推动我国工程咨询理论方法研究方面一直发挥着引领带动作用，始终坚持通过理论方法的研究创新，促进公司各项咨询业务的创新开展。工程咨询理论方法体系建设及创新研究，是中咨公司立足新发展阶段，完整、准确、全面贯彻新发展理念，构建新发展格局，对标世界一流专业咨询机构，建设中国特色新型高端智库，促进高质量发展的重要举措，在中咨公司发展战略布局中占有重要地位。

创新是引领发展的第一动力，创新驱动是经济增长动力由资源、投资等要素向知识、创新、人力资本等要素转换的动力源泉。新时代高质量发展对工程咨询理论方法创新提出更高要求，需要在把握投资建设客观规律、服务高质量发展总体目标、体现新发展理念的原则要求、强调可行性研究的核心地位、推动全过程工程咨询服务健康发展、融入"一带一路"建设的国际合作体系、扎实推进工程咨询行业标准规范体系建设、加强培育理论方法创新研究应用人才队伍等方面进行深入研究和实践探索。

工程咨询是一项专业性要求很强的工作，工程咨询业务受到多种不确定性因素的影响，需要对特定领域的咨询对象进行全面系统的分析论证，往往难度很大。这就需要综合运用现代工程学、经济学、管理学等多学科理论知识，借助先进的科技手段、调查预测方法、信息处理技术，在掌握大量信息资料的基础上对未来可能发生的情况进行分析论证，因此对工程咨询从业人员的基本素质、知识积累，尤其是对其所采用的分析评价专业方法提出了很高的要求。

研究工程咨询专业分析评价关键技术方法，要在继承的基础上，通过方法创新，建立一套与国际接轨，并符合我国国情的工程咨询创新研究专业指南，力求在项目评价及工程管理的关键路径和方法层面进行创新。所提出的关键技术方法路径，应能满足工程咨询业务操作的实际需要，体现工程咨询理念创新的鲜明特征，与国际工程咨询所采用的业务导则接轨，并能对各领域不同环节开展工程咨询实践活动起到规范引导的作用。

本次结集出版的《中国工程咨询专业指南》丛书，是《中咨研究系列丛书》中的一个系列，是针对工程咨询业务实施及高端智库研究方法的创新研究专业成果。中咨公司出版《中咨研究系列丛书》的目的，一是与国内外工程咨询业界同行交流中咨公司在工程咨询及高端智库理论方法研究方面取得的成果，搭建学术交流的平台；二是推动工程咨询及高端智库理论方法的创新研究，探索构建我国专业咨询及高端智库研究知识体系的基础架构；三是针对我国专业咨询及高端智库发展的新趋势及新经验，出版公司重大课题研究成果，为推动我国专业咨询及高端智库创新发展做出中咨公司的特殊贡献。

丛书的编写出版工作，由中咨公司研究中心具体负责。研究中心是中咨公司专门从事工程咨询基础性、专业性理论方法及行业标准制定相关研究工作的内设机构。其中，开展专业咨询及高端智库理论方法研究，编写出版《中咨研究系列丛书》，是中咨公司研究中心的一项核心任务。

发展是人类社会面临的永恒主题，创新是人类社会进步的不懈追求。我国工程咨询理论方法体系，从新中国建立以来学习借鉴前苏联东欧经验阶段，到改革开放以来学习借鉴西方市场经济国家及相关国际组织经验阶段，目前已经进入按照高质量发展的要求进行全面创新的新时代。工程咨询行业的高质量发展，呼唤着咨询理念及理论方法体系进行全面创新，并具体指导各类专业咨询实践活动。我们希望，《中国工程咨询专业指南》丛书的出版，能够对推动我国咨询业务实施及专业方法创新，推动我国专业咨询及高端智库研究事业健康发展，推动中国特色新型高端智库及世界一流专业咨询机构建设发挥积极的引领和带动作用。

作者
2022 年 9 月

目　录

┃ 第一章 ┃

工程咨询与政策咨询

工程咨询与政策咨询存在密切联系，但又有明显区别。开展政策咨询业务，是工程咨询机构业务拓展的必然要求。同时，工程咨询机构开展的政策咨询业务，一般是与工程投资存在内在关联的相关业务，与一般性公共政策咨询存在差异。建立在工程咨询业务基础上的政策咨询，主要包括三个层次：一是工程咨询评估主业的延伸，包括宏观经济、区域布局、产业发展规划、产业组织等方面的政策咨询研究；二是国家投资建设领域中跨行业、跨区域、综合性强的政策咨询研究；三是经济建设领域中前瞻性、战略性的热点问题，包括区域协同、技术创新、结构调整、绿色低碳等方面的政策咨询研究。本章主要阐述工程咨询的内涵及特点，政策咨询的基本特征及其理论基础，以及工程咨询机构开展政策咨询业务的内在逻辑。

第一节　工程咨询的基本特征

一、工程咨询的概念和特点

（一）咨询与工程咨询

咨询是综合运用知识经验以及信息技术的复杂智力劳动。对求教者而言，咨询是指向他人或机构征询意见。对被求教者而言，咨询是指当顾问、出谋划策。可见，咨询服务属于智力服务。

工程咨询是受客户委托，集中专家的智慧和经验，遵循独立、公正、科学的原则，运用现代科学技术、经济管理、法律和工程技术等多学科知识、经验及现代科学管理方法，为政府部门、项目业主及其他各类客户提供社会经济建设或工程项目决策与实施的智力服务，工程咨询业属于第三产业。

工程咨询单位是为投资者、决策者、项目法人等提供智力服务的机构。我国工程咨询单位实行资信评价管理制度，对单位基本条件、专业力量、技术水平和技术装备、管理水平等方面有具体资格要求，对于工程咨询（投资）专业技术人员采取水平评价类职业资格管理制度。根据国家发展和改革委员会于2017年颁布的《工程咨询行业管理办法》规定，工程咨询专业和专项资信分为甲级、乙级，工程咨询综合资信只有甲级。各级工程咨询单位按照国家有关规定和业主要求依法开展业务，完成相应的工程咨询任务。

（二）工程咨询的特点

（1）业务类型多样。咨询业务可以是宏观的、整体的咨询，也可以是某个问题、某个项目的咨询。

（2）涉及面广，综合性强。一些项目需要综合考虑政治、经济、社会、文化、生态环境等各方面的因素，协调好各方面的利益关系，需要多学科知识、技术、经验、方法的集成及创新。

（3）前瞻性强。除了要接受委托方或外部验收评价，咨询成果也要经得起时间的检验。

（4）时效性强。时间是构成质量要求的一部分。

（5）是高度智力化的服务。咨询成果（产出品）属于无形智力产品。

（6）投资项目约束条件较多，需分析各个约束条件及风险，从而得出结论。

（7）咨询产品没有批发环节，产销直接见面，适应客户的个性化要求。

（8）咨询业务具有唯一性。业务之间会存在一定的共性，但不会重复。

（三）工程咨询的原则

1. 独立

独立是指工程咨询单位应具有独立的法人地位，不受客户和其他方面偏好、意图的干扰，能独立自主地执业，对自己完成的咨询成果独立承担法律责任。工程咨询单位的独立性，是其从事市场中介服务的法律基础，是坚持客观、公正立场的前提条件，是赢得社会信任的重要前提。

2. 科学

科学是指工程咨询的依据、方法和过程应具有科学性。工程咨询的科学性，要求实事求是，了解并反映客观、真实的情况，据实比选，据理论证，不弄虚作假；要求符合科学的工作程序、咨询标准和行为规范，不违背客观规律；要求运用科学的理论、方法、知识和技术，咨询成果要经得住实践和历史的检验。工程咨询科学化的程度，决定了工程咨询的水准和质量，进而决定了咨询成果是否可信、可靠、可用。

3. 公正

公正是指在工程咨询工作中，坚持原则和公正立场。在业主、咨询工程师、工程实施机构（承包商）三者关系中，咨询工程师不论是为业主服务还是为承包商服务，都要替委托方着想，但这并不意味着盲从委托方的所有意见。当委托方的意见不正确时，咨询工程师应敢于提出不同意见，或在授权范围内进行协调或裁决，支持意见正确的另一方。特别是对于不符合宏观规划、政策的项目，要敢于提出并坚持不同意见，帮助委托方优化方案，甚至做出否定的咨询结论。这既是对国家、社会和人民负责，也是对委托方负责。因为不符合宏观政策要求和客观发展规律的项目，不但不会实现持续的经济效益和社会效益，甚至可能成为委托方的历史包袱。因此，工程咨询是原则性、政策性很强的工作，既要忠实地为委托方服务，又不能完全以委托方满意度作为评价工作的唯一标准。工程咨询单位及其执业人员也要恪守职业道德，不应为了自身利益而丧失咨询原则。

（四）工程咨询的服务范围

工程咨询是为服务现代经济建设的需要，为工程建设项目实施全过程中管理、监督和控制提供的智力服务活动，业务范围包括工程项目的投资决策研究、工程设计方案、招投标服务、工程监理、项目管理等方面。

根据国家发展改革委于2017年颁布的《工程咨询行业管理办法》的相关规定，我国工程咨询单位的服务范围主要包括四项内容。

1. 规划咨询

含总体规划、专项规划、区域规划及行业规划的编制。

2. 项目咨询

含项目投资机会研究、投融资策划，项目建议书（预可行性研究）、项目可行性研究报告、项目申请报告、资金申请报告的编制，政府和社会资本合作（PPP）项目咨询等。

3. 评估咨询

各级政府及有关部门委托的对规划、项目建议书、可行性研究报告、项目申请报告、资金申请报告、PPP项目实施方案、初步设计的评估，规划和项目中期评价、后评价，项目概预决算审查，及其他履行投资管理职能所需的专业技术服务。

4. 全过程工程咨询

采用多种服务方式组合，为项目决策、实施和运营持续提供局部或整体解决方案以及管理服务。有关工程设计、工程造价、工程监理等资格，由国务院有关主管部门认定。

工程咨询单位可根据相关要求从事资格证书范围内认可的一项或多项咨询服务。其中，综合性工程咨询机构的业务范围可以包括规划咨询、评估咨询、招投标咨询和管理咨询等业务类型。

二、工程咨询的地位和作用

我国工程咨询业为经济社会发展和工程项目的决策与实施提供全过程、全方位服务，在经济建设中的地位和作用尤为重要，主要表现在以下方面。

（一）发挥政策规划制定参谋作用

为加快国民经济健康、平稳发展，政府通过制定发展战略、规划与产业政策等，加强和改善宏观调控。这些宏观上的决策涉及经济、技术、社会以及国内外各种影响因素，没有各方面专家的广泛参与和全面系统的研究是难以完成的。由于工程咨询单位的工作性质主要是为工程建设项目服务，熟悉工程项目的建设情况，了解建设过程中可能发生的问题。政府在制定宏观政策时，需要听取工程咨询单位的建议、意见，工程咨询单位应成为各级政府的重要参谋机构。此外，我国部分工程咨询机构还承担了不少经济社会发展重大专题研究，在为有关部门和一些行业及地区制定发展战略、规划和政策等方面积极建言献策，做出了积极贡献。

（二）推动决策科学化、民主化

通常来说，我国工程咨询业的服务内容主要围绕项目投资决策开展。一是政府投资审批、企业投资核准的项目，决策之前应经过有资格的咨询机构评估，包括项目规划、建议书、可行性研究报告和项目申请书的评估，已成为我国项目建设的程序之一。各类工程咨询单位受各级政府委托，承担了大量项目的可行性研究与评估，为决策科学化、民主化，避免和减少决策失误，优化建设方案，提高投资效益，提供了可靠的依据。二是随着投资主体多元化，企业发展战略咨询、项目投资机会研究、项目融资咨询等，正在成为工程咨询机构的新业务领域。三是项目后评价，在项目完成后由独立的咨询机构对项目进行总结和评价，以获取经验、教训和启示，为提高决策科学化水平提供有益的借鉴。

（三）实施工程项目科学管理

随着我国建设管理体制不断深化改革，越来越多的工程项目由工程咨询机构参与项目管理，或者提供工程建设监理服务。特别是现代项目管理技术和手段的应用，使工程项目的进度、质量和投资得到了有效地控制。随着经济发展，项目投资额逐年增大，单个项目的投资越来越大，项目建设管理失误的损失风险也相应增大，因此许多投资人、项目业主都认识到聘请有资质、有经验的工程咨询单位进行项目管理，是规避这类风险的好方法，工程项目管理的市场空间越来越宽广。

（四）开展工程勘察设计咨询

工程的勘察设计工作在我国是重要的工程咨询环节，在国际上也属于工程咨询业务。我国各行业中领域众多的工程勘察设计规划研究机构经过多年发展，技术力量迅速增长，积累了丰富的经验，特别是改革开放以来充分学习吸收国外先进技术和手段，能力水平进一步提高，已具备相当强的工程设计咨询能力，完成了大量建设项目的工程设计，部分设计已经达到国际先进水平。目前，除了个别技术特别复杂的大型项目需聘请外国咨询公司联合设计咨询外，绝大多数项目的设计咨询均可于国内得到满足，而且有部分工程设计单位的业务已经进入国际市场。

（五）服务工程咨询国际市场

得益于我国经济的高速发展，短短的三十年里我国工程咨询业有了长足的进步，人员、规模、企业数量都发展快速，服务也逐渐覆盖所有工程建设项目的领域，不只是外资企业，不少民营企业也开始招标，聘请有资质、有经验的工程咨询机构参与工程建设。同时，随着我国经济不断融入全球经济，国内一些有实力的咨询公司和工程设计单位已开始积极发展国际业务。工程咨询业进入国际市场，不仅直接为国家创造了外汇收入，更重要的是可以带动材料、设备和工程承包与劳务出口，促进外贸发展和国际合作，并且能培养一批国际工程管理人才和国际咨询专家。

三、我国工程咨询业的兴起与发展

中国工程咨询业的兴起与发展，经历了一个较为漫长而曲折的过程。按照对工程咨询业认识理解、方针政策、管理体制和市场运作等方面情况的差异，我们大体上将其分为三个阶段。

（一）新中国成立至改革开放前的建设阶段

1949 年新中国成立以后，我国进入社会主义改造和建设时期。由于计划经济条件下建设管理体制的局限，中国一直没有独立的工程咨询业，也不存在名义上的工程咨询市场，一般工程建设项目的前期准备工作几乎都是由不同形式的项目筹建机构自行承担，少数工业项目和其他特殊工程的部分前期工作，主要是工艺技术方案编制和经济技术分析，则由建设单位委请勘察设计单位承担；而项目建设的管理，则主要是采取派驻"甲方代表"（并联络项目"设计代表"）的方式来实施。在那一时期，国际上风行已久且日益发展的工程咨询业被拒于国门之外。尽管如此，但毕竟存在项目的前期准备、工艺技术方案和经济指标的分析论证与评估工作，实际上这就是粗浅而简单的工程咨询内容。不论这些工作是否被独立的专业机构所承担，还是在一定程度上体现了咨询的作用。

（二）改革开放到党的十八大召开之前的改革阶段

以 1978 年党的十一届三中全会的召开为标志，我国进入改革开放时期，工程咨询逐步为人们所理解和重视，工程咨询业作为一个行业正式出现在建筑市场上并有了较快的发展，其经济环境与政策背景主要在于两个方面。一方面是随着外资的进入带来一些管理新要求，尤其是利用世界银行、亚洲发展银行和其他国际金融组织贷款的项目，必须经过提供贷款方指定的工程咨询机构评审认可，才能签订贷款协议。这一强制性程序规定，促使中国政府放宽限制，允许国际工程咨询机构进入中国市场承揽项目。另一方面，随着中国现代化建设的全面展开，以提高投资效益为目标的项目决策科学化成为一项紧迫任务。1982年，国家计划委员会明确规定把项目可行性研究纳入基本建设程序，并成立中国国际工程咨询公司，隶属于国家计委，主要承担工程项目可行性研究咨询工作。1985年，国家又决定对建设项目实行"先评估，后决策"制度，特别是大中型建设项目和限额以上技术改造项目，必须经过有资格的咨询公司评估后才能提请审批。于是各地政府的计划部门便陆续组建了有隶属关系的工程咨询机构，承担固定资产投资项目的前期审查评估工作。这些工程咨询机构的业务主要来自政府部门委托，因此具有半官方性质，还不是真正的工程咨询业的市场主体。在此前后，1984年开始实行建筑业与基本建设管理体制改革，推行工程招投标，1988年推行建设监理，虽然这些工作不是由独立的工程咨询机构来承担，但客观上拓宽了工程咨询的工作范围，对于提高项目管理水平与投资效益发挥了积极作用。从20世纪80年代中期到后期，中国工程咨询业的市场化趋势加快，从中央到地方各省市和各行业，依托各级计（经）委等部门或金融机构，先后成立了各种专业性和综合性的独立的工程咨询机构，这是刚刚兴起且处于探索前进中的中国工程咨询业的主体，当时民营和外资工程咨询机构很少。

进入20世纪90年代以来，随着政府管理经济及社会资源配置方式发生变化，国家投资体制实行改革，工程咨询市场发育迅速，市场主体呈现多元化，而且行业管理渐趋规范，产业化进程明显加快。1992年底中国工程咨询协会成立，工程咨询行业从此有了自己的组织。1994年国家计委发布《工程咨询业管理办法》《工程咨询单位资格认定暂行办法》，从此将工程咨询业务范围、工程咨询单位和工程咨询行业以及涉外工程咨询等纳入依照行政规章管理的轨道；同时将勘察设计、建设监理纳入工程咨询行业领域，并开始另外颁发工程咨询资质证书，与工程勘察设计、监理证书同时存在于建筑市场。此外，还特别明确工程咨询单位应加入工程咨询行业协会，并由中国工程咨询协会接受委托承办工程咨询单位资质认定工作。这一时期，国外工程咨询机构在中国承揽业务的力度加大、项目增多。中国的工程咨询企业开始认真探索、大胆尝试进入国际市场，先后在 50 多个国家承担项目，但规模普遍较小。为了适应这一需要，1993 年成立了中国国际工程咨询协会，其作为一个涉外行业组织，担负起探索研究国际工程咨询市场以促进中国相关企业更多地"走出去"的任务。原建设部于 1999 年召开"全国勘察设计咨询管理工作会议"，提出工程咨询应在工程建设中发挥主导作用，是实施工程质量监督和保证工程质量的重要环节；提出建立为工程建设全过程提供技术性、管理性服务的设计咨询体系；要求在经营方式和组织形式上与市场接轨、与国际接轨，逐步改造成国际型工程公司、工程设计咨询公司、专业事务所、岩土工程咨询公司，鼓励大型勘察设计咨询单位实行多元化经营，以形成国际通行的工程咨询设计服务体系。会议提出的改革思路和工作目标，对于指导以后的工作有重要意义。为了促进工程咨询的社会化、市场化发展，国家发展计划委员会于 1999 年末印发了《关于建设项目前期工作咨询收费暂行规定》，集中地体现了当时国家关于发展工程咨询业的指导原则和主要政策。

进入 21 世纪，随着政府机构改革和科研设计单位全面转制变型，以及各类综合性工程咨询单位脱钩改制，加之中国"入世"后工程咨询市场的进一步开放，中国工程咨询业面临国内外日益激烈的市场竞争，工程咨询单位的生存与发展问题愈显突出。为严格市场准入，保障工程咨询质量，国家发改委于 2005 年出台了《工程咨询单位资格认定办法》，将工程咨询单位划分为甲级、乙级、丙级三个级别，并就相关等级进行了详细界定，要求各单位按照规定和业务要求依法开展业务。

（三）党的十八大召开之后的高质量发展阶段

党的十八大于 2012 年召开，标志着我国经济社会进入高质量发展的新时代，工程咨询行业同样进入高质量发展的新时代，体制机制改革不断深化，咨询理念方法不断创新，工程咨询业的国际化水平不断提高。

国家发改委于 2013 年发布《咨询工程师（投资）管理办法》（国家发改委 2013 年第 2 号令），对加快行业改革发展起到了积极作用。2017 年 9 月 22 日，国务院发文《国务院关于取消一批行政许可事项的决定》（国发〔2017〕46 号），正式取消工程咨询资质。2017 年 11 月，国家发改委发布《工程咨询行业管理办法》，从业务范围到资格认定等方面，做出了一系列的改革。一是在认定专业和服务范围中，取消了工程设计、工程监理等业务；二是减少了部分专业划分；三是明确提出实行咨询成果质量终身负责制，要求在咨询成果文件上除加盖工程咨询单位印章外，还须加盖主持该咨询业务的咨询工程师（投资）本人执业专用章；四是提出工程咨询单位的资信评价等级分为甲级和乙级，由资质准入到资信评价的重大转变，对于我国工程咨询行业体制机制改革发挥了重要的促进作用。工程咨询服务市场化快速发展，形成了投资咨询、招标代理、勘察、设计、监理、造价、项目管理等专业化的咨询服务业态，促进了我国工程咨询服务专业化水平的提升。为更好地实现投资建设意图，投资者或建设单位在固定资产投资项目决策、工程建设、项目运营过程中，对综合性、跨阶段、一体化的咨询服务需求日益增强。为适应这一新形势，国家发改委和住建部于 2019 年联合发布《关于推进全过程工程咨询服务发展的指导意见》（发改投资规〔2019〕515 号），旨在深化工程领域咨询服务供给侧结构性改革，破解工程咨询市场供需矛盾，大力发展以市场需求为导向、满足委托方多样化需求的全过程工程咨询服务模式，以投资决策综合性咨询促进投资决策科学化。2020 年 4 月，为进一步深化投融资体制改革，加快推进全过程工程咨询，提升固定资产投资决策科学化水平，进一步完善工程建设组织模式，提高投资效益、工程建设质量和运营效率，两部委积极推动出台《房屋建筑和市政基础设施建设项目全过程工程咨询服务技术标准》等指导性文件，为推动全过程工程咨询的快速发展奠定制度和标准基础。通过深化改革和规范引导，中国的工程咨询业立足新发展阶段，贯彻新发展理念，构建新发展格局，正迎来高质量发展的新阶段。

四、未来工程咨询业的发展方向

（一）对投资决策咨询需求大大加强

各级政府投资管理部门要加快推进"先咨询、后决策"原则的制度化，完善决策规则和程序，加强政府制定政策法规和重大投资决策前的政策、规划咨询，政府审批、核准的项目须委托具有相应专业能力的工程咨询单位开展投资决策咨询，提高投资决策的科学化、民主化水平。工程咨询单位要在人员配备、资金保障、技术支撑等方面切实加大对投资决策咨询的投入，积极参与国家和地区经济社会发展重大课题和政策咨询、国民经济和社会发展总体规划及各种专项规划、区域规划、产业技术政策的研究制定，切实从科学发展的要求开展可行性研究，依据"独立、公正、科学"的服务宗旨认真进行评估咨询，为委托方提供政策、规划、信息和工程项目建设全方位的咨询服务。

（二）工程项目全过程管理加快推进

国家将大力推行全过程工程咨询，引导相关企业开展项目投资咨询、工程勘察设计、施工招标咨询、施工指导监督、工程竣工验收、项目运营管理等覆盖工程全生命周期的一体化项目管理咨询服务，力图通过试点先行打造出一批具有国际影响力的全过程工程咨询企业，从而带动行业整体发展，最终实现工程项目全过程咨询服务的产业化整合，培育出一体化的项目管理咨询服务体系。国家和各省市针对全过程工程咨询的发展颁布了诸多政策，其核心是加快完善制度标准，构建全过程工程咨询体系。各级政府发展改革部门要根据投资体制改革要求，借鉴国际工程管理惯例，改变分阶段、分部门的工程项目管理模式，积极推进工程项目全过程管理。工程咨询单位要加快熟悉国际工程管理规则，提高工程项目全过程管理能力，积极开拓国内外工程项目管理市场。规范政府投资项目代建制，完善代建管理制度，建立权责明确、风险共担、利益均衡的代建管理体制。一是鼓励多元化发展。支持不同类型的咨询企业发展成为具有国际竞争力的全过程工程咨询企业。二是试点先行，鼓励一批专业技术力量雄厚、具有创新意识的工程咨询企业先试先行。有关部门应坚持政府引导和市场选择相结合的原则，因地制宜，探索合适的试点模式，积累服务经验，形成示范效应，为全行业推行打好基础。三是加快推进产业整合。鼓励相关企业采取联合经营、并购重组等方式发展全过程工程咨询。四是强化技术支撑。完善技术标准和合同文件体系，为政策推行提供技术支撑，作为实践操作的依据。

（三）后评价工作的重要性更加凸显

各级政府投资管理部门将更加健全政府投资项目后评价制度，规范后评价工作程序、内容和方法，建立信息反馈机制，加快后评价成果的应用，加强后评价管理和监督，推进政府投资监管体系和责任追究制度的建立和完善。工程咨询单位更加强调遵循独立、公正、客观、科学的原则，对规划或项目的目标实现情况、决策和实施过程、实施的效果、作用和影响等进行全面系统的分析和评价，总结经验教训，提出改进建议，推动委托方投资管理水平不断提高。

（四）新领域、新业态、新模式加速形成

工程咨询单位积极拓展投资建设项目全寿命周期的工程咨询产业链，创新工程咨询服务模式，大力开展节能减排咨询、土地利用与生态环保咨询、安全评价咨询、循环经济与资源综合利用咨询、项目运营管理咨询、融资咨询、担保咨询、工程保险咨询、风险评估咨询、工程审计咨询、工程法律咨询服务、工程合同纠纷调解等新领域业务，为委托方提供全过程、全方位的工程咨询服务。

我国工程咨询业以习近平新时代中国特色社会主义思想为指导，深入贯彻落实新发展理念及中央领导同志对工程咨询业的重要批示精神，适应社会主义市场经济和投资体制改革的要求，紧密围绕国家经济和社会发展需求，以改革创新为动力，以统一行业管理、规范工程咨询市场为抓手，着力提升覆盖投资建设全过程的工程咨询服务质量和水平，培育诚信为本、廉洁高效、充满活力的工程咨询单位，将工程咨询业发展成为我国现代服务业的主导产业。同时，适应国内外工程咨询市场需求的发展趋势，扩大和创新工程咨询服务供给能力，加快业务结构的优化升级，完善工程咨询服务产业链，实现工程咨询全过程协调发展。

第二节　政策咨询的基本特征

一、政策的概念

（一）政策的内涵

1. 政策

现代汉语中的"政策"一词源自英文单词"policy"，意指政府为实现某一特定目标而采取的相应的步骤及措施。而在我国古代汉语中，"政"和"策"代表着不同的含义："政"一般指"政权""政治"，表示管理、控制等意思；"策"一般指"策书"，表示计谋、谋略等意思。因此，"政策"属于政治活动的范畴，并蕴含着策划、谋略等意思。梁启超在《戊戌政变记》（1899）中首次公开使用"政策"一词，曰："中国之大患在于教育不兴，人才不足，皇上政策若首注重于学校教育，可谓得其本矣。"此后，"政策"一词广为流行。

政策科学的创始人哈罗德·拉斯韦尔（Harold Lasswell）和丹尼尔·勒纳（Daniel Lerner）认为，政策是一项含有目标、价值与策略的大型计划。而美国政治学家卡尔·弗里德里奇（Carl Friedrich）认为：政策是"在某一特定环境下，个人、团体或政府有计划的活动过程。提出政策的用意就是利用时机、克服障碍，以实现某个既定的目标，或达到某一既定的目的"。这个解释将广泛的个人、组织和政府都纳入政策的主体，基本特征是有目标的活动过程。詹姆斯·安德森（James Anderson）也认为："政策是一个有目的的活动过程，而活动是由一个或一批行为者，为处理某一问题或有关事务而采取的。"由此可以看出，政策既涵盖了实际行为产生的事情，也包括预测的事情。国内学者对政策的界定主要从政策的理论和实践出发。孙光认为"政策是国家和政党为了实现一定的总目标而确定的行动准则，它表现为对人们的利益进行分配和调节的政治措施和复杂过程"。陈振明认为"政策是国家机关、政党及其他政治团体在特定的时期为实现或服务于一定社会政治及文化目标所采取的政治行为或行为准则，它是一系列谋略、法令、措施、办法、方法、条例等的总称"。

从中外学者的定义中可以发现政策的基本元素。首先，它是以一定阶级、利益集团为主体的政治现象。其次，它是为解决政治的、经济的、社会的、文化的问题而采取的一种手段，这种手段包括表明某种态度或者采取直接的行为等。最后，政策带有明显的目的性，在特定的时间和空间下发挥作用。因此，综合中外学者的观点，政策可以定义为：政策是政治主体在特定的空间和时间内使用社会力量，采取一定的手段，为实现既定目标而采取的规范的政治行为。通常情况下，政策的理解主要有三个方面：一是治国之道，如国家的大政、方针、路线等，属于政治学范畴；二是公共管理，即"公共政策"，如政府解决社会公共问题的规划、方案等，属于行政学范畴；三是策略，属于决策咨询的一部分。

2. 公共政策

公共政策对国家或地方的经济、社会持续发展起着至关重要的作用，体现了国家公共管理技术和处理社会问题方法的成熟程度。国内外学者从行政学或政治学等不同的研究视角出发，对政府公共政策的概念做出了诸多不同的界定。美国政治学家 D. 伊斯顿把公共政策界定为："对全社会的价值所做的权威性分配。"他认为，"政策是由决定和行动组成的网络，并以此分配价值。"而公共政策的学科创始人哈罗德·拉斯韦尔则认为："公共政策是具有目标、价值与策略的大型计划。"J. K. 弗兰德等人将公共政策描述为，"政策实质上是一种立场。一项政策一旦宣示，即可以此为依据做出一系列相关的决定"。在美国学者尼古拉斯·亨利看来，公共政策既涉及政治学领域——公共政策是对社会价值进行的权威性的分配，又涉及公共行政学的领域——公共政策需要公共行政官员在行政管理组织中加以实施。我国的许多学者也对公共政策给出了自己的定义，具有代表性定义的有：中国台湾学者林水波、张世贤认为："公共政策是指'政府选择作为或不作为的行为'。"张金马认为：政策是"党和政府用以规范、引导有关机构团体和个人行为的准则或指南。其表现形式有法律、规章、行政命令、政府首脑的书面或口头声明和指示以及行动计划或策略等"。林德金则认为，"（狭义的）政策是管理部门为了使社会或社会中的一个区域向正确的方向发展而提出的法令、措施、条例、计划、方案、规划或项目"。

从国内外学者对公共政策的不同看法中，可以得出公共政策的基本内涵：公共政策的实施主体是具有绝对权威的公共权力机关，依靠公共权力将确定的公共政策在国家或者地方推行实施，目的是在一定的时期内解决公共问题、实现特定的社会目标，具体内容是运用定性分析、定量分析及其他方法制定出的相应准则和措施；公共政策具有很强的指导功能、控制功能、协调功能及分配功能，用以保障实现公共利益的最大化，具有强制性、权威性、公共性特点，有三个方面的内涵：

（1）公共政策是政府履行公共管理职能的手段。政府存在的首要任务，是解决社会公共问题，满足社会公众需求。社会公共问题是普遍存在的，任何时候，任何地方，只要有人类活动，就会产生社会公共问题，因为个体的需求和利益不同，而满足人类需求和利益的自然资源是相对有限的。我国社会存在的主要问题包括：贫富差距问题、食品安全问题、环境污染问题、社会保障问题等。由于存在着"市场失灵"，如公共产品供给不足、收入分配不公、环境污染等，部分领域的社会公共需求只能由政府部门组织提供。

（2）公共政策是政府对社会公共利益的权威分配。现代社会公共政策日益表现为不同利益群体博弈平衡的结果。政府作为社会公共管理者，需要出台一定的公共政策来解决社会公共问题，而政策的制定过程，是不同群体利益主张的博弈过程，最终出台的政策需要平衡好各个群体不同的利益需求。在我国，政府出台的公共政策，目的是为了满足占社会主体的大多数人的利益需求。因此，公共政策本质上是政府对社会公共利益的权威分配。

（3）公共政策是政府民主执政的过程。按照现代社会对公共权力的理解，政府的公共权力是由人民授予的，政府行使公共权力，一方面要受到人民群众的参与和监督，另一方面要受到体现人民意志的法律法规的制约。政府在制定和实施公共政策时，要充分体现科学化、民主化精神，广泛听取社会各界专家、学者和人民群众的意见，包括接受人民群众的监督。

在我国，公共政策概念逐步为政府和社会各界所接纳，集中体现了国家在制定、实施和终止公共政策过程中理念和行为上的科学转变。我国政府今后将逐步转变政府职能，打造服务型政府，把重心落在宏观调控、解决公共需求等层面上，充分发挥市场机制资源配置的决定性作用，更加重视强调政策咨询的地位。

（二）政策的分类

政策包含的内容非常广泛，对政策内容进行合理的分类，可以从不同角度分析研究政策，有利于推动政策科学的发展。

1. 从决策层级分析

从决策层级看，政策主要是由政府制定的，为实现特定的目标而制定的行动方案、准则。在西方国家，政策通常以立法的形式出台。从目前我国的实际情况来看，政策的制定充分体现了党的领导作用和人民当家作主的地位。主要有三个方面：党的政策、人大立法和行政决策。

（1）党的政策：中国共产党是我国社会主义事业建设的领导核心，其权威作用集中体现在政策的制定和执行过程中。一般情况下，党的政策会以直接或间接的形式成为国家的政策。

一是直接形式。党的代表大会和中共中央全会通过的政策性文件，以及党的主要领导人发表的重要讲话等，会采取国家政策的形式，要求贯彻落实于经济社会生活的各个领域。

二是间接形式。从党的十三大开始，政府工作中开始强调"党的领导是政治领导"，政治领导包括政治原则、政治方向、重大决策的领导和向国家推荐重要干部。党对国家事务实行政治领导的主要方式是"使党的主张通过法定程序，变成国家意志"。这里所谓的法定程序主要涉及三种类型：一是党中央与国家其他机构联名发布的政策文件，如党中央、国务院联名发布的决定、指示等；二是党中央单独提出政策倡议，国家有关机构据此制定具体的政策方案，并依照法定程序加以通过，如国民经济和社会发展五年规划的制定和实施就是采取这种方式；三是国家有关机构以党的政策为指导原则制定相关政策。

（2）人大立法：人大的首要职权就是立法，包括宪法、基本法，以及地方性法规、条例等。除立法权外，人大还具有决定权、监督权和任免权。决定权的表现形式包括决议、决定、条例等的制定和颁布。从政策角度看，由人大通过的立法和决定，会构成经济社会的行为规范，且具有政策的相应功能。

（3）国家行政机关决策：在我国，国家机关指国务院、部委机关、直属（特设）机构及地方人民政府，这些都是国家权力的执行机关，行使的是国家行政权。行政机关制定的政策，即行政决策，是我国公共政策的重要组成部分。国家行政机关在履行职能的过程中，在法定的权力和职能范围内，就面临的公共问题制定的行动方案、准则等，称为行政决策。行政决策主要有下面几种形式：

一是行政法规。指国务院依据宪法和法律授权，按照法定程序制定的政治、经济、文化、科技等各类法规的总称。行政法规具有法的效力，一般以条例、办法、实施细则、规定等形式出现，其发布须由国务院总理签署国务院令。

二是行政措施、决定和命令。一般情况下，行政措施、决定和命令与行政法规的区别主要体现在产生和发布程序上，行政法规的发布需要履行法定程序，而行政措施、决定和命令并非一定要履行这些程序，它们主要以国务院文件或者国务院办公厅文件的形式发布。

三是部门规章。其为行政法规的进一步细化，具有较强的规范性。制定行政法规与部门规章的划分原则是：凡法律未作规定且国务院也未发布过决定、命令的，凡全国性的和涉及多个部门关系的，凡调整内容属于部门职权范围尚未明确的，均须采取行政法规的形式加以规范。

四是地方性规章。根据宪法和地方组织法，有权制定地方性规章的只有法律明确授权的地方政府，如省、自治区和直辖市政府及计划单列市的市政府等。

五是地方性行政措施、决议和命令。根据宪法和地方组织法，地方各级政府有权制定行政措施，发布决议和命令。

2. 从纵向来分析

按照政策作用的空间层次不同，将政策划分为总政策、基本政策和具体政策。

（1）总政策，又称元政策，即能够决定经济社会发展根本方向的全局性、战略性的政策。在我国，中国共产党统领经济社会发展的各个领域，党确立的以经济建设为中心、实施改革开放、科学发展观、新发展理念等政策是总政策。

（2）基本政策，又称基本国策，即在经济社会发展过程中的各个领域具体发挥统领作用的政策，如坚守耕地红线政策、资源环境可持续发展政策、对外开放政策等。

（3）具体政策，即基本政策的配套实施政策、实施细则等，制定具体政策的目的是为了落实基本政策，如我国为落实扩大内需政策，实施积极有为的财政政策、科技政策等。

3. 从横向来分析

按照政府职能的不同，将公共政策划分为政治政策、经济政策、文化政策、社会政策等。

（1）政治政策，即政府实施的用于规范人们政治行为的行动准则或行为规范，如民族政策、外交政策等。

（2）经济政策，即政府实施的用于管理和调控人们经济活动的行动准则或行为规范，如财政政策、货币政策等。经济政策是国家实施公共管理活动的最重要手段之一。

（3）社会政策，即政府实施的意在解决社会公共问题的行动准则或行为规范，包括社会保障政策、就业政策、住房政策、文化政策、教育政策、人口政策等。

（4）科技政策，即政府实施的为促进科技事业发展的行动准则或行为规范等。

（5）其他政策，如资源环境政策、可持续发展政策、军事政策等。

二、政策的功能

（一）政府的职能

西方学者托马斯·戴伊（Thomas Dye）认为"公共政策"即政府选择作为或者不作为的决定。所以政策与政府职能有着必然的联系。

政府职能属于历史范畴，随着社会的发展，其内涵不断丰富。现代社会，政府职能主要由政治、经济、文化、社会等职能构成，集中体现了政府在经济社会发展过程中的重要作用。

（1）政治职能。政治职能指政府对外保护国家独立和主权完整、对内维持社会秩序的职能。在我国，政府的政治职能主要由四方面构成：一是军事职能，即保护国家独立和主权完整、保护国防安全等；二是外交职能，即通过外交活动，促进国家经济社会发展、维护世界和平等；三是治安职能，即打击违法犯罪、维持社会秩序、保护人民群众生命财产安全等；四是民主政治建设职能，即随着经济社会发展，逐步推进民主政治建设进程。

（2）经济职能。经济职能指政府对社会经济活动进行管理的职能。经济职能属于历史范畴，不同经济学流派的政策主张主要的争论点在于政府干预主义和自由放任主义。我国政府的经济职能主要有以下方面：宏观经济调控，通过对宏观经济运行实施调控，保证总供给和总需求在总量和结构上的平衡，促进经济可持续发展；产业经济调节，实施必要的产业政策，促进产业结构升级、提升经济竞争力、培育主导产业等；区域经济调节，通过区域政策调整一国整体的经济布局结构，优化资源配置、促进区域均衡发展；微观市场规制，实施各种规制政策，促进公平竞争，防止垄断和过度竞争，实现市场机制的有效运行；国有资产管理，通过合理的政策手段，优化国有资产布局，提高国有资产的竞争力、创新力、控制力、影响力、抗风险能力；组织大型项目建设，发挥制度优势，集中力量建设对国计民生有重大意义的项目，如三峡工程、南水北调、西气东输等重大项目。

（3）文化职能。文化职能指政府领导人民群众进行社会主义精神文明建设的职能。随着经济社会的发展，人民群众对于精神文明建设的要求会越来越高，这是客观的社会发展规律，需要政府不断加强发展文化事业的意识和力量。

（4）社会职能。社会职能指国家提供社会公共服务的职能。这类服务通常无法由市场来解决，具体包括：调节利益分配；建立社会保障；提供医疗卫生服务；提供就业机会；保护生态环境等。

（5）生态文明建设职能。是指坚持节约资源和保护环境的基本国策，坚持节约优先、保护优先、自然恢复为主的方针，着力推进绿色发展、循环发展、低碳发展，形成节约资源和保护环境的空间格局、产业结构、生产方式、生活方式，从源头上扭转生态环境恶化趋势，为人民群众创造良好的生产生活环境，为全球生态安全做出贡献。具体内容包括：优化国土空间开发布局、全面促进资源节约、加大自然生态系统和环境保护力度、加强生态文明制度建设等。

从党的十六大提出的"三位一体"（经济建设、政治建设、文化建设），到十七大提出的"四位一体"（经济建设、政治建设、文化建设和社会建设），再到十八大进一步拓展到"五位一体"（经济建设、政治建设、文化建设、社会建设、生态文明建设）的总布局，阐述了中国发展方向的优化调整。五位一体总体布局是一个有机整体，其中经济建设是根本，政治建设是保证，文化建设是灵魂，社会建设是条件，生态文明建设是基础。只有坚持五位一体建设全面推进、协调发展，才能形成经济富裕、政治民主、文化繁荣、社会公平、生态良好的发展格局，把我国建设成为富强、民主、文明、和谐、美丽的社会主义现代化国家。

（二）政策的功能

政策的功能是指政策实施对经济社会运行产生的作用，主要有导向功能、调控功能、促进功能、保护功能和分配功能。

一是导向功能。政策的导向功能是指在特定的政策目标指引下，对事物发展及公共生活中人们的观念、行为起到引导的作用，主要表现在三个方面：一是为经济社会发展制定明确的目标，从整体上对人们的观念和行为产生影响；二是通过具体的配套措施、办法等，指导人们的行为；三是运用政策的影响统一思想认识，提高政策实施效率，确保政策目标能够实现。

二是调控功能。政策的调控功能是指政府综合运用各种政策工具对经济社会发展中的各种利益冲突进行必要的调节和控制，主要是对物质利益关系的调控。通常情况下，政策的调节作用和控制作用是密切联系的，即调节作用中含有控制作用，在控制作用中实现调节作用。政策的调控功能主要表现在三个方面：一是明确政策的界限，即具体规定受政策限制或抑制的对象及范围；二是通过对一些重大的经济社会活动的监察，以及时纠正不符合政策规范的行为；三是对一些违反政策规定的行为实施惩罚。

三是促进功能。政策的促进功能，表现在三个方面：一是在有利于经济社会长远发展的重点领域投入资源，使其优先发展，如设立自贸区、培育主导产业等；二是促进不同领域之间相互配合，实现经济社会的快速发展，如区域经济一体化；三是破除束缚经济社会发展的旧的政策障碍，实现体制机制创新。

四是保护功能。市场经济条件下，很多经济社会领域都需要政府制定保护政策，否则任由其自由发展，将会产生严重的资源、环境、贫富差距等影响可持续发展的问题。在我国，很多政策都发挥着为经济社会发展保驾护航的作用，如社会保障政策、环境保护政策等。

五是分配功能。政策的分配原则有三种：一是追求公平、牺牲效率，如计划经济体制下的人民公社制度；二是追求效率、牺牲公平，如改革开放初期，鼓励一部分人先富；三是公平与效率兼顾，如当前我国的分配原则。通常情况下，政府对经济社会活动的干预度越高，就越强调政策的分配功能。

三、政策的过程

政策咨询活动对政策的影响力可以从时间和空间上进行分析。具体而言，时间上可以对政策过程进行阶段性划分，如瑞普利（Ripley）将政策过程划分为议程设定，目标和计划的形成与合法化，计划实施，对计划实施、表现和影响的评估，对政策和计划未来的决定，相应的政策咨询活动对政策的影响力可以从这五个阶段进行分析；空间上主要研究政策咨询活动中的参与者，媒体是其主要研究对象，政策咨询机构的政策理念能否引起媒体关注或认可，某种程度上决定了咨询机构的政策影响力。一般情况下，政策过程包括制定、执行、评估、监控和终止五个阶段。

（一）政策制定

政策制定主要指政策的产生和形成，通常包括政策问题的确认、政策议程的建立、政策规划与方案的形成、政策方案的抉择及政策合法化五个步骤。

1. 政策问题的确认

政策问题的确认包括问题察觉、界定和描述三个阶段：政策问题察觉指某些社会问题经过扩散，引起社会公众和政府部门的关注；政策问题界定指针对察觉的社会问题进行分析和解释；政策问题描述指使用可操作的语言（文字、数字、符号、图表等）对界定的社会问题进行规范的描述。

2. 政策议程的建立

社会问题能够转化为政策问题的关键是政府建立相应的政策议程，通常情况下，对社会问题的反应有公众议程和政府议程两种基本形式，这也是政策议程的两个阶段，即某些社会问题如果不能进入公众议程，一般也很难进入政府议程。公众议程指某些社会问题引起社会公众、团体的普遍关注，他们会向政府提出相应的政策诉求，以解决问题。政府议程指某些社会问题引起政府决策者的高度重视，从而采取必要的行动，将这些社会问题纳入政策制定的范围。

3. 政策规划与方案的形成

政策规划是整个政策制定过程中非常重要的一个环节，具体而言，是指针对政策问题提出一系列可操作的解决办法、计划等，包括政策目标的确定、方案的设计、效果的预测和方案的抉择等，这些政策制定的环节彼此之间既有联系也有区别，共同构成政策方案的形成过程。

（1）政策目标的确定。政策目标是政府制定政策所要达成的目的或效果。合理的政策目标是政策得以形成的基础，它可以起到为政策方案规定方向、为政策设计和政策择优提供依据、为政策执行提供指导方针、为政策评估提供标准和依据等作用。确定政策目标的主要原则有实事求是、指向未来、全面协调、系统规范和价值民主、科学五个方面。

（2）政策方案的设计。设计政策方案是为了给政策问题的解决提供各种可操作的方案，政策方案是否科学、合理、可行，直接影响到政策目标能否实现。一般情况下，政策方案的设计可划分为两大步骤：一是轮廓构想，二是细节设计。

（3）政策方案的效果预测。为了使政策的实施能够实现预计的政策目标，必须对拟定的政策方案的实施效果进行科学的预测。具体而言，包括两个方面：一是对政策方案实施的各种可能效果进行预测，二是对设定的政策方案实施的外部环境发生变化的预测。

4. 政策方案的抉择

在对拟定的各种政策方案的实施效果进行预测之后，需要依据一定的标准，对政策方案进行抉择，以求最优政策方案的产生。对政策方案进行抉择的主要标准有：尽可能有利于总政策目标的实现、最大化地实现政策目标、最小化的政策资源消耗、最低化的相关风险度等。在政策方案抉择时，还要考虑政治可行性、经济可行性及技术可行性。总之，最终选择的政策方案，一定是在综合考虑多方面的因素之后的最优方案。

5. 政策合法化

政策合法化指政策方案获得合法地位的过程。政策方案必须按照法定程序，经过有关部门审查、通过、批准、签署和颁布之后，才能获得合法地位。政策合法化主要包括政策内容合法化、决策过程合法化及政策法律化。政策合法化意味着政策正式获得政治系统的承认，从而具有相应的权威性，以此保证政策的有效实施。

（二）政策执行

政策执行是将制定的政策落实为具体行动的过程，主要的准备活动有：制定具体的执行计划、规章制度及细则等，建立必要的执行组织，招聘、培训执行人员，筹集必要的物资、经费等。政策的执行过程，具体包括政策宣传、政策分解、政策准备（物资、人员、组织）、政策实验、政策全面实施等环节，各个环节对于政策的顺利执行都非常重要，只有把各个环节的工作都落实到位，政策目标才可能实现。

（三）政策评估

政策评估是指根据设定的评估标准和程序，对政策过程的效率、效果、影响和社会公众的反应进行判定，并依此决定政策变迁的活动。依据评估实际，可以将政策评估划分为三类：正式评估与非正式评估；自我评估、对象评估、专业评估；方案评估、执行评估、终止评估等。

一般情况下，政策评估程序有三个步骤：评估准备、评估实施和评估总结。评估准备阶段的主要工作有：确定评估对象，制定评估方案，人财物及组织准备；评估实施阶段的主要工作有：采集整理信息，统计分析信息，运算获取结论；评估总结阶段的主要工作有：撰写总体评估报告，评价总结评估活动。

（四）政策监控

政策监控主要指对政策过程进行监督和控制，以保证政策系统的有效运行。

1. 政策监督

政策监督指政策监控主体依据有关的制度和法律法规，对政策过程进行监测和督促的行为。我国的政策监督系统主要构成有：各级人民代表大会、政协和各民主党派；各级行政机关的主管部门或者综合管理部门；纪检、监察部门；审计、统计部门；社会公众和新闻媒体等。不同的监督主体，在监督的内容和方式上会有差别，从而产生的监督效果也会有所不同。通常情况下，政策监督主要有三个步骤：一是建立必要的制度、法律法规，明确相应的监督职责；二是监督具体的政策过程；三是对违法违规行为进行纠正或施以惩处。

2. 政策监控

对政策过程进行监控，可以保证政策体系的高效运行，提高政策过程的质量和效益，促进政策目标的最大化实现。因此，有必要对政策过程的每一个环节进行监控。有效的政策监控，是一种互动的动态过程，要求对政策过程建立相应的反馈机制，对整个政策过程进行有机的监测、监督、评估、判定等，从而帮助决策部门及时发现政策过程中的不足之处，找出偏差，以进行相应的完善。

（五）政策终止

政策终止是政策过程的最后环节，意味着政策的效力充分发挥，预定的政策问题已经得到解决，预期的政策目标也基本实现。一项政策只有在终结评估的基础上才能实施终止。对旧的政策进行适时终止，有利于新的政策出台和贯彻执行。政策终止有着强制性、衔接性和多样性等特点，当政策的效力已基本发挥或者政策出现根本性偏差时，就有必要终止政策。政策终止对于政策的科学发展具有重要作用，有利于节省政策资源、促进政策优化、提高政策效益。

（六）知识运用

一般意义上讲，政策咨询活动是知识转化的活动，政策专家将知识转化成一定的政策，供政府决策者参考使用。政策咨询活动中，知识的运用体现在三个方面：一是政策专家定位政策研究方向，界定政策问题，分析并提供有价值的政策建议；二是将政策建议以更容易被接受的方式提供给政府部门；三是政府决策者对政策专家提供的建议进行筛选，采纳其中有价值的建议。现代社会，公民意识的觉醒使得他们对政策的科学化、民主化要求越来越高。同时，接受过良好教育的政府决策者也逐步意识到政策咨询活动的重要意义，从而为政策咨询专家参与政策过程提供了可能性。

四、政策咨询的起源与发展

（一）古代咨询思想的萌芽

中华文明五千年，从某种角度上讲，可以说就是一部谋略史，有着许许多多经典的谋略故事，也造就了一代代杰出的谋略人物，如被称为"智慧化身"的诸葛亮。一些开明的君主利用这些杰出的谋略人物治国理政，取得了举世瞩目的成就。

早期的典型就是周文王渭水遇见姜尚，向其咨询治国安邦之策，终成霸业，姜尚也因此封侯晋爵，成为典范。越王勾践的重要谋臣范蠡帮助他报仇雪恨，最后弃官从商，悠游江湖。在春秋战国时期，百家争鸣，君主和谋略家相互借鉴与交流，形成了很多流派的谋略文化，包括重利轻义、实用理性的价值观以及"正奇相生"的二极逻辑思维。这个时期贵族世家中以养士而闻名的当属"战国四公子"：齐国孟尝君，赵国平原君，魏国信陵君，楚国春申君。当时，盛行养士，士人（包括学士、方士、术士等）在政治舞台上积极表现，产生了重大影响，公孙鞅、荀况、孙膑、苏秦等是这个时期的谋略家的杰出代表，他们活跃在政治舞台上，一方面帮助自己的君主成就霸业，同时也使咨询活动获得了空前的发展。在我国的汉朝时期，刘邦的重要谋臣包括张良、萧何、韩信，被称作"汉初三杰"，他们为汉朝的兴盛做出了卓越贡献。刘邦恰恰是利用了他们各自的特点，才得以取得天下。张良能够运筹帷幄，决胜于千里之外；萧何具有治理国家的杰出才能，他制定的法规政策很好地适应了当时的社会环境，使国家能够长治久安，不断发展；韩信则是一位同时具有将才和帅才的杰出人才，将军事才能发挥到了极致。东汉末年，曹操非常重视招揽人才，旗下人才济济，在创业时期，他能够舍弃旧怨，不计前嫌，积极接受建议，为以后的发展储备力量。后期，曹丕之所以能够取得政权，不能不说他是继承了曹操的经验，拥有庞大的幕僚团。刘备也是咨询工作的领军人物，诸葛亮军师为其鞠躬尽瘁，死而后已。孙策死后，其母吴氏交代孙权：内事不决问张昭，外事不决问周瑜。可见，当时决策咨询已经深入人心，决策咨询工作迈入了高峰时期。

唐朝是我国诗歌的黄金时期，知识分子也积极入世，报效国家。李白、杜甫等大文豪在文学上造诣卓著，同时他们也都做过幕僚。而功成名就的幕僚如高适，具有敏锐的政治头脑，但是受限于当时的制度和社会发展情况，建树不多。宋朝时期，开国皇帝赵匡胤的著名智囊当属赵普，通过他的谋略，加强了中央集权，他也在国家治理上提出过很多建设性的意见。元朝建立之后，成吉思汗在讨伐金国的过程中，屡屡碰壁，后来在耶律楚材的协助下，蒙古军所向披靡。他为元朝创建的行政机构，影响着国家的未来行政管理行为。清朝时期，幕僚开始制度化，并逐渐成熟，如对他们进行定期的考核、检查。当时的幕僚职业化倾向显现，并且社会各个阶层都给予高度的重视，当时的典型应属绍兴师爷的出现。当时很多高官如林则徐、左宗棠、曾国藩等都出身幕僚。这与当时社会的发展、咨询的进一步发展息息相关。

综上所述，我国古代的政策咨询主要表现形式是智囊，多以个体为主。这些谋士主要依靠官员提供地位和收入，几乎完全丧失了独立性，他们处事圆滑，明哲保身，依附咨询主体，所提供的建议多是从经验和个人的智慧出发，并没有科学的研究和论证。官员对于建议的采纳也都是从自身的利益和喜好出发，主观性强，几乎不存在民主。当时的少量政策咨询机构运行不规范、没有保障，经常随意建立和撤销，所以表现出跟随领导意志的趋势。尽管如此，中国文化传统中形成了丰富的政策谋略思想和政策实践经验，主要表现在以下几个方面。

（1）形成了以民为本、事异备变的政策思想。中国古代有作为的封建思想家与政策智囊大多提倡"民为邦本、政在得民"的治国策略，在制定政策时，多考虑"养民""惠民"和"富民"。古代中国明智的统治者在制定政策与策略时，坚持"世异则事异，事异则备变"的谋略原则。

（2）建立了恩威兼施、以柔克刚的施政原则。中国古代的政策智囊不断向统治者灌输他们的治国理念：韬光养晦，以曲求全，以退为进；恩威并重，分化瓦解，征服吞并；力倡仁信，厚施绥靖，倍加安抚；中央集权，镇国封疆，分而治之。

（3）培养了重政策辩论、政策分析的传统。中国古代留下了许多政策辩论与政策分析的文献。如《盐铁论》就记载了汉昭帝时以御史大夫为首的政府官员和应召而来的当时全国 60 多位贤良学士聚集一起，就制定、实施盐铁官营、酒类专卖的政策，进行辩论的真实过程；西汉时期的《论积贮疏》《论贵粟疏》则是两部有关制定合理的农业与粮食政策的政策规划文献；明代的《智囊计》则是政策案例分析的文献。

（4）形成了完整的国策谋略体系。其中最为突出的是《孙子兵法》。最初人们仅仅将这一著作看作是兵书。但依据当代国内外的研究成果，人们发现《孙子兵法》中包含大量的国策条目、谋略思想和管理策略，从而使这一著作不仅成为中国政策文化中有价值的经典，而且也成为民间政策科学研究的宝贵遗产。

（5）形成重农抑商的政策主张。一个国家或政权实行什么样的经济政策，归根结底是由其经济基础和统治阶级利益所决定的。中国封建社会的经济基础是自给自足的自然经济，对于人们来说，拥有土地可以榨取巨额财富，且地租收入较稳定，是发家致富的最好手段；同时，对封建国家而言，农业的发展可使人民安居乐业，人丁兴旺，使国库粮仓充盈，既可内无粮荒、动乱之虞，也可外无侵扰之虑。因此历代统治者都把发展农业当作"立国之本"，而把商业（有时也包括手工业）当成"末业"来加以抑制。

（二）政策咨询科学的兴起

现代的政策咨询是一门综合性很强的新兴学科，作用在于为提高政策的科学性提供支持和帮助。政策咨询起源于 20 世纪 50 年代的美国，面对美国快速工业化和城市化带来的负面问题，如住房、犯罪、环境保护、失业等，政府人员及专家们希望加强政策的分析研究，克服政治学及其他社会学脱离实践的弊端，以提高公共政策的质量。1951 年，著名政治学家哈罗德·拉斯韦尔首次提出了"政策科学"的概念，对政策科学的体系和内涵进行了全面的勾勒和界定，从此政策科学作为一门独立的学科正式诞生了。"政策分析"一词是美国著名学者林德布洛姆（Charles E. Lindblom）首先使用的。20 世纪 60 年代末至 70 年代初，公共政策分析学迅速发展成为行政管理学中相对独立的新领域。奎德（Edward S. Quade）和邓恩（William N. Dunn）等人将公共政策分析定义为："一种应用性的社会科学研究领域，强调使用研究、分析等科学方法解决社会实际问题，产生政策相关的信息与知识，帮助决策者更明晰地发现和解决公共政策。"经过半个多世纪的发展，公共政策分析的内容框架已经初步形成。但仅从思辨层面定性研究公共政策很难满足现实社会需要，实际操作中必须结合定量分析的工具，引入量化分析方法，才能对一些公共政策现象进行合理的解释，得出科学的结论，这也成为公共政策分析学科的一种主流分析方法。

在政策分析基础上发展起来的政策咨询，是通过一定的程序和方式，向从事研究政治、经济、科技、军事等领域的相关专家咨询某些问题的方法、策略、思想等的行为。从功能上看，政策咨询是一种相对稳定的、独立于政府决策机制，向政府决策提供建议的活动，其突出特点有两个方面：首先是独立性和自由度，政策咨询机构不是政府部门，同时也不以营利为目标，尽量秉持科学和独立的思想，避免成为某一利益集团或者行业的利益代言人；其次，政策咨询是建立在科学的基础上的，紧密联系现实，通过连接科技和决策，协调好权力和知识的关系。政策咨询在不同的背景下会有不同层次的价值诉求，但政策咨询本质的核心价值是不可缺少的，布鲁金斯学会认为，政策咨询应坚持质量、影响力和独立性这三个方面的核心价值，这些也构成判断政策咨询水平的关键因素。政策咨询同独立性息息相关，既包括政策咨询机构和学者研究中的独立性，也涵盖政策咨询过程中的独立性。而具有持续的影响力是政策咨询一直追求的目标。另外，质量是政策咨询的重要体现，包括问题的判断、思想和战略的能力等各个方面。精英理论者认为，政策咨询应注重决策者的注意力，进而扩大政治影响。西方的政策咨询机构大多由利益集团、政府、个人资助组成，政策咨询机构的研究成果在一定程度上受到官员、商业组织等的影响，所以研究成果在某些方面必然反映精英人物的意图。日本有学者从作用层面分析了政策咨询的含义，认为政策咨询是民主社会政策的巨大进步，其以良好的知识和智力为依托，是政策开放性、多样性、有效性等的重要保障。

综上所述，我们将政策咨询理解为是咨询人员或咨询机构根据政策主体或对象的需要，以其专门的知识，运用现代分析方法和手段，进行调查、研究、分析、预测和评估，为政府制定各类发展战略、规划、政策，或者为建设方案提供可行性论证与分析研究，并为国家和政府部门重大问题的决策提供依据和可供选择的方案的一种咨询活动。政策咨询的形式可以多种多样，既有在调查研究的基础上提出方案或建议的建议性咨询，也有对已有方案进行审查或评估的评估性咨询，还有对政策运行过程中的某一具体问题提供具体帮助和指导的专题性咨询。政策咨询的通常分类见表1-1。

表 1-1　　　　　　　　　　　政策咨询分类表

分类标准	咨询类型		简要说明
按咨询内容分		综合咨询	对综合政策问题的咨询
	外部咨询	专业咨询人员	咨询公司的咨询专家
		非专业的咨询顾问	兼职的咨询顾问
		公众咨询	面向社会公众的咨询
	内部咨询	上级对下级部门	系统内上级对下级的咨询指导
		内部自我诊断	政策部门内部的咨询
按发起者分	指令性咨询		上级政府部门组织的咨询
	自发性咨询		政策部门主动向咨询机构咨询
按咨询时间分	长期咨询		咨询机构对客户连续提供三至五年或更长时间的咨询
	短期或一次性咨询		半年以内或一次性的咨询活动
按咨询对象分	对单项政策的咨询		对某项政策的制定、实施、评价、调整等的咨询
	对多项政策的咨询		对一揽子政策的咨询
按咨询成果的表述方式分	口头咨询		用口头方式表达的咨询方案，适用于简单问题或宏观抽象问题
	书面咨询		提供书面咨询报告的咨询，一般正式咨询都采用此形式
	教育培训		以培训为主的咨询，在实际中常常是边培训、边指导实施

国外政策科学的繁荣，极大地促进了政策咨询活动的开展和政策咨询业的发展。以美国为例，从事政策咨询分析的智库相当发达，其研究和咨询活动广泛影响社会舆论和政策走向，全美大约有两千多个从事政策分析的组织，仅华

盛顿特区就有一百多个。智库与利益集团、公民和政府有广泛而直接的联系，影响着美国政治、经济、军事、外交等一系列重大决策。兰德公司、布鲁金斯学会、战略与国际问题研究中心、斯坦福胡佛中心、遗产基金会、美国企业公共政策研究所等就是美国著名的政策咨询研究机构。

（三）我国政策咨询的发展

20 世纪 70 年代末，一些国内学者开始重视政策科学领域的研究，他们逐步地对国外政策科学的学术成果进行了研究和介绍。到了 90 年代，国内政策科学的研究取得了一定的成果，集中表现在学术研究、学科建设、人才培养及知识应用等方面。伴随着政策科学研究的发展，政策咨询业也逐步发展起来，大致可以分为以下五个阶段：

第一阶段：从 1978 年至 1992 年。这段时期可以视作我国政策咨询业的初创期，主要特征是官方身份的咨询机构由少到多、由小到大，逐步发展起来。

第二阶段：从 1992 年至 1997 年。这是中国现代政策咨询业的成长期。1992 年，邓小平同志视察南方，发表著名的"南方讲话"，再次吹响了中国改革的号角，从此，中国的改革进入了第二个阶段。这一阶段改革的重点就是从冲破旧体制转向建立社会主义市场经济的新体制。在这个阶段，我国的政策咨询主要是开始全面研究在社会主义市场经济条件下经济发展过程中出现的一些带有规律性的问题，对系统阐述、进一步丰富社会主义市场经济的理论体系和体制框架做出了积极的努力，取得了丰硕的成果。

第三阶段：1998 年至 2003 年，为政策咨询机构的转制期。这一时期，一些政策咨询机构响应国家号召，走上了转制改制之路。还有一个变化就是政策咨询业务量的增加，一些综合性咨询机构开始进入政策咨询领域，民营的政策咨询机构也开始出现，使得政策咨询业呈现越来越繁荣之势。

第四阶段：2004 年至 2011 年，为政策咨询业的成熟期。这一时期，政策咨询业进入新的发展时期，与前几个时期相比，咨询理念有了新的发展。咨询机构从数量、类型到规模和质量都有新的突破，出现了跨国政策咨询机构，国外一些大型政策咨询机构也开始涉足国内市场，民间政策咨询机构日益壮大，在政策咨询市场上扮演着越来越重要的角色。

第五阶段：党的十八大召开至今，政策咨询进入新发展阶段。习近平总书记等中央领导同志就建设中国特色新型智库、建立健全决策咨询制度做出一系列重要论述和指示，指明了我国智库建设的定位使命、方向路径、总体格局和发展理念。2015年《关于加强中国特色新型智库建设的意见》的出台，标志着我国智库进入加快发展的新阶段，在推动科学决策、民主决策，推进国家治理体系和治理能力现代化，增强国家软实力中发挥着越来越重要的作用。

回顾我国政策咨询业的发展历程，至少取得了五个方面的成就：一是建立了政策咨询机构。从中央到地方，各个部门、各级组织都不同层次地建立了研究室、政策研究室、经济研究中心、决策咨询委员会等名称不一的咨询机构，基本上形成了一个完整的政策咨询网络体系。二是形成了政策咨询风尚。十一届三中全会以来，党和政府每一项大政方针的出台，都是在广泛征求专家学者、政府官员、民主人士、人民群众意见的基础上，经过了认真的调查研究、反复的科学论证后而慎重做出的，在决策科学化、民主化方面取得了可喜的进步。三是培养了政策咨询队伍。中国拥有世界上最为庞大的政策咨询队伍，许多政策咨询人员已成为某一学科、某个领域的专家学者。四是取得了政策咨询硕果。无论是党的各项决议，还是政府的各项政策，以及人大批准的各项计划，包括国家的根本大法，比如《中共中央关于经济体制改革的决定》《中华人民共和国宪法》等，无一不是凝聚了政策咨询人员的心血。五是积累了政策咨询经验。政策咨询是一项新生事物，改革开放以来的40多年，是我国政策咨询最活跃、取得成效最大的时期，积累了丰富的咨询经验，为未来政策咨询的发展奠定了良好基础。

不过，我国政策咨询的发展也面临不少问题，主要表现为政策咨询的思想意识薄弱，政策咨询机构发展亟待完善，咨询机构的学术水平有限以及发展面临着体制障碍；政策咨询的规范化标准还没有确立，政策咨询实际效果不明显，政策咨询方式不规范，民间政策咨询机构参与不足等。

在全球化的背景下，政府决策面临的环境日益复杂，尤其是我国正处于转型时期，各种社会矛盾突出，传统的政府决策模式很难科学有效地解决实际问题。特别是展望未来，我国正处在一个经济和社会都以空前的速度发展和变革的时代，新情况、新问题层出不穷。因此，政府决策越来越需要借助咨询专家的智慧，倚重咨询机构的力量。一方面政策咨询机构要给决策者提供多方面的信息、合理的思考路径，以保证决策的科学和有效；另一方面需要体现公共决策的民主化，在咨询过程中，按照民主的决策程序，充分听取各方意见，汇集各方智慧，拓展思考问题的角度。全面掌握各种信息，采取正确的思考路径，并形成有效的解决方案。此外，政策咨询在满足政府决策科学、有效的同时，还要推动公共政策的科学发展。因此，面对百年未有之大变局，必须充分认识政策咨询的重要意义，必须提高决策者的咨询意识；扎实开展调查研究活动，全面提高政策咨询的成果质量；积极转变咨询服务职能，迅速拓宽政策咨询的发展空间；切实加大政策扶持力度，不断改善政策咨询的环境条件；进一步提高政策咨询人员素质，不断提高我国政策咨询的水平，全面开创政策咨询工作的新局面。

五、政策咨询的作用和特点

（一）政策咨询的作用

政策咨询是现代社会政府科学制定政策的有效保障，其价值在于为决策者出谋划策，提高政策的科学性。

1. 辅助科学决策

随着市场经济在我国的确立和逐步完善，各种利益诉求变得日益强烈，社会问题日益突出，政策问题变得日益复杂，政府和行政官员依靠传统经验和模式不能很好地平衡和解决各种问题，需要各个领域的专家和学者进行科学的、理性的分析，政策咨询的重要性日益突出。尤其是国际形势风云变幻，国际事务的复杂性日益增大，仅仅依靠国家自身的组织已经不能满足处理国际事务的需要，仅靠传统的政府决策程序已经无法完全满足客观形势的变化，所以需要借助政策咨询机构的专业优势增强决策的科学性。

政策咨询的核心价值是尽可能保障公共政策的决策过程科学化。科学化即遵循客观的决策规律，按照合理的决策程序，运用科学的决策方法解决公共政策问题。政策咨询机构的意义在于帮助政府减少政策的错误，提高执政的效率。为此，机构需要掌握准确全面的信息，提供客观实际的思路。政策咨询机构的重要意义在于具备良好的独立性，可以站在客观公正的立场上，尽可能地为决策者提供全方位的信息，指出各项政策的优势与不足等，最大限度地保障政府决策过程的合理化、有效化、科学化。

（1）保障政府决策的科学性。在我国，因为决策失误所造成的损失和危害非常严重，"中国最大的浪费莫过于战略决策的失误"。有些决策的施行只是政府和官员追求短期的绩效，并没有考虑长远的社会效益和可持续发展，很多决策都是非理性的。我国政府决策的科学性虽然在不断提高，但是仍有较大的完善空间。除了短视之外，政策和行政官员也存在决策的寻租行为，为了保护本地区的经济利益，政府决策的科学化会受到影响。

（2）满足复杂决策增强的要求。科学技术的迅猛发展，使社会分工越发细致，一个决策涉及各个领域中的多重背景知识，政府面临的决策问题日益复杂，决策涵盖的因素日益宽泛，并且政策的专业性逐步提高，又因为突发因素的不可预料性，决策的难度日益增大，政府和行政官员仅仅依靠自身的能力根本无法完成。政策问题所涉及的信息也随时发生变化，这方面需要前沿的政策研究人员予以协助，很多数据的分析不是个人可以完成的，需要专业的团队来解决，智库专家对政策的研究是建立在科学分析之上的，政策咨询的意义显而易见。

政府决策系统包括决策信息提供、咨询、中枢、执行、反馈等环节，随着政府责任的逐步提高，很多政府机构都会举行相应的听证会，通过咨询社会公众、专家等，明确合理的目标，进行科学的预测，制定有效的政策，以提高决策的正确性，满足决策的合理诉求。

（3）适应现代组织发展需要。科学技术的发展，使现代政府的组织结构呈现网络化，很多政府通过现代化沟通手段，获得信息更快、更准确，而传统的"金字塔"机构已经不能适应社会发展的需要，集中控制的方式逐渐失去了原有的效力。地区间的政府或政府机构之间联系也更加紧密，这种网络化的发展使沟通更加方便和有效，政府组织的弹性和适应性更强。另一个重要的特征是政府组织结构扁平化，弱化了以往的官僚式控制，权责关系更加明确，政府的自主性得到很大提升，有利于政府根据自身的需要，制定符合自身发展需要的政策。随着我国市场经济的日益完善，政府的很多职能被分离出去，且需要满足现代市场经济发展的要求，这些都为政策咨询的发展奠定了良好的基础。

（4）完善政府治理体系和能力。政府承担着行政决策的责任，任何国家的意志和利益都是通过政府的决策来表达的。同时，政府的决策伴随着人类社会的发展而发展，随着我国改革步伐的进一步前行，我国的政府决策机制也需进一步完善。首先，我国政府决策权力相对集中，这是由于我国计划经济导致的，随着改革的进一步开展，这种状况有所改善，但事实上行政决策仍然存在非程序化等不合乎规范的问题。权力的相对集中，而决策者在某些政策领域内的知识不可能是全面的，导致决策失误的现象发生。要杜绝这种非理性决策的发生，必须实行"谋"与"断"的分离。政策咨询是建立在独立、民主的基础上的，提供的政策建议也是通过广泛的调查研究和客观分析得出的，因而能够满足决策本身的需要。其次，利益严重影响着政府决策，政府决策表现出强烈的部门利益倾向，这种利益倾向容易催生不合理的法规、政策，使得中央和地方、部门之间的政策出现冲突，削弱了政府决策的公信力。同时，利益集团也参与到政府的决策之中，左右着政府决策，导致社会弱势群体的利益受到侵害。政策咨询机构和学者是独立于这些利益之外的，他们提供的决策建议能够公平、合理地表达各方利益诉求，维护弱势群体的利益。再次，政府决策的信息收集不够全面。信息是现代政府决策的关键要素，决策者在决策中往往存在信息收集不够全面、信息失真等问题。与之相对应，体制之外的政策咨询机构能够弥补这种不足，这是因为体制外的信息能够更好地反映利益诉求。最后，政策咨询能够满足政府决策的专业论证，成为政府决策科学化的重要保证。政策咨询是建立在客观、理性的分析上的，只有对政策进行全面的权衡，才能在客观的基础上做出切实的评价。

（5）解决改革发展面临的矛盾。我国改革开放四十多年来，经济建设取得了巨大的进步，国力强盛，人民群众的物质和精神生活得到了极大改善。但是，我们也应该清醒地看到，社会矛盾也日益突出。经济结构失衡、贪污腐败、资源浪费、贫富差距扩大等，这些都是不能回避的问题，而且仅仅依靠政府自身的力量，无法得到根本解决。一方面，政府在制定社会政策的各个方面都面临着精力、智力、知识上的不足，另一方面，某些情况下，政府在制定政策时存在一定的误区。政策咨询能够很好地弥补这些不足，对政府提出合理、客观的建议，并且对于当前的矛盾，也可从一个旁观者的角度进行考虑，将问题的本质思考得更加透彻，理性的政策咨询可以提供较好解决问题的途径。

　　2. 参与决策功能

　　政策咨询通过各种途径最大限度地参与政府决策。一般情况下，政策咨询机构和政府保持着密切的联系，这就意味着它能在一定程度上影响政府的政策。一般来说，政策咨询机构接受政府或行政官员的委托，进行政策课题的研究，提出解决问题的建议或提供政策方案。政府或行政官员采纳政策建议或实施政策方案，有的情况下，会通过立法的形式正式确认。例如，美国对外关系委员会是草拟和制定美国某些对外决策的重要咨询机构。又如美国的经济发展委员会是应美国商务部要求于1942年成立的，其提出的政策建议对于达成制定国际、国内政策意见，具有重要影响。政策咨询机构也会将本机构的政策研究人员通过一定的方式安排到政府部门，让他们直接掌握权力，参与政府的政策制定或实施他们提出的政策方案。在美国，这种现象尤为普遍，美国的总统候选人在参加选举时，身后总是有大量的智囊团为其出谋划策，一旦竞选成功，取得了总统的信任，在其政府组阁时，就会有大量的政策咨询机构的研究人员进入政府班子，直接掌握权力，实施政策决策，提高政府决策的民主化、科学化水平。随着政策咨询发展程度的逐步提高，促进了民主制度的完善。政策咨询机构参与民主的方式主要有三种：直接参与政策、提供政策建议、对政策的制定施加影响。直接参与一般表现为进入政府，政策咨询机构的政策研究人员进入政府部门任职，政策咨询为学者参与政府活动创造了条件。政策咨询的主要表现还是政府或行政官员接受政策建议，使政策和决策更具科学性和合理性，并通过游说政府和官员接受建议并实施政策，使其政策和决策民主化。向政府和官员施加影响也是一种形式，这种做法影响政府的决策和政策理念，从而达到政策咨询的目标。

　　3. 发挥协调功能

　　政策咨询过程就是各种政策理念相互碰撞的过程，既包括政策研究人员的相互探讨，也融合政府和行政官员的思想阐述。政策咨询中的专家在某些领域的观点都是权威的、科学的，他们的意见会得到政府的高度重视，而政府掌握着巨大的资源，他们的影响力是不言而喻的。各种意见的冲突不可避免，但并非不可协调。政策咨询机构同各个方面的联系非常广泛，同形形色色的组织和个人保持联系，这为政策的协调创造了良好的条件。西方发达的政策咨询机构，已经发展成熟，他们自身就是一个协调很好的组织，他们会联合国内、国际上的其他机构，共同对某一问题进行细致的探讨，强调一致行动。政府组织和行政官员在政策咨询过程中总是希望得到大多数人的赞同，以推动政策的有序实施，他们在表达自己的立场时，会主动关心机构和学者的意见，平衡各方面的利益表达，使其获得大多数组织和个人的认可。在这种情况下，政府组织和行政官员通过政策咨询这一平台，协调各方的意见，最终获得政策的通过。

4. 传播专业知识

政策咨询就是知识和智慧高度汇集的过程，通过阐述对相关政策的理念来宣传专业知识。政策咨询机构一般都有自己的刊物，定期或不定期地向社会发布，宣传和普及政策的专业知识。这些刊物集中体现机构的研究成果，表达政策的发展理念。这不仅使政策咨询机构扩大了自身的影响，而且向社会公众普及相关的专业知识，为以后大众接受机构的政策理念奠定了坚实的基础。同时，政府和政策咨询机构经常举办研讨会，或者去一些正式的场合举行演讲，就一些关心问题发表评论，提出相应的对策，引起社会公众的重视和关注。

5. 储备高端人才

政策咨询中的专家和学者都是相关领域的杰出人才，并且在咨询中，自身的能力和修养不断得到提升。西方的著名咨询机构大多有自己的研究生院，学生通过进修某些政策课程，培养成才，并源源不断地被送到政府部门任职，很多的政府官员都是通过这种方式进入政府的核心部门，如从美国企业公共政策研究所出来的温伯格、柯克帕特里克都曾在里根政策部门行使重要权力。一些政府官员从自己的岗位上退下来之后，会到某个政策研究机构任职，他们更懂得政策的制定和实施，同时他们拥有大量的社会关系，会高效地同政府部门沟通，发挥个人的影响力。

（二）政策咨询的特点

（1）政策咨询是面向政策制定过程，为政策制定者提供决策支持服务的。政策咨询贯穿整个政策制定过程，但政策咨询过程不能代替政策制定、实施过程。

（2）对政策咨询以至对政府最后的决策起制约作用的因素是多方面的。首先是民众的态度和愿望，特别是受到相关政策直接影响的民众的态度和愿望。其次是现实的政策与政策制定者所想达到的预期愿望。最后，政策咨询者应当有能力对各种备选方案进行分析排序，指出它们的优缺点，并能说服政策制定者，为什么建议采纳的方案比其他备选方案更好、更有效果。

（3）政策咨询是一个渐进、积累的过程，而不是一个一次性的设计过程。由于需要处理的问题常常是复杂的、难以解决的，因此政策咨询者必须有丰富的研究积累，要有能力从政策的制定、执行、评估与分析等各个方面为政策制定者提供理论和经验的证据，以支持所建议的政策方案有更多被采纳的机会。

（4）政策咨询要关注社会问题本身的复杂性。政策咨询首先必须对社会问题进行多视角的历史的考察，并且还要关注政策情境的复杂性，因为一项具体政策涉及不同的行动者、不同层次的政策制定者以及政策的各种机制。

（5）现代政策咨询是一种相对独立的智力服务性活动。政策咨询机构或智囊专家是以独立的科学研究为决策者服务的，能够提出何种有价值的政策建议、方案是评价他们工作优劣的根本标准。

（三）政策咨询的程序

政策咨询不能取代政策制定和执行，但政策咨询人员能通过自己的活动，对政策问题的认定、政策目标的确定、政策方案的选择、政策资源的配置、政策执行计划的拟定和政策战略的选择，提出好的建议，从而对政策制定、政策实施、政策评估等提供支持和帮助。

1. 界定政策问题

在实际政策过程中，政策制定者常常面对多个问题而且界限并不十分清晰。因此，政策制定者必须首先选择和确认问题，了解和掌握其所产生的背景和原因。对于决策者而言，有的时候问题的挖掘和确认比问题本身的解决显得更为重要。政策咨询的首要工作就是帮助政策制定者选择和确认政策问题。

2. 确立政策目标

在选择和确定政策目标时，由于政策制定主体系统中存在不同的利益群体和公共机构的不同部门，他们在确定政策目标时会基于自身利益的考虑而产生意见分歧。一些强势团体会利用手中掌握的种种优势，将对自己有利却缺乏科学性、合理性的愿望作为政策目标，强加给其他的决策主体。政策咨询分析者相对而言更为超脱，能站在较为客观、公正的立场上，从有利于解决政策问题的宗旨出发，对政策目标的正确选择以及论证提出公正、合理的建议。

3. 提出局部的政策建议

政策特别是经济政策是建立在不同的经济理论以及不同经验的总结分析基础上的，政策咨询机构和研究人员可以依据自身的研究积累，从自身的价值判断出发，对政策方案从某一方面、某一角度提出政策建议。

4. 设计和评估政策方案

政策预设方案及预设方案评估的科学性，影响政策制定的科学性、合理性。在政策制定中，参加决策的主体由于专业知识的局限，或者缺乏必要的对预设方案加以科学评估方法与技术，从而导致方案选择出现失误。政策咨询分析人员则可以借助于对专业知识的熟悉和能够熟练地运用各种评估方法与技术，从而尽可能准确地评定各种预设方案的优劣，帮助决策者做出正确决策。

5. 制定政策实施计划

政策实施计划的制定是连接政策制定与政策执行的重要环节。由于政策制定与政策执行有时是分开的，因此政策执行者制定的实施计划有时可能与政策制定者的初衷存在出入。政策咨询可以很好地弥合其中的裂缝。政策咨询机构和人员可以帮助政策执行者对政策目标、政策资源加以分解、组合，以科学的方法，甚至用计算机模拟方法对政策实施的过程进行模拟分析，帮助政策执行者规划不同阶段需要完成的任务，以及为完成任务所需要的时间、资源、条件。

6. 评估政策实施效果

评估政策实施效果是政策过程的重要环节，也是保证政策决策科学的重要手段。决策者往往将评估政策实施效果委托独立的政策咨询机构进行，以保证评估的独立性和公正性。在西方政策咨询业比较发达的国家，政策评估已成为政策咨询机构的重要工作。我国对政策评估工作也越来越重视，如对西部大开发政策落实情况、三峡工程实施情况，主体规划实施评估等，都是典型的政策评估业务。

（四）影响政府决策的途径

政策咨询的目标是能够影响政府的决策，这就要求政策研究的成果科学合理，符合政府的政策理念，另一方面，政策咨询影响政府决策的途径也是极其关键的因素。政府决策的系统模式包含输入信息、选择政策方案、形成政策决策与反馈政策效果等多个过程，政策咨询在这些过程中都会对政府决策产生影响。

1. 提供方案直接参与政府决策

根据美国学者斯尔曼（Surman）的权力分层理论，影响政府政策决策的力量通常可分为三个层次。首先，是权力的内层，也就是掌握核心权力的国家领导层和各级政府部门，在西方国家通常是总统、国会、各级政府官员和地方立法机关。其次是能够对国家大政方针产生重要影响的社会精英阶层，如大企业财团、传媒、大学、政策咨询机构等。最后是普通社会大众。政策咨询可以通过对各种权力阶层的作用来影响政府决策，既可以通过同核心层建立联系，也可以通过引导社会公众，反过来影响政府的政策制定。

通常最直接、最有效的方式是影响国家权力的核心层，政策咨询机构与政府部门建立很多正式和非正式的渠道，将他们的政策理念和政策建议提供给政府决策者，通过游说来表达他们的政策理念，期望他们的政策建议或方案能够实施。一般情况下，政策咨询过程中对政策的方案都会涵盖很多不确定的因素和不同的预期，所以就会有几种政策方案，通过论证比较，选出最趋于合理的政策预案。政策研究人员和学者的理念最终能够实现，依靠的是他们的研究结果以及和政府官员建立的关系。政策咨询过程中，学者应该根据决策者的要求，提供实际的调研结果、关键的信息分析、实施手段和前瞻性的预测以及政策建议等。本质上，就是提供客观的信息、有价值的资料使决策者形成能够准确反映现实情况的思考。

2. 通过研究成果影响决策理念

政策咨询机构除了提供政策方案之外，还可以通过长期的研究，对政策问题形成相关的理论体系，或者通过形成一种氛围，从而间接影响政府决策。大多数政策咨询机构都不能获得直接参与政策决策的机会，他们大多是对自己研究的政策领域问题进行长期关注，发表最新的研究成果，传递他们的政策观点，从而间接影响政策决策。

政策咨询存在的价值就是向政府或行政官员传递政策的新思想，改变以往决策模式。前瞻性的思考和敏锐的洞察力可以改变核心权力拥有者的政策观念，从而进一步影响到政策的价值目标，继而持续地影响政策决策。政策咨询机构由于对政策的长期研究和学术积累，成为决策者必须依靠的重要外部力量。

西方发达国家的政策咨询意识较早，在政府的决策中已经具有举足轻重的作用。在 20 世纪的后几十年，政策咨询已经成为政府决策的一个必须环节。美国的很多外交政策和重要战略思想的形成都是政策咨询机构在幕后不断努力的成果。日本的政策咨询机构研究人员构成复杂，代表着社会中的很多不同阶层，他们对问题的理解往往体现了某一阶层的观念，这对于日本调节政策中的利益关系，最终达成一致意见，具有非常重要的意义。

政策咨询对政策决策的影响还存在一些更深层次的和本质上的关系。也就是说，政策咨询机构的倾向和政策的决策是互动的，并非单一流向，而是相互影响。杰出的政治领袖人物的观念，往往会指引政策咨询机构的研究取向，进而再影响政府的决策理念，或者是领袖人物的观点经过政策咨询这一环节，通过深入的分析和整理，从而具有理论性。现代社会发展迅速，一些实力不强的政策咨询机构很难获得垂青，他们的观点很难成为政策预案，往往是间接地影响政府的决策理念，这也是其发展的一个重要体现。

3. 创造舆论环境影响政府决策

政府的决策和政策制定不光受到利益集团的影响，在很大程度上也受到社会公众的影响。在西方开放式的民主社会中，社会公众对政策的影响在很大程度上是衡量一个政策能否顺利实施的重要因素。西方发达的资本主义社会中，政策咨询机构并不代表某一党派的意志，他们的目的更多是引导公众舆论。公共政策和公众舆论既可以作为手段，也可以作为目的，两者相辅相成，不可或缺。

政策咨询引导社会舆论的方式很多，如可以通过公开演讲、发表文章、在媒体上表述思想等。政策咨询中有的研究是保密的，但更多的是公开发表，通过这一渠道，让公众了解问题的各个方面，从而影响公众理念，创造舆论环境。在美国，有许多专业杂志，比如《大西洋月刊》《哈泼斯杂志》等，都是不赚钱的，就是为了让这些杂志来影响美国政策的制定。美国的著名政策咨询机构都热衷于公开发表自己的观点，以期让政府和行政官员了解，并希望得到认可，创造一个有利的公众环境，从而影响政府决策。

政策研究人员和学者在公开的场合中发表对政策问题的观点，本质上就是将一些学术上深奥的理论和思想转化为容易被公众理解的观点的过程，这就是政策咨询过程中的传播过程。20世纪的最后二十年，政策咨询机构通过现代化的科学传播手段，通过网络并结合传统的报纸、电视等方式，对于创造社会舆论环境起到了重要的作用，并且媒体也积极引用政策咨询研究的一些成果，积极影响公众的注意力。媒体自身并不具有深度分析政策问题的能力，他们利用政策咨询机构的观点，增强了对政策阐述的深度和可信度，两者之间紧密契合，创造了一个广泛的社会环境，从而影响政府的决策。

4. 评估实施效力，反馈决策信息

政策在制定之后，需要相应地对效果进行科学评估，找到决策中的信息不对称等问题，从而进行调整，这就需要专业的政策研究机构进行长期调查。由于政策咨询机构具有相对的独立性，在政策研究方面具有权威性和专业性，所以政策咨询在政府决策的信息反馈中具有重要的作用。政策咨询机构善于对政府的政策起到很好的督促作用，政府也需要他们在政策实施中起到纠正的作用。政策咨询机构用专业的视角进行检查、衡量和评估，来决定政府决策的利弊，是否有效运转，是否从本质上对问题进行了全面的解决，是否符合目的价值。在这些过程中，不断寻找存在的问题，提出问题的解决方案，从而对政府决策的实施进行持续影响，改进一般政策的战略规划和程序。这是政策咨询的价值所在，是政策咨询机构不断获得发展和扩大影响的条件。

政策咨询过程能够发现政策中存在的不足，规范实施行为，找到解决问题的方案，具有十分积极的意义。政策咨询机构本身具有的独立性，可以使其从客观角度对政策进行科学的评价和鉴定，能够综合社会各个阶层对政策的评价，及时修改政策，合理地确定政策的预期目标，促进政策制定和实施的科学化。政策的后期修订能够很好地解决实施中的利益冲突，体现公正性。政策咨询专家和学者对政策的评估，是对政府决策监督的民主权利过程，通过评估，促进了政府决策行为的民主，协调了社会的发展。

（五）现代政策咨询的创新发展

面对多变的市场、激烈的竞争，政策咨询在研究方法、研究视角、研究理念以及研究手段等方面都发生了显著的变化，出现了新的发展趋势。

1. 全球视野

一方面表现是国内问题的日益国际化。随着中国的崛起，中国对世界的影响日益增强，在世界的政治、经济、文化、军事舞台上扮演着越来越重要的角色。中国的每一件事情几乎都会对世界产生或大或小的影响，使得政策咨询需求日益增多。另一方面的表现是全球性问题日益增多，只有跨国、多国甚至全球共同行动，才能找到解决途径和方法。

2. 系统思维

当今社会是一个普遍联系的社会，哪怕是一个简单的技术问题都不再是单纯的问题，是与社会中的各种因素如政治、经济、文化、军事等联系在一起的。其产生离不开多种因素的共同作用，其发展过程中始终在与多种因素进行互动，其结果则可能会影响诸多社会领域，因此政策咨询者必须坚持辩证的、整体的思维，把每一个政策现象和政策问题都放到社会大背景下，综合考虑、整体优化。

3. 对话机制

政策咨询是一种实践性很强的活动，经常会面对各种复杂的社会问题。由于各利益主体、利益集团之间的知识背景、利益诉求、价值追求等方面各不相同，因此他们对政策的要求也颇有差异。这就要求政策咨询过程中，必须加强各方面的交流、沟通和对话。通过对话，逐步消除差异和分歧，达成相对共识。即使在各方利益要求分歧很大甚至根本对立时，也应该通过协商对话，求同存异。

4. 问题导向

任何政策都是针对特定社会问题而提出的，政策咨询同样是因为政策运行过程中出现了问题或潜在的问题。这就要求政策咨询机构和政策咨询人员保持开放的心态和敏锐的意识，善于发现和挖掘政策运行过程中的各种问题以及社会经济发展中存在的或潜在的问题。

5. 方法创新

政策咨询是一个技术性、专业性很强的工作，对方法的要求非常高。绝大多数成功的政策咨询活动都是建立在对咨询方法的良好把握和创新发展的基础之上的。随着网络技术、信息技术等现代科技的创新，新的理念、方法层出不穷，政策咨询机构和人员也应该有所作为，不断推进咨询理念和咨询方法的创新。

第三节　政策咨询的理论基础

一、政策咨询基础理论

（一）政治学基础理论

政策咨询是政治与学术互动的过程，按照西方学者的理解，对政策咨询研究有重大影响的政治理论，主要有多元理论、精英理论和国家理论。

1. 多元理论

多元理论认为，政策是由不同利益团体相互博弈的结果，是一种平衡产物。政策的制定过程，是政府平衡各方利益冲突的重要机制，通过各个利益主体之间的博弈，最终形成政策。在社会成员的共同生活中，存在着代表不同利益群体的集团，这些集团人物通过一定的渠道进入政策制定体系，最终产生了相对稳定的民主决策机制。多元理论学者认为，政策咨询活动是多元化民主决策机制的重要体现。政策咨询机构与利益团体一样能够对政策的制定产生一定的影响，表现出两者的共同性，但相对而言政策咨询机构，更具有独立性和专业性，能够客观、高效地参与政策制定，这一点受到多元理论学者的密切关注。

2. 精英理论

精英理论认为，政策主要是由社会上少数精英制定的，集中反映了精英的兴趣和偏好。精英理论学者认为，政策咨询活动中，咨询机构中的少数专家精英通过一定的渠道与其他精英阶层进行互动、交流，他们的建议往往对政策制定的影响很大，是政策咨询活动中的关键人物。

3. 国家理论

国家理论认为，政策主要是政府机构的产物，不同的政府制度产生不同的公共政策，政府制定政策有着自身相对独立的运行体系，表现出很强的国家意志。政府在制定政策时，需要进行政策咨询活动，但并不意味着政策咨询机构的建议能对政策的制定产生影响。很多时候，国家意志反过来对咨询机构产生影响。

（二）经济学基础理论

1. 宏观调控理论

古典经济学奠基人亚当·斯密认为，市场机制这只"看不见的手"可以实现资源的最佳配置，政府只需为市场提供公平竞争的运行环境。1929年，美国爆发金融危机，随后引发世界经济危机，古典经济理论学者此时却束手无策。1933年，美国的罗斯福总统上台后实行所谓的"罗斯福新政"，核心是加强政府对经济的直接或间接干预，取得了很好的效果。由此，强调有效需求不足、主张政府积极干预经济的凯恩斯主义开始成为西方经济理论和政策的主流，西方国家也因积极的政府干预，经济保持了长期的繁荣。但20世纪70年代，西方国家出现了经济停滞、高失业率和高通货膨胀率并存的"滞胀"现象，凯恩斯主义的国家干预学说遭受质疑。此后，以弗里德曼为代表的货币主义学派，强调政府应保持稳定的货币供应机制，不应再有其他干预经济的活动。2008年的国际金融危机，使各国政府进一步认识到，对市场经济运行进行干预和调控是非常有必要的。国家对市场经济运行实施干预，主要是因为"市场失灵"以及市场难以在社会公共领域发挥作用。

另外，市场机制容易产生垄断、收入分配不公、经济发展不平衡等问题，这些问题的存在，需要政府进行干预，以实现经济社会可持续发展的目标。市场需要政府进行干预，并不意味着政府可以无所不包。实践表明，政府干预同样存在着"政府失灵"。因此，实施政府干预的前提，必须是充分尊重市场经济运行的客观规律。

宏观调控的作用主要有四个方面：一是减少或消除经济周期波动，实现经济持续稳定增长；二是抑制通货膨胀或治理通货紧缩，稳定物价总水平；三是扩大就业，降低失业率，实现充分就业；四是协调国内经济和对外经济发展，实现国际收支平衡。

宏观调控政策主要从宏观的角度调节经济运行，纠正宏观经济失灵。政府通过宏观调控政策调节总供给和总需求，熨平经济周期性波动，使社会资源得到充分的利用。政府通过财政政策、货币政策、投资和产业政策调节总需求、引导社会增加供给，优化生产布局，调整产业结构，抑制通货膨胀，稳定物价水平，减少失业实现充分就业，增进社会福利，促进宏观经济持续增长。在开放经济条件下，宏观调控除了纠正国内市场失灵对宏观经济的消极影响，还要减少或缓解国际市场失衡、国际市场失灵对宏观经济的消极影响。宏观调控政策还要考虑国际市场对国内总需求和总供给的影响，从统筹国内经济和对外经济的角度协调财政政策、货币政策、投资和产业政策。

2. 政府规制理论

政府为了促进经济社会持续健康发展，除了对经济实施宏观调控之外，还可以从"微观"着手，对市场主体的生产和消费行为进行必要的规范，即政府对经济活动实施规制政策。一般来讲，政府实施规制政策的主要目标有：培育和发展有效竞争市场，提高资源配置效率，增进公众福利；保护资源环境，降低发展的社会成本；开放经济下，保护国内产业安全等。

对于开放型市场经济国家来说，对经济活动实施宏观调控和微观规制是政府干预经济的两种必不可少的手段。宏观调控以微观规制为前提，微观规制为宏观调控提供保障，两种手段相辅相成，从而可以有效地纠正市场失灵。宏观调控和微观规制的主要区别在于宏观调控具有灵活性，微观规制具有原则性。西方发达国家对政府规制探讨较早，其理论体系和实践经验比较丰富，经济规制政策比较完善，而发展中国家对于经济规制政策的实践和研究也逐步开展，规制政策正在趋于完善。

对政府规制的理论探讨，主要有以下几种：

（1）公共利益理论。该理论认为市场机制是存在缺陷的，即"市场失灵"，容易导致资源配置效率降低，损害社会福利。因此，为维护公共利益，政府必须对市场主体的经济活动进行微观规制，提高市场配置资源的效率，增进社会福利，包括进出规制、质量规制、价格规制等。公共利益理论主要是以规范分析的手段来阐述为什么需要政府规制、政府应该如何规制等问题。

（2）可竞争市场理论。该理论认为只有可竞争的市场才能提高资源配置效率，增进社会福利。所谓可竞争市场是指厂商可以自由进入或退出市场，不受沉没成本等行业壁垒的影响。在可竞争市场环境中，在位的厂商容易受到潜在进入者的压力影响，从而有不断提高生产效率、降低经营成本的动力，而传统的政府规制手段会破坏这种存有竞争压力的市场环境，导致资源配置低效率。政府实施规制的目的主要是增强市场的可竞争性，有效提高市场效率，增进社会福利。

（3）激励性规制理论。该理论认为政府在基本保持规制政策的前提下，给予受规制的厂商一定的自主选择权，以激励厂商最大限度地发挥自身的积极性和优势，增进社会福利。可以实行的激励性规制政策主要包括特许投标规制、价格上限规制、利润分享规制等。

政府规制主要有经济规制和社会规制两种。经济规制主要针对市场主体进入和退出行业，对产品数量、价格、质量等进行规制，以纠正垄断、信息不对称等导致市场资源配置效率低下的情况，包括进出规制、质量规制、价格规制等；社会规制主要针对导致市场失灵的外部性问题，规制的目的是为了保护环境、增进公共福利等，规制政策包括许可证政策和各种税费政策等。

除了市场失灵之外，同样存在着政府规制失灵，即规制政策导致资源配置低效率、寻租空间产生等，损害公共利益。因此，需要对规制的制定者和执行者进行必要的规制，即行政规制，以纠正政府规制失灵。行政规制方面的理论主要有：官僚制理论、公共选择理论、政府绩效评估理论等。

3. 国民收入决定与投资理论

凯恩斯（Keynes）于 1936 年在其发表的著作《就业、利息和货币通论》中，开创性地提出了"国民收入决定理论"，为分析宏观经济问题提供了基本的理论指导。国民收入决定理论分析研究的是宏观经济运行中总收入和总产出如何产生，以及实现国民收入均衡的条件。

凯恩斯主要从总需求角度分析总收入如何决定，可以用下列公式进行说明：

$$C + G + I + NX = Y = YD + (TA - TR) = C + S + (TA - TR) \quad (1\text{-}1)$$

式中 　C——消费支出；

　　　　G——政府对商品和劳务的购买；

　　　　I——投资支出；

　　　NX——净出口（出口－进口）；

　　　　Y——总产出（国民生产总值、国民收入）；

　　　YD——可支配收入（收入＋转移支付－税收）；

　　　TA——政府所得的全部税收；

　　　TR——政府向私人部门的转移支付；

　　　　S——私人部门的储蓄。

$$I + NX = PS + GS \quad (1\text{-}2)$$

式中 　I——投资支出；

　　NX——净出口（出口－进口）；

　　PS——私人部门的储蓄；

　　GS——政府盈余（GS＝TA－TR－G）。

上述公式揭示了一国投资和储蓄的关系，公式中 I 如果包含了政府投资，则必须从政府购买 G 中扣除。

宏观经济理论分析中使用的投资，是指真实的资本创造，即建筑物、机械设备等有形资本存量的增加。投资对于宏观经济运行来说，有两个方面的作用：一是投资支出属于总支出中规模较大且易变动的部分，其变动除了会对总需求产生影响外，还能影响短期内的总产出和就业水平。二是投资会导致建筑物、机械设备等有形资本的增加，这些资本物的增加可以提高一国长期的潜在生产能力，从而促进经济持续增长。因此，投资发挥着双重作用，不仅具有需求效应，更重要的是具有供给效应。既通过对总需求的作用而影响短期产出水平，又通过对资本形成的作用而影响潜在生产能力和总供给，从而影响长期产出水平的增长趋势。

投资对产出有乘数效应。当投资增加时，产量将首先增长相同的数量。但是，当资本品产业的收入获得者得到更多的收入时，便会启动由此引致的一系列次轮消费支出和就业。

投资乘数用于从宏观角度说明投资需求对经济增长的影响作用。乘数概念是由英国经济学家卡恩（Kahn）于 1931 年提出的，经济学家凯恩斯在《就业、利息和货币通论》中，根据这一概念提出了"投资乘数论"，说明投资量变与收入量变的连锁关系。这一原理认为，一个部门投资的增加会引起一系列别的部门收入的增加，投资乘数就是总收入增量与投资增量之比。总收入增量包括间接引起的消费增量在内，边际消费倾向越大，投资乘数也就越大。用公式表示为：

投资乘数＝收入变动／投资变动＝1/（1－边际消费倾向）＝1/ 边际储蓄倾向

$$(1\text{-}3)$$

但是，投资乘数的作用以所有部门存在未被利用的生产能力为前提，只有在这种情况下，才能说明投资与国民生产总值和就业之间的某种依存关系。

投资加速原理是法国经济学家阿夫塔里昂于 1913 年提出来的，主要说明由于生产量变动如何引起投资量变动。其中心内容是投资量的变动取决于产量水平的变动，两者的变动有一种类似加速度型的函数关系。用公式表示为：

$$I = V\Delta Y \qquad (1\text{-}4)$$

其中，I 为投资量；V 为加速系数，即资本产出比率，表明每增加一单位产出量所需的投资量；ΔY 为收入（产量）增量。

乘数原理是说明投资的变化如何引起收入的变化，加速原理则是说明收入的变化如何引起投资的变化，即收入对投资的决定作用。

投资和消费的关系对经济发展和经济增长具有重要作用和影响，是宏观经济管理中的两个重要的调控变量。从动态看，暂时牺牲即时消费，适当增加用于投资的国民收入，可以增加未来的供给能力和可供消费的国民财富；反过来，投资增加了供给能力后，必须依靠扩大消费来增加市场需求，使投资的价值回报得以实现。在技术进步条件下，投资又往往是首先打破旧的均衡，推动社会总供给与社会总需求在新的高度上取得新的效率、实现更高的均衡的重要因素。

投资要通过私人部门和企业的投资行为得到具体实现。企业投资的目的是为了赚取利润。由于资本品要延用许多年，企业投资行为的决策取决于这几点：对新投资所生产出的产品的需求状况；影响投资成本的利率和税收等；企业对未来经济状况的预期。

（三）管理学基础理论

1. 系统理论

系统理论是研究系统的一般模式、结构和规律的学问，它研究各种系统的共同特征，用数学方法定量地描述其功能，寻求并确立适用于一切系统的原理、原则和数学模型，是具有逻辑和数学性质的一门科学。

系统思想源远流长，但作为一门科学的系统论，人们公认是美籍奥地利人、理论生物学家 L. V. 贝塔朗菲（L. Von. Bertalanffy）创立的。他在 1932 年提出了系统论的思想，1937 年提出了"一般系统论"原理，奠定了这门科学的理论基础。但是他的论文《关于一般系统论》在 1945 年才公开发表，到了 20 世纪六七十年代，"一般系统论"才受到人们的普遍重视。一般系统论把系统定义为：由若干要素以一定结构形式联结构成的具有某种功能的有机整体。在这个定义中包括了系统、要素、结构、功能四个概念，表明了要素与要素、要素与系统、系统与环境三方面的关系。

系统论认为，整体性、关联性、等级结构性、动态平衡性、时序性等是所有系统的共同基本特征。系统论的核心思想是系统的整体观念。贝塔朗菲强调，任何系统都是一个有机的整体，它不是各个部分的机械组合或简单相加，系统的整体功能是各要素在孤立状态下所没有的特征。他用亚里士多德的"整体大于部分之和"的名言来说明系统的整体性，反对那种认为要素性能好，整体性能一定好，以局部说明整体的机械论的观点。同时认为，系统中各要素不是孤立地存在着，每个要素在系统中都处于一定的位置上，起着特定的作用。要素之间相互关联，构成了一个不可分割的整体。要素是整体中的要素，如果将要素从系统整体中割离出来，它将失去要素的作用。

系统论的基本思想方法，就是把所研究和处理的对象当作一个系统，分析系统的结构和功能，研究系统、要素、环境三者的相互关系和变动的规律。用优化系统观点看问题，世界上任何事物都可以看成是一个系统，系统是普遍存在的。大至苍茫的宇宙，小至微观的原子，一粒种子、一群蜜蜂、一台机器、一个工厂、一个学会团体等，都是系统，整个世界就是系统的集合。

系统是多种多样的，可以根据不同的原则和情况来划分系统的类型。按人类干预的情况可划分为自然系统、人工系统；按学科领域可分成自然系统、社会系统和思维系统；按范围划分则有宏观系统、微观系统；按与环境的关系划分则有开放系统、封闭系统、孤立系统；按状态划分则有平衡系统、非平衡系统、近平衡系统、远平衡系统等。此外还有大系统、小系统的相对区分。

系统论的作用，不仅在于认识系统的特点和规律，更重要的还在于利用这些特点和规律去控制、管理、改造或创造系统，使其存在与发展合乎人的目的需要。研究系统的目的在于调整系统结构，统筹各要素关系，使系统达到优化目标。

系统论的出现，使人类的思维方式发生了深刻变化。以往研究问题，一般是把事物分解成若干部分，抽象出最简单的因素，然后再以部分的性质去说明复杂事物。这是笛卡儿理论的基本分析方法，其着眼点在局部或要素，遵循的是单项因果决定论，不能如实地说明事物的整体性，不能反映事物之间的联系和相互作用，只适应认识较为简单的事物，而不胜任于对复杂问题的研究。在现代科学的整体化和高度综合化发展的趋势下，在人类面临许多规模巨大、关系复杂、参数众多的复杂问题面前，就显得无能为力。系统分析方法为现代复杂问题提供了有效的思维方式。系统论连同控制论、信息论等其他科学一起所提供的新思路和新方法，为人类的思维开拓新路，作为现代科学的新潮流，促进着各门科学的发展。

系统论反映了现代科学发展的趋势，反映了现代社会化大生产的特点，反映了现代社会生活的复杂性，其理论和方法得到广泛的应用。系统论不仅为现代科学的发展提供了理论和方法，而且也为解决现代社会中的政治、经济、军事、科学、文化等方面的各种复杂问题提供了方法论的基础，系统观念正渗透到每个领域。

2. 复杂理论

复杂理论是研究复杂系统和复杂性的科学。复杂性是非线性、不可逆性、不确定性、标度无关性、自相似性、模糊性等复杂属性的总称。复杂理论被称为"21世纪的新科学"，是系统科学发展的新阶段。复杂理论又可以称为关于组织和自组织的理论，它揭示了一个由诸多相互独立的因素怎样形成一个有机整体或功能组织，它们又是如何在变化的条件下保持自身的连贯性、同一性和目标，发挥功能和发展的。复杂理论为理解组织原则和动力学演化规律，为把握动态的、不确定的世界提供了新的概念和方法。复杂理论包括非平衡热力学、耗散结构理论、突变理论、模糊理论、混沌理论、自相似理论等学科。运用这些学科的原理和方法，科学家和社会科学家正在探索建立复杂性经济学、复杂性管理学等学科。

复杂理论有以下三个主要特点：第一，研究对象是复杂系统，例如植物、动物、人体、生命、生态、企业、市场、经济、社会、政治等方面的系统。第二，其研究方法是定性判断与定量计算相结合、微观分析与宏观综合相结合、还原论与整体论相结合、科学推理与哲学思辨相结合。其所用的工具包括数学、计算机模拟、形式逻辑、符合学等。第三，其研究深度不限于对客观事物的描述，而是更着重于揭示客观事物构成的原因及其演化的历程，并力图尽可能准确地预测其未来的发展趋势。

3. 现代决策理论

人类一切有组织的社会、经济、政治、军事等活动都离不开决策。决策科学就是研究决策规律，提供决策方法来帮助人们进行有效决策的科学。1938年，英国 OR（Operations Research）小组开创了军事运筹学研究的先河，揭开了决策科学的研究序幕。至 20 世纪 70 年代，数学规划、搜索论、库存论、决策分析已经成为人们决策的重要辅助工具，并被写入运筹学的教科书。20世纪 80 年代以来，博弈论在经济学领域的应用研究不断深入，多目标决策、多属性决策、战略决策、情景规划等决策新理论也逐渐受到人们的重视，成为应用前沿。

（1）多目标决策。多目标决策是单目标决策的拓展，更接近于人们的日常决策，因为对一项实际活动的决策总是涉及几个追求的目标。单目标向多目标拓展需要解决决策者的偏好直接影响到其对各个目标重要性看法的问题，因而要针对每个决策者建立单独的价值函数，进而寻求使价值最大的解。

（2）多属性决策。多属性决策处理的是某些目标无法量化的多目标决策问题。属性是指一个方案的性能参数、特性、性质等。多属性决策研究依据问题的多个属性进行方案的选优或排序。

（3）博弈论。博弈论又称对策论，是研究具有竞争性质的现象的数学理论和方法。它研究这样一类性质的现象：两个或两个以上的决策者需要对两个或多个策略进行一次选择；结果取决于全体决策者的策略选择；每个决策者对于各种可能的结果都有确定的选择。它运用数学模型通过推理的形式，帮助处于对抗性竞争状态下的双方在各自策略集合中选取最优策略，以对付对方，从而使自己获胜。博弈论中的博弈是指处于竞争状态的各方为了战胜对手而采取的对付对方的策略，其制定的决策主要是针对竞争对手的策略。我国古代的"田忌赛马"就是典型的博弈研究的例子。根据不同标准可以把博弈分为多种类型。根据博弈的时间性分为静态博弈和动态博弈；根据参加博弈的人数分为两人博弈和多人博弈；根据策略集的数目分为有限博弈和无限博弈；根据局中人支付情况分为零和博弈和非零和博弈；根据对策的数学模型可分为随机博弈、确定博弈、阵地博弈、连续博弈等。

（4）效用理论。所谓效用就是"方案在决策者眼中的价值"，亦称方案的效用或策略的效用。策略的效用由策略和决策者双方所决定，是策略和决策者的函数。为了能够用效用进行决策，就必须解决把损益值和机会转化为效用的问题，即求解效用函数的问题。

（5）随机性决策理论。随机性决策是指未来事件是否发生不能肯定，但知其可能发生的概率的情况下的决策，亦称"统计性决策"或"风险性决策"。随机性决策的方法很多。根据决策标准与所使用的方法不同，可分为以期望值为标准的决策方法，以最大可能性为标准的决策方法，以优势原则为标准的决策方法，以意愿水准原则为标准的决策方法。在以上各种决策方法中，以期望值法用得最多。此外，还有网络决策法（包括决策树网络法和动态规划网络法）、马尔可夫决策法等。

（6）模糊决策理论。一切决策必须首先确定目标，应根据具体情况设定最为贴切的目标。然而以清晰的数量化形式给出目标，在现实生活中是不多的；要精确地描述某一目标，往往极为困难。作为选取方案的约束条件，也有两种，一种是严格的、不容突破的约束条件；另一种则是软约束，带有一种留有余地的、语言暧昧的模糊约束。现实生活中的决策，大多具有模糊目标和模糊约束。模糊数学的诞生及其在决策中的应用为解决此类问题提供了重要方法。

（7）有限理性理论。现代决策理论的主要代表人物是赫伯特·西蒙（Herbert Simon）。他是美国著名经济学家和管理学家，1978 年获得了诺贝尔经济学奖。西蒙的第一个重要观点是：管理就是决策。也就是说，管理的中心问题就是决策，决策贯穿于管理活动的全过程。决策是管理的关键，抓住了决策问题，就是抓住了管理的核心和本质。西蒙的第二个重要观点是有限理性理论，这是西蒙全部重要理论的基础。所谓有限理性，就是说人的理性行为是受限制的。传统的经济理论假定的"理性经济人"是不符合实际的。因为现实中人们掌握的信息是不完全的，只能得到全部可能行为方案中很少几个，对决策后果的了解是模糊、零碎的，同时对于决策后果的价值预见和判断也不可能是准确的、完整的。西蒙的第三个重要观点是满意理论，这是西蒙决策理论的落脚点。满意理论的基本思想是，最优解只在数学理论或现实中很小的范围内存在，在错综复杂的现实世界中，不存在最优解。以上述三点为基础，决策理论学派综合运用系统理论、运筹学、计算机科学等，形成了有关决策过程、准则、类型及方法的比较完整的理论体系。

（8）战略决策理论。领导工作就其广义而言包括战略决策、规划制定、政策选择和组织管理。战略决策是领导者的基本职责，是全部领导工作的核心。"战略"一词起源于军事科学，是相对于"战役""战术"而存在的概念。后来，"战略"一词逐渐应用于政治、经济、科技和社会等领域，其含义也变得越来越广泛。一般而言，"战略"是泛指重大的、带有全局性的、规律性的或决定全局的谋划。战略具有全局性、长期性和层次性。战略决策是组织最高的决策，具有艺术与科学双重特征，寻求各种战略逻辑、设计战略方案是组织管理的发展趋势。伴随着高端智库的蓬勃发展，运用现代科技手段，为政治、经济、军事、社会等各方面战略决策进行综合咨询越来越普遍，战略决策研究也得以加快发展。

二、产业政策和区域经济理论

（一）产业政策理论

产业政策是指政府为实现特定的经济社会目标，而对产业的形成与发展实施干预的各种政策的总和。政府实施产业政策的理论依据，主要有以下方面。

1."市场失灵"理论

市场行为的本质是逐利行为，只有在满足一定条件的前提下，市场才能有效配置资源，从而增进社会福利。受现实条件的制约，市场不可避免地会发生诸如垄断、过度竞争、环境污染、公共品供给不足等市场失灵的状况，因此需要政府进行必要的干预，而产业政策的实施正是政府干预的具体体现。从弥补市场失灵的角度看，产业政策的作用主要有以下几点：

（1）有利于解决"马歇尔冲突"难题。"马歇尔冲突"即市场自由竞争可以提高资源配置效率，而自由竞争容易产生垄断，垄断会阻碍竞争，而当这种垄断客观上具有规模经济效应时，市场就会面临竞争与规模经济两难的选择。市场机制本身无法解决这种两难冲突，只能依靠政府制定必要的产业政策，使市场保持有效竞争，以此达到资源配置最佳的目的。

（2）有利于实现公共品的有效供给。由于公共品具有非竞争性和非排他性的特殊属性，使得对公共品很难定价，也无法排除"搭便车"的行为。因此，私人对于提供公共品的动力不足，即单靠市场提供容易导致公共品的供给水平小于社会最优水平，使社会福利受损。一般情况下，各国政府都会通过实施相应的产业政策以保证公共品的有效供给。

（3）有利于纠正经济活动中的外部性。市场主体在参与经济活动时，通常只会考虑个体的成本和收益，而对于个体行为的社会成本和收益的关注度不够，造成个体成本小于社会成本的情况时常发生，导致社会利益受损，即市场在面对外部性问题时，并不能保证资源的最佳配置，实现社会福利的最大化。因此，政府必须实施相应的产业政策纠正市场主体经济活动的外部性，以达到社会资源最佳配置的目的。

（4）有利于降低经济活动中的信息不对称。市场机制有效配置资源的前提之一是：市场主体的信息来源是充分的、对称的。在现实条件下，这种假设前提很难得到满足，导致在自由竞争的市场环境中，不可避免地会出现"劣币驱逐良币"的现象，影响市场的健康运行。因此，政府需要利用产业政策监督检查市场主体的行为，并利用一定的渠道及时向社会提供真实、完整的信息。

2. 后发优势理论

德国经济学家李斯特（Friedrich List）认为，工业化起步较晚的国家，有可能经过国家产业政策的保护与培育，发展起新的优势产业；后起国家只有以这种优势产业参与国际分工，才能打破旧有的国际分工格局，以先进的生产结构占据于己有利的国际分工地位，这就是"培育优势说"。日本的经济学者在"比较优势"和"培育优势"的基础上，进一步提出，后起国家由于可以直接吸收和引进先进国家的技术，技术成本要比最初开发的国家低得多；在同样的资金、资源、技术条件下，还具有劳动力成本便宜的优势；只要在国家的保护和扶持下达到规模经济阶段，就能发展起新的优势产业，与先进国家传统的资本或技术密集的分工领域一争高下。这就是"后发优势说"，是日本产业扶持理论的基本依据。这一理论特别强调了后进国家制定产业政策的必要性和紧迫性，后进国家应该更多更好地利用产业政策，实现"赶超"先进国家的目标。

3. 结构转换理论

英国的克拉克（Clark）、德国的霍夫曼（Hofmann）和美国的库兹涅茨（Kuznets）等人都曾对经济增长与收入提高过程中的产业结构变化规律进行过深入研究，并提出了"配第-克拉克定理""霍夫曼比率""库兹涅茨增长理论"等学说。日本学者对此也有杰出的贡献。在日本经济理论中，结构转换理论也称"产业结构高度化理论"。它的基本思想是，一个国家的产业结构必须不断实行从低级向高级的适时转换，才能实现赶超和保持领先地位。

日本学者认为，产业结构未能实现及时转换是历史上一些老牌的发达国家趋向衰落的基本原因之一。日本经济学者的贡献可概括为以下三个方面：①提出结构转换是一个重要的利益再分配过程，需要有政府的产业政策干预，才能适时、顺利地完成。例如，对衰退产业的调整就需要政府的援助政策。②结构转换不应是一个被动的结果，而需要在产业政策的指导下主动实施。例如，按照下一阶段国际收入弹性最大和技术增长率最高的原则选择战略重点部门。③转换过程中利用产业政策协调与非经济性目标的关系。例如，出于国家安全与协调社会利益关系的考虑对农业的保护政策等。

4. 规模经济理论

规模经济理论是指由于生产成本中固定成本和可变成本的结构特性及市场开辟的过程性等因素的影响，产业发展客观上存在着生产成本最低的最优经济规模。在未达到最优规模以前，单位生产成本处于递减过程，继续扩大规模是有利的。根据这一理论，在赶超阶段，为尽快增加本国企业的竞争力，国家须要暂时牺牲一些市场机制的基本竞争准则和竞争活力，也应当利用产业政策的手段，加快促进企业规模的优化。

5. 技术开发理论

技术是一种难以按照一般市场原则进行交易的知识财富，这种知识财富具有三个特点：技术本身常常具有公共物品的特征；技术开发伴随着技术与市场的双重风险；技术的开发与应用具有学习过程和规模经济的特征。技术的开发过程或开发结果经常存在着社会获益率大于企业获益率的可能性。因此，在技术开发过程中，政府的政策干预是保证技术不断进步的必要条件。

（二）区域经济理论

区域经济理论研究的是有限的资源如何进行空间布局，实现资源优化配置，得到最大化的社会产出的问题。相对于人的需求来说，资源总是有限的，一般经济学研究的是如何实现有限资源的优化配置，但缺陷在于它是零维空间，把经济活动的发生抽象到了某个点上。区域经济理论针对一般经济学的理论不足，提出把资源配置的空间布局和配置方式作为研究对象，主要包括如下理论。

1. 平衡发展理论

平衡发展理论依据的理论基础是哈罗德-多马经济增长模型。平衡发展理论认为各个经济部门和地区是相互联系、相互依存的，单纯突出某个经济部门和地区，会导致其他部门和地区的发展停滞不前，从而使整个经济发展停滞不前。因此，平衡发展理论主张所有部门和地区应该齐头并进，共同发展。平衡发展理论的贡献在于，针对经济欠发达区域因有效需求不足导致投资诱导不足，进而经济陷入贫困的恶性循环困境，提出了解决困境的模式。但在实际生活中，平衡发展理论几乎没有应用的可能性，因为经济欠发达区域一般不具备所有产业同步发展的资本，即便在经济发达区域，各产业因所在区位、技术条件、资源禀赋、劳动力等现实条件的不同，投资效率也会不同，因而各地区通常会优先发展具有比较优势的产业或者培育对于经济长远发展有利的产业，不可能公平兼顾到所有产业。

2. 不平衡发展理论

不平衡发展理论是由美国经济学家赫希曼为代表提出的。该理论认为，经济增长的发生并非是所有经济部门均衡发展的结果，而是一些主导部门的优先发展带动其他相关部门共同发展的结果，这种带动作用就是产业的关联效应，包括前向关联效应、后向关联效应及旁侧关联效应，关联效应的大小可以通过某种产业产品需求的价格弹性和收入弹性进行衡量，主导部门的选择应当是这种关联效应最大的产业，即产品需求的价格弹性和收入弹性最大。赫希曼认为，政府应该优先将资源投向基础设施建设，并且引导私人部门将资源优先投向主导部门。在实际的经济发展过程中，不平衡发展理论的应用较为广泛，各国都会优先将有限的资金、资源、人力等投入重点地区和主导部门，以此带动其他相关地区和部门的发展，从而实现经济的增长。

3. 区域分工贸易理论

区域分工贸易理论最初是用来解释国际分工与贸易的发生的，主要有亚当·斯密的绝对优势理论、李嘉图的比较优势理论、赫克歇尔和俄林的要素禀赋理论等，区域经济学家将这些理论应用于研究区域之间的分工与贸易。绝对优势理论强调各国应该集中精力生产具有绝对优势的产品，并用于贸易，以获得最大的经济利益，该理论的不足之处在于无法解释不具有绝对优势的国家也能参与国际贸易的现实情况。而且比较优势理论没有解释比较优势产生的原因。要素禀赋理论是对绝对优势理论和比较优势理论很好的补充，强调各国应该根据资源禀赋状况，生产具有比较优势的产品参与贸易。该理论不足之处在于没有将技术、政府行为、要素流动等情况考虑在内。

4. 梯度转移理论

梯度转移理论认为区域之间客观上存在着产业梯度，产业梯度的高低主要由区域的产业结构所决定，而区域的产业结构又主要决定于主导经济部门所处的生命周期，如果主导经济部门正处于创新阶段，则该地区可以视作产业高梯度区域。高梯度地区的创新活动比较频繁，并通过扩散效应向产业中、下梯度转移求得发展，而中、下梯度地区则可以通过接受高梯度地区的产业转移或谋求反梯度转移获得发展。与梯度转移理论较为类似的是"雁行模式"理论，20世纪80年代，一些日本学者根据战后东亚各国的经济发展过程和国际分工体系的形成，提出了"雁行模式"，基本内涵是：依据东亚各国的产业结构和经济实力，划分为"领头雁"日本、"雁身""亚洲四小龙""雁尾"东盟及中国。梯度转移理论的局限在于很难客观科学地划分各地区的梯度层级，且按照这种理论，容易固化各地区的产业梯度，加剧地区发展差异。

5. 增长极理论

增长极理论最初是由法国经济学家佩鲁（Perroux）提出，认为一国经济于各地区和各部门平衡发展在现实中不可能实现，只能是一个或多个经济增长极带动其他部门或地区发展。增长极是指与其他产业或地区具有高度关联效应，通过自身发展能够推动这些产业或地区发展的主导产业，所以一国应该选择一些核心区域培育主导产业，以实现经济发展。增长极理论是不平衡发展理论的依据之一，有很强的实际应用空间。该理论的局限在于忽视了增长极的极化效应，即有可能导致增长极区域与周边区域的发展差距进一步扩大，且在产业增长极与区域其他产业不配套的情况下，有可能影响其他产业的发展。

6. 点轴开发理论

点轴开发理论最初由波兰经济学家萨伦巴（Zaremba）和马利士（Marles）提出，是对增长极理论的一种延伸。点轴开发理论认为，经济增长极之间由于生产要素、贸易等需要而连接起来的交通干线，会进一步吸引产业和要素向着交通干线集聚，从而在空间上形成支撑经济发展的点轴系统。相比于增长极理论，该理论更强调区位和交通条件的重要性，认为点轴开发对于区域经济增长和协调发展更为有利。我国经济地理学家陆大道院士对该理论进行过系统阐述，主张我国应重点开发沿海、沿江区域，形成"T"字型开发布局。

7. 网络开发理论

网络开发理论是对点轴开发理论的进一步发展，即当区域经济发展到了一定阶段之后，由于新旧增长极、增长轴之间的相互联系、相互融合而形成的网状经济发展布局，可以缩小地区发展差异，推进区域经济一体化发展。网络开发理论强调，区域经济发展在经历点轴开发模式取得一定成就之后，政府应适时布局，一方面引导旧的增长极改造升级并积极向不发达区域扩散，同时，集中资源开发新的点轴系统；另一方面，积极做好区域基础设施建设，包括交通、通信、能源供给线等。该理论为我国推进城乡经济一体化发展战略提供了很好的发展思路。

8. 累积因果理论

累积因果理论最初由瑞典经济学家缪尔达尔（Gunnar Dyrdal）提出，之后由卡尔多（Kaldor）、迪克逊（R. J. Dixon）等人进一步发展完善。累积因果理论认为，市场机制的自发作用倾向于加大区域之间发展的差距，而不是促进区域经济的均衡发展。一般来说，按照累积因果理论，区域经济发展过程中会产生三种效应：极化效应、扩散效应及回程效应。极化效应是指增长极区域初期吸引周边地区劳动力、资源等向其聚集，促进其发展的效应；扩散效应是指随着增长极区域发展到一定阶段，因劳动力、资源成本上升等因素影响，会将资金、技术等向周边地区转移，带动周边地区发展；回程效应与扩散效应相反，是指随着增长极区域的发展，会进一步吸引周边地区的资源、劳动力等向其聚集，从而导致区域之间的发展差距进一步扩大。累积因果理论认为，要想实现区域之间的平衡发展，不能仅靠市场机制的作用，必须有政府力量的适时干预。累积因果理论为发展中国家解决区域经济发展平衡问题提供了重要的理论支撑。

9. 中心-外围理论

中心-外围理论首先由劳尔·普雷维什于 20 世纪 40 年代提出，主要是阐明发达国家与落后国家间的中心-外围不平等体系及其发展模式与政策主张。20 世纪 60 年代，弗里德曼将中心-外围理论的概念引入区域经济学研究，认为任何国家的区域系统，都是由中心和外围两个子空间系统组成的。资源、市场、技术和环境等的区域分布差异是客观存在的，当某些区域的空间聚集形成累积发展之势时，就会获得比其外围地区强大得多的经济竞争优势，形成区域经济体系中的中心。外围（落后地区）相对于中心（发达地区），处于依附地位而缺乏经济自主，从而出现了空间二元结构，并随时间推移而不断强化。这一理论对于促进区域经济协调发展具有重要指导意义，即政府与市场在促进区域经济协调发展中的作用缺一不可，既要强化市场对资源配置的决定性作用，又要充分发挥政府在弥补市场不足方面的作用，并大力改善交通条件，加快城市化进程，以促进区域经济协调发展。

10. 城市圈域经济理论

第二次世界大战后，随着世界范围内工业化与城市化的快速推进，以大城市为中心的圈域经济发展成为各国经济发展中的主流。各国理论界和政府部门对城市圈域经济发展逐渐予以重视，并加强对城市圈域经济理论的研究。该理论认为，城市在区域经济发展中起核心作用。区域经济的发展应以城市为中心，以圈域状的空间分布为特点，逐步向外发展。该理论把城市圈域分为三个部分，一是有一个首位度高的城市经济中心；二是有若干腹地或周边城镇；三是中心城市与腹地或周边城镇之间所形成的"极化—扩散"效应的内在经济联系网络。城市圈域经济理论把城市化与工业化有机结合起来，意在推动经济发展在空间上的协调，对发展城市和农村经济、推动区域经济协调发展和城乡协调发展，都具有重要指导意义。

第四节　工程咨询与政策咨询

一、工程咨询机构开展政策咨询业务的必要性

政策咨询是宏观研究和决策咨询的重要组成部分，对国家治国理政，编制规划、制定政策，实施重大项目等都具有重要的参谋参考作用。工程咨询是运用工程技术、科学技术、经济管理和法律法规等多学科方面的知识和经验，为政府部门、项目业主及其他各类客户的工程建设项目决策和管理提供咨询活动的智力服务，包括前期立项阶段咨询、勘察设计阶段咨询、施工阶段咨询、投产或交付使用后的评价等工作。工程咨询工作的开展，要在国家大环境、大战略、大规划、大政策的框架下进行，离不开国家战略的引领、宏观政策的指导。因此，开展好政策研究工作是开展工程咨询工作的必要前提和基础工作。工程咨询领域的政策咨询涉及与工程相关的各项经济、社会、资源、环境等政策。

（一）提高服务质量的重要保证

随着国家投融资体制改革不断深化，国家重大政策的导向性对工程咨询服务的质量和效益的影响越来越大，远超过传统的技术经济分析和市场分析。今后工程咨询机构要想提供优质的工程咨询服务，必须以政策为起点，以政策为落脚点。一是深入分析研究国家宏观政策，把握政策的导向，从而指导具体的工程项目咨询工作；二是通过大量具体项目的分析论证，提炼出具有普遍性的问题，并为国家提供进一步完善政策的建议。工程咨询服务只有以宏观政策为指导，才能满足政府决策部门和项目业主的需求。通过对宏观政策的循环认识，工程咨询机构可以不断深入地理解政策的实质和要点，在具体的工程项目咨询中做到有的放矢，一方面可以提出具有更大经济效益同时符合国家政策要求和社会利益诉求的方案建议，为委托方提供高质量的咨询服务成果，另一方

面也为自身降低服务成本打下基础。

（二）延伸业务领域的重要方向

政府职能转变加快，今后将越来越多地转向经济社会宏观调控职能。考虑到政府能力和资源的有限性，对政策咨询服务的需求将与日俱增。工程咨询机构必须树立前瞻意识，积极主动开展政策研究和咨询工作，一方面可以拓展为政府服务的范围，另一方面可以延伸咨询机构业务领域。我国的工程咨询机构，特别是国有大型工程咨询机构，其职能定位不应只是为企业、投资人、项目业主等提供咨询服务，更需要有为国家政策制定提供咨询服务的意识，这是工程咨询机构新的市场机遇，也是工程咨询机构业务链条的扩展延伸。

（三）树立智力型企业的重要基础

工程咨询机构，特别是国有大型工程咨询机构，通过对国家重大的宏观政策、产业政策、投资政策等经济政策的研究，把握政策的导向，运用于工程咨询实践，并针对实践中提炼出的普遍性问题，向政府提供调整和完善政策的建议，这些建议一旦被采纳，将会极大地提升工程咨询机构甚至是工程咨询行业的影响力，树立工程咨询机构的权威形象，赢得政府、企业、项目业主及其他社会客户的信任，从而可以获得更多的市场业务机会。

（四）实现可持续发展的重要途径

咨询业务市场的竞争，本质上是工程咨询机构人才素质、知识结构、管理水平的竞争。工程咨询机构要想赢得市场竞争，实现可持续发展，成为国内有权威、国际有影响的机构，必须高度重视培养人才的业务水平，重点培养一批有知名度的专家、学者。公共政策研究涉及社会的方方面面，对各学科的知识都有要求。开展政策咨询业务可以有效提升工程咨询机构人才的学术水平、知识水平，是培养人才的重要措施。

二、工程咨询机构开展政策咨询业务的原则

（一）战略引领

党的十九大提出，我国社会的主要矛盾已经转化为"人民日益增长的美好生活需要和不平衡不充分的发展之间的矛盾"，并综合分析国际国内形势和我国发展条件，提出从全面建成小康社会到基本实现现代化，再到全面建成社会

主义现代化强国的战略安排，即在实现决胜全面建成小康社会的基础上，到2035年基本实现社会主义现代化；从2035年到本世纪中叶，把我国建成富强、民主、文明、和谐、美丽的社会主义现代化强国，形成了新时代坚持和发展中国特色社会主义的基本方略：着眼全面准确贯彻落实习近平新时代中国特色社会主义思想，强调坚持党对一切工作的领导，坚持以人民为中心，坚持全面深化改革，坚持新发展理念，坚持人民当家作主，坚持全面依法治国，坚持社会主义核心价值体系，坚持在发展中保障和改善民生，坚持人与自然和谐共生，坚持总体国家安全观，坚持党对人民军队的绝对领导，坚持"一国两制"和推进祖国统一，坚持推动构建人类命运共同体，坚持全面从严治党。政策咨询必须全面贯彻党的基本理论、基本路线、基本方略，更好地服务于党和人民的事业发展，是新时期做好政策咨询工作的根本遵循。

（二）客观科学

运用马克思辩证唯物主义的哲学方法，把握规律性，研究特殊性，善于抓住事物发展变化的主要矛盾和矛盾的主要方面；坚持一切从实际出发，注重调查研究，用事实说话；充分依靠和利用自然科学、社会科学领域普遍的科学原理、方法和最新的研究成果，注重定性分析和定量研究相结合，用数据说话。

（三）预研预判

工程咨询机构自觉学习和领会特定时期国家经济政策的方向性，把握政府的重大关切，这是做好政策研究工作的首要前提。开展政策研究工作，需要密切关注世界政治、经济、社会、科技等方面的最新动态，接受政府委托或自立课题，前瞻性地研究这些领域变化的趋势，为政策的提前布局提供建议。工程咨询机构要追求认识与实践上的与时俱进，勇于创新，为国家提供优质服务。

（四）有的放矢

开展政策研究工作，应当从以下方面把握政策研究的针对性：一是经济效益，包括提高投资效益、规避投资风险等；二是以人为本，包括人的教育、生活、生产、发展等；三是全面发展，包括转变经济增长方式、提高自主创新能力、促进社会全面进步等；四是协调发展，包括城乡、区域、人与自然等；五是可持续发展，包括资源、能源的节约利用以及环境的承载力等。从这些角度出发，结合项目咨询实践，提炼出普遍的经验和问题，为政策的完善提供建议。

（五）讲求时效

政策建议讲究时效性。工程咨询机构开展的咨询评估业务具有领域宽广、调研深入的特点，因此容易发现具有普遍性的问题。工程咨询机构要培养人员的政策敏感性，善于总结、提炼、分析政策问题，并及时形成完善政策的建议。

（六）切实可行

工程咨询机构提出的政策建议必须有可操作性。一是政治可行性，即合乎政策资源、分配、制度三方面的限制条件；二是经济可行性，即占用的经济资源、成本效益上的可行性；三是技术可行性，即技术条件上要可行。

三、工程咨询机构开展政策咨询业务的基本条件

（一）大量的咨询项目实践

实践出真知，工程咨询机构有大量工程项目咨询实践经验是开展政策研究工作的必要前提。只有在大量的项目咨询工作的基础上提炼出的问题和建议，才会有很强的说服力，才能够获得政府的青睐。因此，工程咨询机构不应只用理论来分析研究政策问题，必须立足于项目实践，从大量的项目实践中提炼出政策问题，进行分析研究，形成具有宏观视角的有价值的政策建议。

（二）专业的咨询研究人员

只有具有很高政策水平、思维敏锐的咨询人员，才能在项目咨询实践过程中发现政策问题，并结合自身的工作经验，提炼出具有普遍意义的政策，从而为咨询机构提出具有时效性的政策建议提供基础。

（三）完善的组织制度机制

工程咨询机构有必要成立相应的政策研究组织机构和研究机制，一方面可以为政策研究工作提供重要的组织力量；另一方面，通过开展培训，让更多的技术人员具有基本的政策敏感性，从而在工作中可以发现政策问题。只有发挥组织的力量，才能及时总结出有价值的政策问题。

（四）充裕的研究资金保障

公共政策通常牵涉到社会的各个领域，有些情形下，进行一项政策研究，单靠某个人或者某个公司根本无法完成，需要尽可能地集中各个领域的专家、学者才可能完成，这需要一定的经费支持，而政府部门通常在没有得到咨询成果前，无法提供资金，造成了政策研究开展工作的困难。工程咨询机构在开展政策研究工作前，需要明确经费来源，包括调研费用、信息费用、专家费用等。

第二章

工程咨询相关领域主要政策

本章阐述工程咨询机构开展政策咨询业务涉及的主要领域，包括投资政策、产业政策、区域发展政策、农村发展政策、可持续发展政策等业务。其中，投资政策研究包括投资宏观调控政策、投资规制政策、公共投资政策、投资管理政策等内容；产业政策包括产业技术政策、产业布局政策、产业结构政策、产业组织政策、产业金融政策等内容；区域发展政策包括区域财政金融政策、区域投资与产业政策、区域经济协调发展政策等内容；农村发展政策包括农业经济政策、土地政策、教育政策、人口政策等内容；可持续发展政策包括资源环境政策、循环经济政策、能源政策、创新支持政策、社会保障政策等内容。

第一节 投 资 政 策

投资政策是工程咨询机构开展项目咨询评估工作最为重要的政策依据，是项目咨询评估、可行性研究等相关研究工作的重要政策基础和依据，是项目建设时机选择、投资主体确定、资金来源、项目管理等相关工作的政策依据。咨询机构开展投资政策研究对于延伸咨询业务领域、准确把握国家投资政策相关内容、提高项目咨询评估业务水平都具有重要意义。

工程咨询机构开展投资政策研究主要是根据国家一个时期宏观研究政策的导向，研究投资调控政策的贯彻落实情况，为政府完善投资调控政策体系提出操作性的建议；结合项目咨询评估工作，总结研究现有各类投资规制政策执行中的有效性和偏差，对各类投资规制政策的进一步调整和完善提出建议；根据投资体制改革的要求，研究一个时期政府投资的重点、方向、项目选择、实施和管理方式等，并提出调整的政策建议；根据投资体制改革的需要，研究投资体制改革过程中出现的新情况、新问题，为进一步深化投资体制改革，完善我国投资管理体制提出有效的政策建议。

一、投资政策及其目标

（一）投资政策的内涵

投资政策是国家经济政策的重要组成部分，是政府行使经济职能的重要手段。投资政策是国家或特定的经济部门运用各种调节手段和调节机制，控制或引导投资主体行为与投资运行过程，合理地分配和运用投资资金，协调和促进投资运行过程有序健康发展，以保证社会总供给与总需求的平衡和宏观经济总目标实现的政策总和。投资政策调整的对象主要是投资主体、投资资金和投资项目。

我国由计划经济体制向社会主义市场经济体制的转变尚未最终完成，目前和今后相当长的一段时间内，固定资产投资总量或投资率、投资增长率仍是政府宏观经济管理的重要目标。固定资产投资活动，特别是重大项目安排具有较强的长期性、全局性和战略性。在宏观经济运行中，无论从总需求角度还是从总供给角度来看，投资都具有十分重要甚至是决定性的作用。

在社会主义市场经济条件下，市场对资源配置起到决定性作用，应形成以市场为导向的投资机制。但这并不意味着不需要对投资进行宏观调控，因为市场也有缺陷，并有滞后性，从而使投资产生盲目性，影响到社会总供给与总需求的平衡，导致经济波动。在市场经济条件下，企业投资活动的目标与社会发展目标也是有区别的。因此，国家必须运用各种手段对社会投资活动进行宏观调控，这是市场经济健康发展的客观要求。

投资政策调整的对象主要是：①投资主体，包括政府、企业和居民。这不是指对单一投资主体的具体行为加以干预，而是要对这些不同类型投资主体的投资行为加以规范和政策引导。②投资资金，这是从源头上调控投资资金。从源头上调控，主要是合理地确定政府财政性投资和政策性贷款投资的规模和使用方向，预测和引导社会投资的总量与投向。③投资项目，把投资项目作为调控对象是投资的宏观管理微观化的一种直接调控方式，随着投资体制改革的深化，这种方式将只在必要和有限的范围内使用。

（二）投资政策的目标

1. 优化资源配置

投资活动本质上是资源配置活动，市场经济条件下，除了要发挥市场机制配置资源的决定性作用外，还要发挥政府对于投资活动的调控作用，以弥补市场失灵。对于经济社会发展而言，可用的资源总是有限的，实现有限资源的优化配置，才能提高资源利用的经济社会效益。我国的人均资源占有量处于世界中等水平，发挥投资政策对于资源配置的优化作用，既是贯彻新发展理念的要求，也是提升我国经济竞争力的必由之路。

2. 控制投资规模

投资规模控制历来是我国投资政策调控的重要内容，合理科学的投资规模，可以起到有效平衡总供给和总需求的作用，进而对人民生活水平提高、国民经济持续健康发展等具有重要的影响。投资规模控制的重要目标是平衡总供给和总需求，而总供给和总需求是否平衡，可以通过物价水平来间接地衡量，比如物价水平相对稳定，说明总供求相对平衡，反之则说明供求失衡。

3. 调整投资结构

投资结构包括投资产业结构和投资区域结构。投资产业结构对于一国产业结构的形成和发展具有重要影响，而产业结构关系到总供求的结构平衡，产业结构升级关系到国民经济的国际竞争力；投资区域结构对于实现区域经济平衡发展、缩小区域经济发展差距等具有重要意义，关系到经济社会发展的稳定大局。因此，调整投资结构是投资政策调控的重点。

4. 提高投资效益

投资政策调控的宗旨是为了实现有限资源的优化配置，从而提高投资效益。投资效益包括微观经济效益、宏观经济效益和社会效益，每一项具体的投资活动并不能保证三种效益的同时最大化。因此，需要政府制定宏观投资政策，调控投资活动，以实现三种效益的协调一致。

二、投资政策的主要内容

(一) 投资宏观调控政策

投资宏观调控政策主要是为了实现总供求平衡、经济结构优化等目标。具体而言，投资宏观调控的主要任务有：控制投资规模，实现总供求平衡；调整投资结构，包括投资产业结构和投资区域结构，实现总供求结构平衡、产业结构升级、区域经济协调发展等；安排重大建设项目，实现经济社会的可持续发展。投资调控的主要手段有：经济政策，包括产业政策、区域政策、财政政策、货币政策等；计划安排，包括中长期规划、专项规划等；经济法规，包括与直接投资相关的法律法规，如投资法、土地法、招标投标法等，与固定资产投资相关的规定，如财政、税收、信贷、环保等方面的法律法规；行政手段，如项目审批核准。

1. 财政政策

(1) 政策内容。财政政策是指政府为了实现一定的经济社会发展目标，而对财政收入和支出进行调整的政策。财政政策对于投资的调控作用主要通过国家税收、国家预算、国家信用和财政补贴等工具实现。财政政策主要是通过财政分配和再分配活动改变物质利益关系，以此来引导投资行为。

1) 国家税收。运用税收杠杆可以调节投资方向或投资需求，从而调整产业结构或控制投资规模。税收的调节作用主要通过税种、税目、税率、减免税等实现投资调控目标。例如，资源税可以促进资源的合理开发和利用；建筑税可以控制投资规模；土地税可以调节建设单位对土地的需求，提高土地的利用率；税收减免有利于幼稚产业的发展等。

2) 国家预算。国家预算对投资的调控作用，主要从两个方面体现：一是直接调控，国家预算通过控制政府的投资总量和结构，可以直接对投资规模和结构起到调控作用；二是间接调控，国家预算可以对市场主体的投资行为产生引导作用，从而对投资起到间接调控作用，如预算重点支持的行业，将会是今后优先发展的领域，一定程度上会对市场主体的投资活动产生吸引作用。

3) 国家信用。指国家按照有偿的原则筹集和供应财政资金的一种分配形式。其主要形式为各种政府债券。国家通过信用形式筹集的资金，大多投向财务效益不高而社会经济效益较好的项目上，如能源、交通等重点建设项目，以降低经济运行的社会成本，提高企业的市场竞争力和财务效益。

4）财政补贴。财政补贴是国家为了某种特定需要，将一部分财政收入直接转移给特定的经济部门、经济组织或居民的一种分配形式。财政补贴有生产性补贴和消费性补贴两种基本形式。作为投资调控手段的主要是生产性补贴，国家对某些关系到国计民生的产品，给予一定数量的财政补贴，以维持社会的稳定。

（2）调控投资的理论基础。从理论上说，在用财政政策调控投资时，从财政政策工具的实施到政策目标的实现主要是通过货币供应、价格、收入分配这三个中介指标来完成的。

1）财政政策通过影响货币供应来调控投资。财政政策工具可以引起货币流通速度和货币存量结构的变化，从而引起货币供应量的变化。例如，通过增加政府预算和财政支出、扩大公共投资、发行公债等，可以扩大全社会的投资需求和货币供应，也将居民的一部分暂时不参与流通的货币转入政府手中并加以运用，从而转变为现实中流通的货币，使得货币的存量结构发生变化。同时，财政预算差额与货币供应量之间存在十分紧密的关系，例如财政预算出现赤字，如果是通过向中央银行透支或借款加以弥补，而中央银行在向财政透支或借款的同时并没有相应压缩信贷规模，这样就会导致财政性货币发行，增加整个社会中的货币供应量，从而影响整个社会的投资水平。

2）财政政策通过影响价格来调控投资。财政政策工具可以通过价格的作用或者与价格相互作用共同发挥调节投资的功能。例如，税收作为价值体是商品价格的构成部分，一个生产者出售商品或劳务的销售收入一般总是由成本、税收和税后利润组成，政府则可以通过税率的调整来调节不同部门和行业的利润水平。从消费者的角度看，如果商品的需求无弹性或弹性很小，税收提高，消费者需求不减，生产者可以通过提高售价向消费者转移税收负担；如果商品的需求弹性很大，税收提高，消费者减少需求的可能性很大，生产者就不能加价出售，使得生产者利润减小，从而使得生产者减少投资支出。

3）财政政策通过影响收入分配来调控投资。财政政策通过收入分配来调控投资的范围很广,但最主要的是通过影响企业投资主体的利润和居民投资主体的收入来调控投资。

财政政策工具对企业利润分配的影响,主要体现在对企业税后利润的分配上。例如企业所得税率的高低以及可以扣除范围的大小,会影响企业税后利润的多少,直接影响企业的生产经营活动,即企业的投资行为;又如政府对有关企业的某些投资活动进行补贴,也会影响企业的投资行为。

财政政策工具对居民收入分配的影响,主要是通过政策工具的调整、实施,改变实际货币收入。而这些主要是通过对居民个人征税,使其税后收入减少,或者通过某种形式的补贴使居民个人的实际收入增加,或者通过财政政策的实施影响货币的升值或贬值来实现。而居民个人实际收入的变化会影响其投资行为,例如开征消费税直接影响居民的投资支出。

2. 货币政策

(1) 政策内容。货币政策调控的主体是中央银行。中央银行是全国最高的金融管理机构,在金融决策中有独立性,经营业务是非盈利性的,是货币发行和运行及信贷关系最有力的调控者,可以有效地对投资进行间接调控。

为了实现货币政策目标,中央银行必须具备一系列可供操作使用的货币政策工具。各国在长期金融实践中产生了一套系统的货币政策工具,主要包括存款准备金、再贴现率、公开市场业务和信用配额等。

1) 存款准备金政策。存款准备金政策是指在国家法律所赋予的权力范围内,通过规定和调整商业银行交存中央银行的存款准备金的比率,控制商业银行的信用创造能力,间接地调控社会货币供应量的活动。

2) 再贴现政策。再贴现政策是指中央银行通过制定或调整再贴现利率来干预和影响市场利率及货币市场的供给和需求,从而调节市场货币供应量的一种货币政策手段。

3) 公开市场业务。公开市场业务是指中央银行在公开市场上买进或卖出有价证券的活动,通过公开市场业务,中央银行可以达到调节信用、控制货币供应量的目的。

4) 信用配额。信用配额是指中央银行根据金融市场状况及客观经济需要,权衡轻重缓急，对商业银行的信用规模加以合理分配，限制其最高数量等。信用配额主要被资金供给相对不足的发展中国家广泛使用。

（2）调控投资的理论基础。从理论上说，在用货币政策调控投资时，从货币政策工具的实施到政策目标的实现有两种不同观点，一是凯恩斯学派，一是货币学派。

1）凯恩斯学派的观点。根据凯恩斯学派的最初观点：货币政策工具的作用首先是通过改变货币供应量 M 来改变货币市场的均衡，然后影响利率 r，利率的变化则通过资本边际效率来影响投资 I。用符号表示为：$M—r—I$。上述的初步分析，凯恩斯学派称之为局部均衡分析，但只显示了货币供应量的调整对商品市场的初始影响，而没有能反映它们之间循环往复的反馈作用。

考虑到货币市场与商品市场的相互作用，唯有进一步分析，凯恩斯学派称之为一般均衡分析：第一，假定货币供给增加，如果产出水平不变，利率会相应下降；下降的利率会刺激投资，并引起总支出的增加，总需求推动产出量上升。第二，产出量的上升，引出了新的比原来要大的货币需求，如果没有新的货币供给投入经济生产，则货币供求的对比会使下降的利率回升。这是商品市场对货币市场的作用。第三，利率回升，又会使总需求减少，产量下降；产量下降，货币需求下降，利率又会回落。这是往复不断的过程。第四，最终会逼进一个均衡点，这个点同时满足了货币市场供求和商品市场供求两方面的均衡要求。在这个点上，可能利息率较原来的均衡水平低，而产出量较原来的均衡水平高，即投资提高。

2）货币学派的观点。与凯恩斯学派不同，货币学派认为利率在货币传导机制中不起重要作用，而更强调货币供应量在整个传导机制上的直接效果。货币学派认为，增加货币供应量在开始时会降低利率，但不久会因货币收入增加和物价上涨而使名义利率上涨，至于实际利率，则有可能回到并稳定在原先的水平上。因此，货币政策的传导机制主要不是通过利率间接地影响投资和收入，而是通过货币实际余额的变动直接影响收入和支出，从而影响投资。用符号表示为：$M—E—Y—I$。

3. 国际贸易与汇率政策

在开放的经济条件下，投资的宏观调控还取决于国际经济政策，包括国际贸易政策和汇率政策。

（1）国际贸易政策。国际贸易政策的基本类型是自由贸易政策和保护贸易政策。有关自由贸易政策与保护贸易政策孰优孰劣的争议至今仍在进行，尚无定论。就各国的实践而言，在不同时期，一个国家往往实行不同的国际贸易政策；在同一时期的不同国家，也往往实行不同的国际贸易政策。

（2）自由贸易政策。自由贸易是指国家对商品进出口贸易活动不进行干预、限制或保护，允许商品自由输入和输出，自由竞争。自由贸易政策就是国家不干预国际贸易活动，商品可以自由进出口的政策。

（3）保护贸易政策。保护贸易政策是指主权国家利用各种限制进口的措施保护本国市场免受外国商品的竞争，同时对本国商品给予优待和补贴以鼓励商品出口，从而扩大本国企业和产品的投资和消费需求。限制进口主要通过关税措施和非关税壁垒实现。补贴、设立经济特区、出口信贷和出口信贷国家担保制度是经常采用的鼓励出口的政策措施。

（4）汇率政策。汇率与汇率制度不仅直接影响国际收支平衡，而且影响国内财政政策和货币政策的有效性。汇率制度主要分为固定汇率和浮动汇率制度。

4. 财政与货币政策的配合

在市场经济体制下，货币政策与财政政策是国家对国民经济进行宏观调控的主要手段，两大政策手段只有协调配合，才能有效地调节利率、投资、国民收入、储蓄、货币需求、货币供给，从而使国民经济保持均衡发展。

（1）松的货币政策和松的财政政策。这一政策组合即"双松"政策，松的财政政策主要通过减少税收和扩大财政支出规模来增加社会需求；松的货币政策主要通过降低法定准备金率、利息率来扩大信用规模，增加货币供应量。当社会有效需求严重不足、经济萎缩、失业增加时，应采用扩张性的财政、货币政策来扩大社会需求，促进经济增长。如为应对国际金融危机的影响，实行积极的财政政策和适度宽松的货币政策，就是"双松"组合。

（2）紧的货币政策和紧的财政政策。这一政策组合即"双紧"政策，紧的财政政策主要通过增加税收和削减财政支出规模来减少消费和投资，抑制社会总需求；紧的货币政策主要通过提高法定准备金率、利息率等来增加储蓄，减少货币供应量，抑制社会投资和消费需求。当社会总需求大大超过社会总供给、通货膨胀严重时，就应采用紧缩性的财政、货币政策来压缩总需求、抑制通货膨胀。

（3）松的货币政策和紧的财政政策。紧的财政政策可以抑制社会总需求，防止经济过热，控制通货膨胀；而松的货币政策可以保持经济的适度增长。当社会经济运行平稳且经济结构较为合理，同时不存在通货膨胀危险时，促使经济以较快的速度发展成为宏观调控的主要目标。此时，就应选用这种政策搭配。紧财政、松货币的搭配可用于将社会公共消费的经济资源配置到私人生产领域，促进经济快速增长。

（4）紧的货币政策和松的财政政策。松的财政政策可以刺激需求，对克服经济萧条较为有效；紧的货币政策可以避免过高的通货膨胀。当社会经济运行表现为通货膨胀与经济停滞并存时，抑制通货膨胀与促进经济增长就成为政府调节经济的目的。此时，就应选用这种政策搭配。紧缩性货币政策有助于抑制通货膨胀，但为了不造成经济的进一步衰退，需要财政实施减税和增加财政支持等扩张性政策，同时注意调节产业结构，优化经济结构，促进经济增长，在一定程度上缓解通货膨胀压力。

以上四种财政、货币政策搭配方式只是一种大致划分，在实际运用中，还经常根据当时宏观经济运行状况及政府的宏观调控目标来选择，有时还会出现其他的搭配方式，如适度从紧、适度宽松等。这些搭配都要因时因地制宜，不能一概而论。

（5）财政政策、货币政策与外汇政策协调。当开放的宏观经济出现经济繁荣、国际收支顺差时，可采用紧缩性的财政政策和货币政策，减少国内支出，压缩社会总需求；与此同时，利用汇率政策让本国货币升值，以减少出口，扩大进口，这样通过两种政策的搭配最终可实现国内经济均衡和国际收支均衡。当出现经济繁荣、国际收支逆差时，一方面，采用紧缩性的财政政策和货币政策，以降低国内需求；另一方面，通过本国货币贬值，扩大出口，减少进口，可以实现国内经济和国际收支的均衡。如果出现经济萧条、国际收支逆差和经济萧条、国际收支顺差的情况，则可以分别采取与上述两种政策搭配相反的方式进行调控。

（二）投资规制政策

投资规制政策就是对特定的市场主体的行为进行规范和限制的政策。政府是规制政策的主体，制定规制政策的有立法机关、行政机关和司法机关。政府规制的对象是个人、企业、行业和机构等特定的市场主体。

投资规制，是指政府依据法律法规，对投资主体的市场准入、市场运营、市场退出，以及既定产品和服务的价格、质量、交易方式和条件等经济活动进行监督、管理和规范，以限制不公平竞争、纠正市场失灵、维护市场竞争秩序、提高市场效率、增进社会福利。

1. 进入和退出规制政策

进入规制是指政府根据产业的市场结构特点，对准备进入该行业的潜在的竞争者进行限制。退出规制是指政府根据产业结构特点和企业运营状况，限制已有企业退出市场或强令已有企业退出市场。

政府通过进入规制政策限制新企业的进入，保证已有企业实现规模经济，避免恶性竞争而形成的资源浪费，保证企业合理利润水平和消费者利益，提高生产和消费的组织效率和市场效率。对于竞争性业务，应该采取放松进入规制，实施竞争政策。对于自然垄断性强的业务，如果放松进入规制，在短期内竞争可能会有利于消费者，但从长期来看，过度竞争将导致效率下降，最终会损害消费者利益。因此，对于自然垄断性很强的企业，仍然要加强进入规制。

政府对专业技术人员进入某一职业领域的限制，也属于进入规制，称为职业进入规制。在建筑、法律、医疗、会计等需要具备专业知识的领域，政府为了保障服务的质量和消费者的利益，通常实行进入规制。

政府以退出规制政策保证供给的稳定性，对进入垄断产业的企业规定"供给责任"，以限制企业随意退出该产业，损害消费者利益。政府以退出规制政策强制那些达不到政府经济规制要求，或经营的产品对社会和消费者造成重大损害的企业退出市场。

2. 价格规制政策

价格规制包括价格水平规制和价格结构规制。价格水平规制即对单位产品价格水平进行规制，是指政府对影响企业定价的因素进行详细的分析审查，根据企业总收入水平和利润，确定单位产品（包括商品或服务）的收费标准。通常被规制产品的价格高于边际成本或平均成本。价格结构，是指企业可以根据消费者需求的差异，就企业供给的同一产品向不同的消费者制定不同的价格，由此形成各种价格和收费的组合。政府实行价格结构规制，确保产品价格合理和公正，会使价格结构既有利于实现资源充分利用，又防止不适当的价格歧视。

3. 质量和数量规制政策

（1）质量规制政策。质量规制是指规制部门要求企业在既定的价格下保证产品的质量。质量规制政策通常与价格规制政策共同使用。

（2）数量规制政策。数量规制是指在政府规定的价格和质量水平上，企业应该提供的产品的数量。如果在既定价格下减少产品数量，不能满足消费者要求，政府规制部门就要进行处罚。如供电企业没有按照电力监管机构的要求供电，随意拉闸停电，电力监管机构就要以行政和经济手段惩罚该供电企业。

（3）合同规制政策。合同规制是指政府对交易活动的合同订立及条款进行规范和管理。市场经济是契约经济，当交易双方签订了契约或合同后，市场交易活动就有据可依，可以提高市场交易的效率。因此，政府需要以合同规制政策对合同约定进行规制。

4. 金融规制政策

金融规制是政府部门为了规范、保护和促进投资市场发展，对社会投资过程中的资金筹集、证券发行和交易、投资行为及信息披露等进行干预。通过金融规制政策，可以调控资金的投向，优化社会资源配置，提高投资效益。

5. 标准政策

标准的制定是在生产经营活动之中进行规制的政策工具。为了规制信息优势方的行为，保护信息劣势方的健康和安全，政府在产品、服务、劳动场所的安全和健康等有可能产生社会性危害的方面制定一系列标准，强制要求经济主体遵守。这些标准有利于规范经济主体在生产经营活动中的行为，降低其由于片面追求利润而危害社会其他成员的安全和健康的可能性。例如食品卫生标准、药品标准、劳动安全卫生标准、运输安全标准、环境标准等。

6. 税费和补贴政策

一般对以下几种情况给予补贴：对受外部性损害者给予补贴，例如对机场附近的居民给予补贴；对产生外部经济的一些厂商或公共产品给予补贴，例如博物馆、医院、公园等；对外部性生产者给予补贴，例如对那些能够减少排污量的企业给予的补贴。补贴主要有财政拨款、政策性贷款、价格（或实物）补贴、税收减免等形式。

（三）公共投资政策

1. 基本内涵

公共投资政策是政府为实现特定目标而控制公共投资的配置，一般被界定为由中央和地方政府在基础设施、社会服务等领域进行投资的政策。通过决定和调整公共投资在不同时间、不同形式、不同部门、不同区域等方面的配置，政府就可以实现促进经济发展、提高就业率、增进社会公平等不同目标。按照现代市场经济理论，政府不能在微观层次上直接介入企业活动领域，所以这些投资往往被限定在特定的公共服务领域，因此也被称为政府投资。公共投资以政府为主体，以满足社会公共需要、弥补市场失效为目标，以社会利益最大化作为行为取舍标准。公共投资是政府进行宏观调控的重要工具，也是政府提供公共产品的基本手段，同时也是政府提供公共服务的前提和基础。政策内容包括投资主体、投资目标、投资的资金来源和投资的最终结果四个方面。

①公共投资的主体一般是政府，包括中央政府和地方政府。但随着公共投融资体制的改革，外资企业和民营企业等投资主体开始成为公共投资主体的一部分，并参与到公共物品的建设中，使公共物品的投资主体增加，从而形成公共投资主体多元化。

②公共投资的目标是获得社会经济效益。虽然参与公共投资的外资和民营企业的直接目标是为了获得财务利益，但实际上有助于实现政府的宏观经济社会效益。

③公共投资的主要资金来源是财政资金，但外资企业和民营企业的资金逐渐成为公共投资的一部分，而且这种趋势正在不断扩大。

④公共投资的最终结果是形成公共部门的资产，满足公共需要。

（1）公共投资的意义。政府作为投资主体具有资金、人才、信息等方面的综合优势，公共投资在体现公共政策取向、引导社会资金方向上具有重要作用。

1）公共投资是弥补市场"缺位"和"失灵"的必要手段。有一些领域，如农田水利基础设施投资利润低、期限长，企业不愿涉足，公共投资可以弥补私人投资的不足，解决"市场失灵"的问题。同时，对具有技术垄断和自然垄断性质的产业部门、社会效益好而经济效益不好的部门、基础工业和基础设施等，政府直接进行公共投资，弥补了市场不经济所造成的投资空缺，加快基础工业和基础设施建设，为整个国民经济的发展创造条件。

2）公共投资是进行宏观调控和优化资源配置的重要手段。公共投资在形成生产要素需求的同时增加总供给，这对于促进经济增长十分必要。从调节需求总量方面看，在经济低潮时，为刺激经济增长，公共投资积极发挥投资的"乘数效应"，以扩大总需求；在经济高涨时，为抑制经济过热，政府减少公共投资，以减少总需求。从调节供给总量方面看，通过调节自身的投资结构，引导外资和民间资本等其他社会投资的投资结构，使供给总量更好地适应需求总量的要求。

3）公共投资是拉动经济的重要因素。美国的罗斯托（W. W. Rostow）教授于1960年在"经济发展五个阶段"论述中提出：投资是拉动国民经济持续增长的重要因素，一个国家想要使其经济能够起飞，投资是重要的关键所在。通过增加投资可以扩充国家经济资本，进而加速国家经济的发展。

由于政府公共建设的投资主要是提供经济发展所需的公共设施，这些公共设施不仅可以提高人民群众的生活质量，还可以通过关联效应刺激外资和民间资本投资产业和实业，带动外国直接投资和民间投资的活跃及提升，产生经济的乘数效应，促进经济的发展。

4）公共投资是推动社会和谐和全面发展的重要力量。在现代市场经济和技术进步条件下，政府对教育、科研、文化、卫生等方面的公共投资，是提高国民经济整体质量、推动科技进步、提高经济增长速度和效率、促进社会全面进步的重要推动力量。

(2) 与一般投资的区别。一般投资是为了获取直接的经济效益，实现私人投资的价值增值，其出发点是企业或个人的微观利益。比如，农林牧渔业、采掘业、制造业、建筑业、批发零售和餐饮业、金融保险业、房地产业等是一般投资。公共投资不以投资项目本身的微观效益为目的，而是以社会效应和有利于社会经济发展作为出发点，为了实现宏观经济和社会效益。比如，政府预算投资形成的固定资产可以被看作公共投资；又比如，交通运输仓储和邮电通信业、社会服务业、卫生体育和社会福利业、教育文化艺术和广播电影电视业、科学研究和综合技术服务业等都是公共投资。一般来说，公共投资与一般投资有三个方面的区别。

1) 公共投资项目比一般投资项目投资大、风险大、影响面大。由于政府在国家公共利益中肩负重任，有些投资大、风险大的超大型公共投资项目，如果没有政府资金的介入，任何其他投资主体都不可能承受如此巨大的投资风险。成功的公共投资项目将形成巨大的生产力，并影响着与该项目相关的诸多部门，影响着区域经济的发展与产业结构的再造，甚至影响到整个社会经济的发展与人民生活质量的提高。但如果决策失误，项目失败，所带来的将是沉重的财政负担、资源环境的破坏，甚至是整个生态系统的严重失衡，人类生存环境的毁灭。

2) 公共投资项目具有比一般投资项目更严格的管理程序。各国政府为了在纳税人中树立廉洁、高效的形象，保证公共投资项目的效益，一般都规定了更严格的管理程序。这主要表现在：要按照国家规定履行报批手续，严格执行建设程序；严禁挤占、挪用政府其他投资；严禁搞边勘探、边设计、边施工的"三边"工程；财政部门要执行项目评审程序，以保障财政基本建设资金不被浪费。

3) 政府的公共投资和私人企业的投资目的有着本质区别。政府代表着社会的公共利益，是为维护和增进社会公共利益服务的，公共投资是为了满足社会公众的公共需求，不以赢利为目的。公共投资如果以赢利为目的，就脱离了它的公共属性。企业投资则是以赚取最大利润为前提，其目的是为了获得经济收益。

2. 主要内容

（1）合理确定公共投资的边界。在成熟市场经济的公共财政体制下，公共投资通常被严格限定在"市场失灵"领域。需要政府进行公共投资的情形主要包括：公共物品，具有非排他性和非竞争性，在其提供中难以排除"搭便车"行为，这就导致其私人供给会低于社会最优水平；外部经济，如果一项经济活动具有外部经济性，即其社会收益大于私人收益，则私人部门从事该活动的激励也不足以使其达到社会最优水平；自然垄断，在自然垄断行业中，追求利润最大化的企业会将定价提高到社会最优价格之上，而使产量低于社会最优产量。"国有化"是政府管理自然垄断行业的主要方式之一。

（2）加强教育、卫生、科研、社会保障投入。政府积极参与教育公共物品的提供，主要原因是：教育具有极大的"外溢性"，即对社会的发展、经济的增长有着广泛的、决定性的影响；同时，政府投资教育有利于缓解各阶层的收入差距与分配不公现象。政府加大公共卫生产品的提供，主要是保证社会成员得到最基本的医疗服务，解决收入分配不公问题。

第二次世界大战以后，随着国家对经济干预的日渐增强，政府越来越成为科学技术方面的主要组织者和经费的主要提供者。社会保障与社会福利制度是经济社会发展的"安全网"或"减震器"，在一些经济发达国家，社会保障税已占国家全部税收的一半左右。政府通常采取为贫困者及其家庭建造房屋、实行住房补贴等形式来帮助弱者。

（3）创新公共投资融资方式。除了既有的财政预算外，发行国债、通过银行借款与证券市场融资、采用特许经营等新型投融资方式，也是政府投资筹措资金的经常方式。在政府投资资金的运用方面则更加灵活，例如采用参股合资、财政贴息鼓励企业与其他方面投资以及通过转让竞争性投资项目股份回收投资，再投资于基础性建设项目等。

（4）提高公共投资的利用效率。主要包括：建立和完善公共投资的绩效考评制度；推进部门预算、国库统一收付制度以及政府采购制度改革；加强公共投资项目的可行性研究以及经济费用效益分析；重视对公共投资的审计工作。

（四）投资管理政策

1. 投资项目决策程序

投资项目决策的程序是投资项目决策要经过的几个阶段或步骤。投资项目的决策程序一般分为五个步骤，即提出项目建议书（即投资立项阶段）、可行性研究阶段、项目评估决策阶段、项目监测和反馈阶段以及项目后评价阶段。

（1）投资立项阶段。通常包括投资机会研究和项目初步可行性研究。投资机会研究也称投资机会鉴别，是指为寻求有价值的投资机会对项目的有关背景、资源条件、市场状况等进行的初步调查研究和分析预测。初步可行性研究是对机会研究所选择的项目进一步分析论证，主要目的是判别项目投资的必要性和可能性。

（2）可行性研究。可行性研究是通过对项目的主要内容和配套条件如市场需求、资源供应、建设规模、技术方案、投资效益、环境影响、社会影响等，从技术、经济、工程等方面进行调查研究和分析比较，并对项目建成后可能取得的财务、经济、社会、环境影响进行预测研究，分析项目建设的可行性。

（3）项目评估阶段。通常指委托独立的工程咨询机构，对其他单位编制的项目建议书、可行性研究报告、核准申请报告、资金申请报告等进行评估论证，是决策程序中最为关键的环节。

（4）项目监测和反馈阶段。投资项目决策之后，就进入了建设实施阶段。在项目的建设实施过程中，需要对项目进行监测，若发现方案有问题，要及时进行信息反馈，对原方案提出修正。该阶段的主要目的就是进行反馈控制，使项目沿着预定方向发展。

（5）项目后评价阶段。项目后评价是指对已经完成的项目的目的、执行过程、效益、作用和影响所进行的系统的、客观的分析；通过项目活动实践的检查总结，确定项目预期的目标是否达到，项目是否合理有效，项目的主要效益指标是否实现；通过分析评价找出成败的原因，总结经验教训；并通过及时有效的信息反馈，为未来新项目的决策和提高完善投资决策管理水平提出建议，同时也为后评价项目实施运营中出现的问题提出改进建议，从而达到提高投资效益的目的。

2. 投资建设实施管理

投资建设实施管理主要是指在投资建设过程中积极引入市场竞争机制，推行项目法人责任制、招标投标制、工程监理制、合同管理制、政府项目代建制等改革措施。

（1）项目法人责任制。1996年4月，原国家计委颁发了《关于实行建设项目法人责任制的暂行规定》。规定要求，新建重大建设项目在项目建议书被批准后，应及时确定项目法人，具体负责项目的筹建工作。项目法人应由项目的出资方代表组成。有关单位在申报项目可行性研究报告时，须同时提出项目法人的组建方案；在项目可行性研究报告批准后，正式成立项目法人。项目法人对项目的策划、筹资、建设、经营、偿债和资产的保值增值，实行全过程负责。法人在享有投资决策权的同时，必须承担相应的投资风险责任。

（2）招标投标制。建设项目招标投标制度，是指工程建设项目按照公布的条件，通过公开、公平地竞争，以招标投标方式确立勘察、设计、施工、监理等任务的单位和提供材料、设备的厂商。招标投标是在投资建设领域运用市场竞争机制的体现，有利于控制工程造价、提高工程质量、保证工程进度、提高投资效益，也有利于防止贪污腐败和不正之风。《招标投标法》规定重大项目应实行招投标制度。

（3）工程监理制。工程监理的责任是受业主委托对建设项目的投资、工期、质量进行控制，以保证建设项目预期目标的实现。当建设项目实施中发生失误造成损失时，协助各方分析责任，按照责任划分明确赔偿事宜。

（4）合同管理制。国家重大建设工程，应当按照国家规定的程序和国家批准的投资计划、可行性研究报告等文件订立建设工程合同，实行合同管理制。根据《合同法》的有关规定，建设工程合同必须在自愿协商的基础上，本着公开、公平、公正、等价交换和互惠互利的原则由项目法人与承担有关勘察、设计、建筑、安装等工作的具有法人资格、具备资质的单位签订。

（5）政府项目代建制。公益性政府投资项目代建制，是指政府通过招标方式，选择社会专业化的项目管理单位即代建单位，负责项目的投资管理和建设实施组织工作，严格控制项目投资、质量和工期，项目建成后交付使用单位的制度。代建期间，代建单位按照合同约定，代行项目建设的投资主体职责。实施"代建制"有利于克服政府投资项目中超投资、超规模、超标准等现象。

第二节 产 业 政 策

国家各类产业政策是工程咨询机构开展评估、可行性研究等项目咨询工作的政策基础和依据，各类产业政策对项目的区域布局、方向、规模、技术标准及投融资方式等起着重要的规范、引导和控制作用。咨询机构开展产业政策研究要结合工程咨询评估工作，从各产业的具体情况出发，根据国家宏观经济政策和产业政策的总体导向，研究各类产业现有技术政策的有效性和偏差，提出进一步完善的政策建议；研究各类产业的现有布局政策和调整方向，提出具体的政策建议；研究我国产业结构升级和调整的方向以及具体政策措施；研究各类产业现有组织政策的有效性和偏差，研究目前产业金融政策的有效性和偏差，提出进一步完善的具体政策建议。

一、产业政策的概念与作用

（一）产业政策的概念

产业政策是指政府为实现特定的经济社会发展目标，实施的对产业发展方向、产业发展目标、产业之间的相互关系及产业结构变化进行调控的措施总和。产业政策是国家经济政策的重要组成部分，主要是通过干预各产业之间的资源分配和产业组织的形成，实现产业政策的目标。从产业政策包含的内容来看，主要有产业技术政策、产业结构政策、产业布局政策、产业组织政策和产业金融政策等。

（二）产业政策的作用

政府实施产业政策的主要目的是为了纠正市场失灵，实现总供给和总需求在总量和结构上的平衡；同时，对于发展中国家而言，产业政策还可以起到发挥后发优势、实施赶超战略、提升产业竞争力等作用。

1. 实现资源优化配置

产业政策可以影响产业内部结构和空间结构的形成和发展，从而调整供给的总量和结构，实现总供给和总需求的平衡，提高资源的配置效率，保障经济和社会效益。对于发展中国家而言，在总结发达国家产业结构变动规律的基础上，通过实施产业政策对产业结构的形成和发展进行引导，可加快产业结构高级化的进程，发挥后发优势，促进经济增长。

2. 加快产业结构升级

合理的产业结构，可以充分发挥一国的比较优势，实现既定资源约束条件下的产出最大化，同时也可以为企业提高经济效益提供良好的外部环境。科学合理的产业政策有利于不断推进一国产业结构的高级化，实现各产业之间的协同发展，推动主导产业、战略产业、衰退产业之间有序发展，实现经济和社会发展目标。

3. 纠正市场失灵问题

产业政策不仅可以有效纠正由市场失灵所导致的区域经济发展不平衡、环境污染等问题，而且通过实施市场进入标准、反对垄断等政策，可以促进市场有效竞争，提高资源配置效率。

4. 促进新兴产业发展

通过实施合理的产业政策，保护关乎国计民生的民族产业、幼稚产业等，可以促进产业结构升级，充分发挥资源禀赋优势，提高一国经济的国际竞争力，实现经济的健康持续发展。

5. 提高产业技术水平

技术创新是推动产业结构升级的重要力量，通过实施必要的产业政策，引导企业加强技术创新活动，加速产业间技术转移，不断提高各产业的技术水平。

（三）产业政策的特征

从产业政策的内容和作用来看，产业政策的特征主要有以下几个方面。

1. 以维护经济社会整体利益为目的

一般而言，政府代表的是社会总体利益，而不是某个部门或者某一利益群体的利益。因此，政府制定和实施产业政策，是为了实现资源配置的社会利益最大化，以及经济的可持续发展。

2. 是政府间接干预经济的重要手段

产业政策不同于计划经济体制下的经济计划，虽然产业政策也具有很强的约束力，但本质上不是对市场主体的直接控制。市场主体追求的是利益最大化，但要受到产业政策的影响，政府通过实施产业政策来影响市场主体的决策行为，从而实现制定产业政策的目标。

3. 是政府对经济发展的系统性干预

从长期来看，产业结构政策、产业组织政策、产业布局政策等产业政策对一国的经济发展有着全局性、长期性和战略性的重大影响，产业政策通常会与经济振兴、经济赶超等战略目标相联系。

二、产业政策的主要内容

（一）产业技术政策

产业技术政策是指政府实施的用以扶持产业技术进步、推动高新技术产业发展等各项措施的总和，具体包括技术引进政策、研究与开发援助政策和高新技术产业扶持政策等。

1. 技术引进政策

发展中国家可以通过贸易、合作等途径，引进其他国家的先进技术，推动本国的相关产业进行技术改造、升级或换代。各国普遍采用的技术引进手段有合作研究、技术咨询、许可证贸易和合资经营等。

2. 研究与开发援助政策

研究与开发活动对于一国经济长远发展意义重大，因其具有经济外部性、投资风险高等特点，单纯依靠私人投资容易产生投资不足的问题，因此政府必须提供相关的政策和资金支持。政府对于研究与开发活动的扶持，主要有三个方面：一是对一些关系重大的基础性研究与开发活动提供资金支持或者直接由政府组织实施；二是对一些企业和民间组织开展的高新技术研究与开发活动给予政策鼓励；三是为一些高新技术的推广应用提供支持，以尽快形成高新技术的产业化应用。

3. 高新技术产业扶持政策

发展高新技术已日益成为各国推动经济发展、提高国际分工地位的主要手段。从 20 世纪 90 年代中期开始,各国都将支持产业发展的重心向高新技术产业转移,具体措施包括:制定高新技术产业发展规划,设立高新技术产业园区;加大税收、信贷和财政政策支持力度,建立风险投资的融资和退出制度。如美国的纳斯达克股票市场,对支持电子、信息、网络等新兴产业的发展发挥了重要作用。

（二）产业布局政策

产业布局是指产业资源在区域空间上的布置,实施产业布局政策的目的是为了实现资源在区域空间上的优化配置,以促进经济的增长和社会福利的提高。从实践情况来看,影响产业布局的因素,主要有自然因素、交通因素、劳动力因素、市场因素、集聚因素及社会因素等。产业布局政策有国家产业布局政策和地方产业布局政策。

1. 国家产业布局政策

国家产业布局政策是指中央政府针对全国的产业分布制定和实施的产业政策。中央政府依据整个经济社会运行的态势,遵循产业发展的一般规律,兼顾公平和效率,立足于国家经济战略,对各区域的产业形成和发展进行规划和指导,以实现产业在各地区的合理布局。

2. 地区产业政策

地区产业政策是指地方政府为实现当地的经济社会发展目标,对地方产业的形成和发展进行干预的措施总和。地方政府是地区产业政策的制定和实施主体,地区产业政策不能与国家产业政策相违背。

（三）产业结构政策

产业结构政策是指政府为推动产业结构合理化和高级化而制定和实施的政策,主要包括:确定产业发展优先序列、瓶颈产业的扶持政策、主导产业的培育政策、幼稚产业的保护政策及衰退产业的调整援助政策。

1. 确定产业发展优先序列

确定产业发展优先序列是产业结构政策的核心,即政府根据不同时期的经济社会发展状况,确定一定时期内各个产业发展的顺序,并对优先发展的产业给予必要的支持,以实现相应的发展目标。一般情况下,应当优先发展瓶颈产业，其次是主导产业和支柱产业，因为瓶颈产业的供给不足容易制约整个经济的发展速度。

2. 瓶颈产业的扶持政策

瓶颈产业主要指支撑经济发展的基础产业，一般情况下，基础产业的投资具有数额大、周期长、见效慢等特点，还有一些基础产业的产品属于公共品。因此，单纯依靠市场机制发展基础产业，很难满足经济社会的需求。各国的发展实践表明，基础产业的有效发展离不开政府的政策扶持，基础产业供给不足往往表现为经济发展过程中原材料短缺、运输能力紧张、信息建设落后等。为确保基础产业对经济发展的有效支撑，政府应当在投资政策、技术政策等方面给予支持。

3. 主导产业的培育政策

主导产业是指自身发展速度快，对其他产业具有很强的带动作用的产业。主导产业的培育政策主要有两个方面：一是在国际贸易中，对于尚不具备国际竞争力的主导产业实施保护政策，包括限制相关产品进口、限制外资进入相关领域、支持主导产业产品出口等；二是对主导产业实施多种政策扶持，包括财政贴息、加速折旧政策、低息贷款政策、政府担保贷款政策等。

4. 幼稚产业的保护政策

幼稚产业是指对于国家未来经济发展有利，但当下不具备国际竞争力的产业。保护幼稚产业是为了建立和完善本国的产业体系，以实现经济的健康可持续发展。幼稚产业的保护政策，通常有关税保护政策和非关税保护政策。经济全球化时代，关税保护政策的应用越来越少，各国更多的是使用非关税保护政策，这种保护很具隐蔽性，包括进口许可证、进口限额、对国内生产商的补贴等。

5. 衰退产业的调整援助政策

衰退产业是指生产能力相对过剩又无增长潜力的产业，主要是技术进步或需求变化所致。对衰退产业进行援助是为了有效整合资源，实现资源从低效率部门转向高效率部门，提高资源利用效率。政府对衰退产业的援助手段主要有：创造良好的有助于产业技术创新和产业结构升级的体制环境；利用资本市场，推动企业间资源重组，实现资源从低效企业向高效企业转移；调整产业布局，实现衰退产业的空间集聚，发挥产业集聚效应，盘活存量资产。

（四）产业组织政策

产业组织政策是政府为保证市场有效竞争而制定和实施的用以调整市场结构及规范市场行为的产业政策。从政策目标来看，产业组织政策大致有两类：一类是限制垄断的政策，主要是为了促进市场公平竞争，提高资源配置效率，如反垄断政策、反不正当竞争政策等；另一类是限制过度竞争的政策，主要是为了发挥规模经济效应，提高资源配置效率，增进社会福利，如市场规制政策、企业兼并政策、中小企业政策等。

1. 反垄断政策

各国的反垄断政策通常都是以反垄断法的形式出台，如美国的《谢尔曼反托拉斯法》、日本的《禁止垄断法》等。我国的《反垄断法》于2008年8月1日起施行。《反垄断法》中有对各国通行的反垄断法的基本制度的吸纳，如禁止滥用市场支配地位、禁止垄断协议，对可能限制竞争的行为进行必要的审查等制度做了明确的规定。

《反垄断法》的立法宗旨，主要有三个方面：一是完善宏观调控，《反垄断法》通过限制市场中的垄断行为，确保市场机制的正常运行，从而提高经济活力；二是维护社会公共利益，《反垄断法》的立法目的是维护社会公共利益，而不是为维护特定市场主体的利益；三是确保消费者合法权益，《反垄断法》确保市场机制的正常运行，使得企业努力压缩生产经营成本，降低产品价格，提高产品质量，从而间接地提高了消费者的福利水平。

2. 反不正当竞争政策

《反不正当竞争法》和《反垄断法》共同构成了现代市场经济法律体系的重要内容，《反不正当竞争法》对生产经营者的不正当行为进行规制，以维护公平竞争，提高经济效率，增加社会福利。我国已经基本形成以《反不正当竞争法》为核心的反不正当竞争法律体系，包括《反不正当竞争法》及与之相配套的《价格法》《广告法》《专利法》《产品质量法》《消费者权益保护法》等法规。

3. 竞争性产业的政府规制

政府对竞争性产业实施规制，目的是规范产业中企业的行为，维持正常的市场竞争秩序，提高经济效率。在竞争性产业中，企业在利润最大化的目标导向下，面对激烈的市场竞争，往往会通过采取偷工减料、商业贿赂等不正当的手段获得超额的利润，容易导致消费者利益受损、环境污染等问题，因此政府必须对这些产业实施必要的规制政策，以协调好经济效益、环境效益和社会效益之间的平衡。

4. 自然垄断产业的政府规制

政府对自然垄断产业实施的规制政策，主要以限制过度竞争为目标。因自然垄断产业通常具有规模经济效应，保持一定的市场集中度有利于降低产品成本，增进社会福利。典型的自然垄断产业包括自来水供给、燃气供应、电信、电力等。自然垄断产业的政府规制政策，主要有进入规制，即对拟进入者实施资格审批程序，控制产业的企业数量，防止过度竞争；价格规制，即从社会利益的角度考虑，对产品的价格进行限制，以协调企业与消费者的利益关系。除此之外，通常还有质量规制、技术规制、退出规制等。

5. 企业兼并与合并政策

一般情况下，企业之间的兼并与合并，有利于资源重组，提高资源配置效率；有利于专业化生产和规模经济效应的产生；有利于资源从衰退产业转向新兴产业，促进产业结构升级。能够落实国有经济布局和结构调整战略，推动国有资本向重要行业和关键领域集中，增强国有经济竞争力、控制力、创新力、影响力和抗风险能力，推动国有企业布局结构调整和企业重组；突出主业，推进国有企业主辅业分离；鼓励非公经济通过并购、参股和控股等多种方式，参与国有企业的改组改制和混合所有制发展。

6. 中小企业政策

从各国的经济发展实践来看，中小企业的主要作用有：弥补大型企业产品的市场空缺，满足消费者多样化的产品需求；提供大量的就业岗位；增强市场的竞争力和创新力。中小企业在各国的经济发展中都发挥着重要的作用，但因中小企业在与大企业的竞争中常常处于弱势地位，不利于中小企业的发展。因此，各国都会制定相应的扶持中小企业发展的政策，主要有两个方面：一是援助政策，包括创业辅导、技术支持、融资担保、信息服务、税收优惠政策等；二是协调政策，即鼓励大企业和中小企业协作发展方面的政策。

（五）产业金融政策

金融政策对产业的形成和发展的作用，主要有以下几个方面。

1. 高效稳健的金融体系

高效稳健的金融体系，一方面可以吸引本国和外国居民手中的剩余资金，为本国产业的发展提供资金来源；另一方面，通过实施差别化的产业利率政策，可以实现优先支持重点产业发展的政策目的。

2. 健全政策性金融机构

发展政策性金融机构是为一些成长初期乏力的潜力产业，投资数额大、周期长、见效慢的基础产业、基础设施等提供必要的金融扶持，以弥补市场机制的缺陷。政策性金融机构通常由政府以财政资金发起设立，主要目的不是为了利润最大化，而是扶持对于国计民生有着重要意义的产业或企业发展。政策性金融除了承担政策性贷款外，还要谋求自身的生存和发展，因此应当平衡好扶持与市场规律、贷款与还本付息之间的关系，以强化弱势产业的"造血功能"为宗旨。

3. 加快培育资本市场

随着我国多层次资本市场体系的逐步建立和完善，资本市场已日渐成为集企业融资、资源配置及国有经济布局和结构调整为一体的重要平台，在我国的经济社会发展中发挥着举足轻重的作用。国家提出优化资本市场结构，多渠道提高直接融资比重，加强和改进金融监管，防范和化解金融风险，为资本市场的不断完善指明了方向。

4. 大力发展创业板市场

创业板市场是多层次资本市场体系的重要组成部分，发展创业板市场可以为高科技中小企业提供重要的直接融资平台，推动高科技中小企业快速发展。创业板市场属于高风险、高回报的资本市场，其上市条件低于主板市场，创业板市场的发展有利于促进风险资本市场的发展，从而可以为一些高科技中小企业提供更广泛的资金来源。

第三节　区域发展政策

我国区域发展政策包括深入推进西部大开发、全面振兴东北老工业基地、中部地区崛起、积极支持东部地区率先发展、八类重点支持区域、四类主体功能区等政策内容，以及近年来国家陆续发布的京津冀协同发展、长江经济带战略、长江三角洲区域一体化、珠三角一体化、粤港澳大湾区发展、黄河流域等区域战略和发展纲要，标志着我国区域发展战略体系正式建立。这些区域发展战略及政策措施是工程咨询机构开展工程咨询、项目评估业务尤其是项目区位选择的基础和依据。工程咨询机构开展区域发展政策研究，主要是结合工程咨询和项目评估业务，按照国家区域发展总体战略和政策的要求，研究国家主体功能区划分、各类区域战略及相关配套政策措施的有效性和偏差，提出进一步完善的政策建议。

一、区域政策的概念

（一）区域政策的界定

区域政策是指政府综合运用各种调控手段，以解决经济发展过程中出现的各种区域性问题，推动各区域协调发展的政策总和。区域发展政策是政府对一国所发生的经济活动的空间进行干预，旨在实现经济稳定增长、区域均衡发展、资源优化配置和收入分配公平。

（二）区域政策的层次

从区域政策作用的范围来看，区域政策可以分为三个层次：一是超越国家层面的区域政策，如欧盟实施的区域发展政策；二是国家层面的区域政策；三是一国内部各个区域所实施的经济政策。从实质来看，超越国家层面和一国内部的区域政策，可以看作是对国家层面的区域政策的放大或缩小。研究国家层面的区域政策具有重要意义。

二、区域政策的目标和手段

（一）区域政策的目标

区域政策的目标主要有：经济稳定增长、资源优化配置和收入分配公平。

1. 经济稳定增长

根据不平衡发展理论，经济增长需要依靠一些中心区域的率先增长，然后带动外围区域增长，实现整体区域的经济增长。但经济发展的稳定性需要政府把握好两者之间的发展差距，差距过大必然会导致经济发展的不稳定。因此，客观上既要允许中心区域与外围区域的发展存在差距，以实现经济增长，也要协调好两者的增长关系，以实现经济稳定。合理的区域政策可以有效协调这种增长关系。

2. 优化资源配置

区域政策既要注重发挥各区域的比较优势，也要注重协调好各区域的经济发展关系，以实现一国资源的最佳配置，提高资源配置效率。区域政策的重点是通过政策倾斜，实现资金、人力、自然资源的空间优化配置，如加强交通、能源等基础设施建设以改善投资环境，制定优惠政策以吸引发展所需的资金、人才等生产要素。

3. 收入分配公平

由于各地区在资源禀赋、地理位置、人才素质等方面存在差异，在经济发展过程中存在差距难以避免，但经济发展的最终目的是全民共同富裕，因此不能允许各地区的人民群众在收入、就业、福利等方面的差距过大，这是全面建设小康社会的必然要求。实现区域间收入分配公平主要依靠财政补贴和转移支付，同时应进行政策上的适度倾斜，以加强落后区域的自我发展能力。

（二）区域政策手段

区域政策的手段是指在政策实施过程中，通过运用哪些具体的政策工具可以有效实现政策目标，主要可以概括为：财政和金融手段，由财政补贴、转移支付、税收优惠和贷款优惠等组成；基础设施投资手段，由投资环境改善、公共基础设施、专项基础设施建设基金的区域配置组成；行政手段，由政府购买、技术援助、就业补助等组成；区域开发手段，由贫困地区开发基金、区域与城市开发规划、研究与开发经费分配、国土整治规划等组成。

三、区域政策的主要内容

区域政策是促进区域协调发展的基本手段，是各种调控手段在空间布局上的集合。区域政策的制定要紧紧围绕有利于促进区域协调发展机制的形成，围绕有利于发挥区域的比较优势和自我发展能力的形成，不断调整完善。

（一）区域财政金融政策

1. 区域税收政策

要在保持中央财政收入占全国财政收入比重相对稳定的前提下，按照各税种的宏观调控功能、税源的流动性和分布情况，以及征管效率等因素，合理调整中央和地方政府间的分配关系，改革完善地方税体系，增加地方收入。

2. 区域财政政策

包括完善地方财政体制，强化省级财政调节区域内财力差异的责任，逐步减少财政管理层次，增强基层政府提供公共服务的财政保障能力，促进辖区内基本公共服务均等化；对边远、落后和低收入地区进行财政补贴，对在特定地区就业的人员提供补助；加大对落后地区基础设施建设和部分生产性建设项目的投资，形成促进地区经济协调发展的区域分工格局。

3. 区域转移支付政策

转移支付是各级政府间按照财权和事权相匹配的原则合理划分财政收入的一种分配形式，一般指上级政府对下级政府的财力补助。转移支付是中央政府促进地区间基本公共服务能力均等化的重要制度安排，是国际上通行的做法。通常包括以下三个方面的内容：

（1）缩小地区差距方面的转移支付。按各地区人均 GDP 水平排序，有区别地分配中央财政援助额，同时考虑少数民族地区等方面因素，以缩小地区财力差距。

（2）基本公共服务设施建设方面的转移支付。转移支付的目的是使贫困地区能够达到全国性基本公共服务水准，即全国基本公共服务标准均等化。

（3）扶贫方面的转移支付。中央政府帮助地方政府解决贫困人口问题，主要采取转移支付的区域政策。转移支付资金一般用于人力资源开发和解决贫困人口的基本生产和生活问题。

4. 区域金融政策

主要是指实行差别化的金融政策，加强对不发达地区的金融支持，引导资金流入，支持不发达地区的经济社会发展。

（二）区域投资和产业政策

1. 区域投资政策

主要包括以下方面：

（1）改善地区投资环境。包括加快交通、通信、城市基础设施建设以及金融、商贸、物流、信息、房地产等服务业的发展。

（2）关键产业的投资援助。政府对地区经济发展中的关键性产业给予支持，克服地区经济发展中"瓶颈"产业的制约，扶持地区特色优势产业发展，解决地区发展中出现的失业、低增长等问题。

（3）投资补贴。政府选择性地对地区某些生产领域进行补贴，如对劳动密集型产业进行补贴，以提高就业率。

（4）反向激励。政府控制产业过分集中的繁荣地区和拥挤地区的投资，促进投资向不发达地区转移。

2. 区域产业政策

区域产业政策是指以区域产业为直接对象，通过对有关产业的保护、扶植、调整和完善，以及通过直接或间接干预商品、服务、金融等方面的市场形成和市场机制来影响区域产业布局和区域发展政策的总和。区域产业政策要在全国产业政策和总体布局的要求下，从区域实际出发，正确确定区域在全国地域分工总格局中的地位，在区域多因素包括自然条件、资源状况、技术水平、经济基础等综合限定的范围内扬长避短、因地制宜地推进区域经济发展、区域产业结构演进以及布局模式的选择，以形成区域特色。同国家产业政策相比，区域产业政策更具有倾斜性，也就是更强调要优先发展区域内的主导产业、优势产业和支柱产业。区域产业结构系统是内外开放的，当区际交换能比区域自己经营有更大利益时，就可以放弃自己的某些行业、产品，通过区际交换、区际协作来满足自己的要求，而不是强调自我平衡，强求区域产业体系的完整性。

有了明确的区域产业政策，政府就可通过一系列手段加以调节。可利用投资、折旧、转移支付等手段加快对落后区域重点产业的扶持；可根据区域产业发展序列对产业税种和税率进行必要的调控，发挥差别税率对区域产业发展的引导作用，对需要扶持的产业，可在一定时期内减税或免税，对需要限制发展的产业可增加税种，提高税率；银行可根据区域产业发展序列要求制定相应的信贷政策，并对各产业分类排队，区别对待，限劣扶优。

3. 产业集群政策

1990 年，迈克尔·波特（Michael E. Porter）在《国家竞争优势》一书中首先提出"产业集群（Industrial Cluster）"的概念。波特通过对 10 个工业化国家的考察发现，产业集群是工业化过程中的普遍现象，在所有发达的经济体中，都可以明显看到各种产业集群，产业集群体现了区域竞争力对产业竞争力的影响和渗透。

产业集群是指在特定区域中，具有竞争与合作关系，且在地理上集中，有交互关联性的企业、专业化供应商、服务供应商、金融机构、相关产业的厂商及其他相关机构等组成的群体。产业集群还包括由于延伸而涉及的销售渠道、顾客、辅助产品制造商、专业化基础设施供应商等，政府及其他提供专业化培训、信息、研究开发、标准制定等的机构，以及同业公会和其他相关的民间团体。产业集群发展状况已经成为考察一个经济体或其中某个区域和地区发展水平的重要指标。

产业集群强调从区域整体来系统思考经济、社会的协调发展，考察可能构成特定区域竞争优势的产业集群，考虑临近地区间的竞争与合作，而不仅仅局限于考虑一些个别产业和狭小地理空间的发展。产业集群要求政府产业政策的重新思考和定位，实现由单纯培育主导产业向培育产业集群的转变，产业集群政策强调政府专注于消除妨碍生产力发展的障碍，构建有利于集群产业成长的创新环境、协作环境和政策环境，从而推动市场的不断拓展和产业的成长，繁荣区域和地方经济。

（三）区域协调发展和合作政策

1. 区域协调发展政策

区域协调发展，是指在区域开放的前提下，各地区实现相互促进、相互适应、相互依存的状态和过程，包括各地区经济发展水平、速度的总量协调。区内外的产业发展合理化与协调，既有助于落后地区开发，又能够促进发达地区经济布局协调，以及各区域之间的利益关系、交换关系、地位关系等经济关系的协调。

要实现区域的协调发展，不可能完全靠区域之间的协商关系，而必须靠中央的权威和财力的影响。通过中央的政策作用，达到三个目的：一是建立合理的中央与地方的关系，增强中央的调控能力，使中央政府成为地方经济发展的协调人；二是理顺地区的利益关系，克服因产业结构差异和发展水平差距而造成的区域利益和地区居民收入的不平等；三是调整产业布局，克服因资源分布不合理而造成的产业布局矛盾，要特别注意调整国家重点项目的地区分布，尽量防止因经济发展水平和产业布局因素而产生的区域经济水平的两极分化。

2. 区域合作政策

区域合作是区域协调的延伸和拓展，区域合作政策的作用重点是克服由于区域利益矛盾引起的区域经济冲突，达成一种和谐与合理分工。通过实施区域经济合作政策达成的区域合作，有五个方面的特征：各区域通过专业化分工，经济优势都能够得到充分发挥；通过发挥各自的优势，都能够形成较强的自我发展能力；在自我发展的过程中，生产要素能够在区域间自由流动；通过各类生产要素的流动和产品的自由销售，形成全国的统一大市场，并促使区域间互相开放市场；经过长期的合作、发展，使各区域的经济效益得到提高，各地区的经济发展水平和人民收入水平也都得到提高。

四、重点区域政策

（一）京津冀协同发展战略

京津冀协同发展于 2014 年 2 月提出，其核心在于疏解北京市非首都核心功能。北京作为首都，人口密集，城市功能结构日渐臃肿庞大，而京津冀三地地缘相接，文化和历史渊源深厚，拥有互相融合、协同发展的基础，因此"京津冀一体化"概念顺势而出，通过三地协同发展解决北京大城市病，带动北方腹地区域发展。定位为以首都为核心的世界级城市群、区域整体协同发展改革引领区、全国创新驱动经济增长引擎、生态修复环境改善示范区。

从发展定位看，北京是全国的政治中心、文化中心、国际交往中心和科技创新中心，天津为全国先进制造研发基地、北方国际航运核心区、金融创新运营示范区、改革开放先行区，河北要建设全国现代商贸物流重要基地、产业转型升级试验区、新型城镇化与城乡统筹示范区、京津冀生态环境支撑区。发展重点主要包括四个方面，一是疏解四类非首都功能，包括一般性产业、社会公共服务功能、部分行政性及事业性服务机构和企业总部等；二是建设雄安新区，打造北京非首都功能集中承载地；三是建设北京城市副中心，迁移北京市级机关到通州区；四是推动一体化建设，包括交通一体化、要素市场一体化、快速公共服务一体化等；五是生态环境保护联动，联防联治大气污染、治理流域、保护水资源及扩大生态空间；六是建立产业协同发展机制，包括跨省市投资、产业转移对接、园区共建、科技成果落地等项目的利益分配体制，建立健全农产品供销一体化和以销定产机制等。

（二）长三角一体化发展战略

长三角一体化发展的概念由中国民盟中央于 1990 年报送中共中央的《关于建立长江三角洲经济开发区的初步设想》一文中提出。长三角区域一直是我国经济社会发展的重要引擎，长三角的概念和空间范围从 1982 年起便不断变化扩展，到 2018 年演变成为以上海为龙头、34 个城市组成的城市群。发展目标是将长三角城市群建设成面向全球、辐射亚太、引领全国的世界级城市群，建成我国最具经济活力的资源配置中心，具有全球影响力的科技创新高地，全球重要的现代服务业和先进制造业中心，亚太地区重要门户，全国新一轮改革开放排头兵，美丽中国建设示范区。

发展重心一是构建适应资源环境承载能力的空间格局。强化主体功能分区的基地作用，推动人口区域平均发展，打造一体化的城乡体系。二是创新驱动经济转型升级。共建内聚外合的开放型创新网络，推进创新链、产业链深度融合，营造创新驱动发展良好生态。三是健全互联互通的基础设施网络。构建以轨道交通为主的综合交通网络，构建泛在普惠的信息网络，提高能源保障水平，强化水资源安全保障。四是推动生态建设环境共治。构建生态安全格局，推动环境联防联治，推进绿色城市建设，加强环境影响评价。五是深度融入全球经济体系。提升对外开放层次，建设高标准开放平台，加速聚集国际化人才，培育本土跨国公司。六是创新一体化发展体制机制：推动要素市场一体化建设，建立公共服务一体化机制，健全成本共担、利益共享机制。

长三角地区按三大区域实行差别化发展政策。优化开发区域指资源环境承载能力出现阶段性饱和的地区，主要分布在上海、苏南和环杭州湾等地区，将率先转变空间开发模式，严格控制新增建设用地规模和开发强度，适度扩大农业和生态空间；重点开发区域指资源环境承载能力还具有较大增长潜力的地区，主要分布在苏中、浙中、皖江和沿海部分地区，将强化产业和人口集聚能力，适度扩大产业和城镇空间，优化农村生活空间，严格保护绿色生态空间；限制开发区域是指生态敏感性较强、资源环境承载能力较低的地区，主要分布在苏北、皖西和浙西等部分地区，将严格控制新增建设用地规模，实施城镇点状集聚开发，加强水资源保护、生态修复与建设，维护生态系统结构和功能定位。

长三角一体化发展的基本要求，一是推动长三角区域经济高质量发展。三省一市要在抓好常态化疫情防控的前提下，在扎实做好"六稳"工作、全面落实"六保"任务上走在前列。二是加大科技攻关力度。集合科技力量，聚焦集成电路、生物医药、人工智能等重点领域和关键环节，尽早取得突破；支持中小微科技型企业创新发展。三是提升长三角城市发展质量。长三角区域城市开发建设早、旧城区多，改造任务很重，要想办法解决。四是增强欠发达区域高质量发展动能。一体化的重要目的是要解决区域发展不平衡问题。解决发展不平衡问题，要符合经济规律、自然规律，因地制宜、分类指导，承认客观差异，不能搞一刀切。五是推动浦东高水平改革开放。支持浦东在改革系统集成协同高效、高水平制度型开放、增强配置全球资源能力、提升城市现代化治理水平等方面先行先试、积极探索、创造经验。六是夯实长三角地区绿色发展基础。把保护、修复长江生态环境摆在突出位置，狠抓生态环境突出问题整改，推进城镇污水垃圾处理，加强化工污染、农业面源污染、船舶污染和尾矿库治理。七是促进基本公共服务便利共享。利用长三角地区合作机制，建立公共卫生等重大突发事件应急体系，强化医疗卫生物资储备，推进实施统一的基本医疗保险政策，以社会保障卡为载体建立居民服务"一卡通"，补齐民生短板。

（三）长江经济带发展战略

"长江经济带"由 20 世纪 80 年代"长江产业密集带"的概念发展而来，最初指以长江流域若干超级城市或特大城市为中心，通过其辐射作用和吸引作用连接各自腹地的大中小型城市和广大农村组成的经济区。2016 年 9 月，中央印发《长江经济带发展规划纲要》，旨在以长江黄金水道为依托，发挥上海、武汉和重庆的核心作用，带动长江流域及周边地区高速、高质量发展。

一是依托长江建设综合立体交通走廊。提升黄金水道功能，促进港口合理布局，完善综合交通网络，发展连城联运。二是强化创新驱动产业转型。增强自主创新能力，推进产业转型升级，打造核心竞争优势，引导产业有序转移。三是推进新型城镇化进程。优化城镇化空间格局，推进农业转移人口市民化，加强新兴城市建设，统筹城乡发展。四是构建东西双向、海陆统筹的对外开放新格局。加快复制推广上海自贸区改革创新经验，将云南建成面向南亚和东南亚的辐射中心，加快内陆开放型经济高地建设，推动区域合作和产业集聚发展。五是推进一体化市场体系建设。统一市场准入制度，促进基础设施共建共享，加快完善投融资体制。六是解决发展不平衡问题，整体提升公共服务水平。加快教育合作发展，推进公共文化协同发展，加强医疗卫生联动协作，完善区域社会保障体系。

（四）黄河流域高质量发展战略

黄河流域生态环境保护与高质量发展和长江经济带、粤港澳大湾区、长三角一体化一样重要，同属于国家的大战略。加强黄河治理保护，推动黄河流域高质量发展，积极支持流域省区打赢脱贫攻坚战，解决好流域人民群众特别是少数民族群众关心的防洪安全、饮水安全、生态安全等问题，对维护社会稳定、促进民族团结具有重要意义。

加快黄河流域高质量发展，既有助于对接"一带一路"，实现东、中、西部和南北区域经济和社会的协调发展，也有助于生态优先、绿色发展理念和陆海统筹战略的贯彻落实。该区域丰富的能源和矿产资源、转型升级发展、城市群建设和密集的交通网络建设，为黄河流域高质量发展奠定了基础。概括来讲，涉及的政策和措施包括以下几个方面。第一，成立黄河经济带管委会，统筹区域人口、资源环境和经济社会发展战略；第二，以资源环境承载力测算为切入点，制定经济、社会、资源、环境中长期规划；第三，以绿色发展为顶层设计，绿色产业为核心，建设绿色经济带；第四，以都市圈建设为支点，城市群建设为主体形态，走新型城镇化道路，实现乡村振兴；第五，设立黄河经济带发展基金，促进经济和社会实现高质量发展，以交通基础设施建设为抓手，加快该区域经济发展；第六，构建对外开放新格局。

（五）粤港澳大湾区发展战略

战略定位是建设粤港澳大湾区，使其成为世界级城市群和与美国纽约湾区、旧金山湾区和日本东京湾区相比肩的世界四大湾区。主要聚焦五个方面：充满活力的世界级城市群、具有全球影响力的国际科技创新中心、"一带一路"建设的重要支撑、内地与港澳深度合作示范区以及宜居宜业宜游的优质生活圈。

城市定位方面，香港要巩固和提升国际金融、航运、贸易中心和国际航空枢纽地位，强化全球离岸人民币业务枢纽地位、国际资产管理中心及风险管理中心功能，推动金融、商贸、物流、专业服务等向高端高增值方向发展，大力发展创新及科技事业，培育新兴产业，建设亚太区国际法律及争议解决服务中心，打造更具影响力的国际大都会；澳门要建设世界旅游休闲中心、中国与葡语国家商贸合作服务平台，促进经济适度多元化发展，打造以中华文化为主流、多元文化共存的交流合作基地；广州要充分发挥国家中心城市和综合性门户城市引领作用，全面增强国际商贸中心、综合交通枢纽功能，培育提升科技教育文化中心功能，着力建设国际大都市；深圳要发挥作为经济特区、全国性经济中心和国家创新型城市的引领作用，加快建成现代化国际化城市以及具有世界影响力的创新创意之都。

重点任务方面，一是建设国际科技创新中心。构建开放型区域协同创新共同体，打造高水平科技创新载体和平台，优化区域创新环境。二是加快基础设施互联互通。构建现代化的综合交通运输体系，优化提升信息基础设施，建设能源安全保障体系，强化水资源安全保障。三是构建具有国际竞争力的现代产业体系。加快发展先进制造业，培育壮大战略性新兴产业，加快发展现代服务业，大力发展海洋经济。四是推进生态文明建设。打造生态防护屏障，加强环境保护和治理，创新绿色低碳发展模式。五是建设宜居宜业宜游的优质生活圈。打造教育和人才高地，共建人文湾区，构筑休闲湾区，拓展就业创业空间，塑造健康湾区，促进社会保障和社会治理合作。六是紧密合作，共同参与"一带一路"建设。打造具有全球竞争力的营商环境，提升市场一体化水平，携手扩大对外开放。七是共建粤港澳合作发展平台。优化提升深圳前海深港现代服务业合作区功能，打造广州南沙粤港澳全面合作示范区，推进珠海横琴粤港澳深度合作示范，发展特色合作平台。

第四节　农村发展政策

在农村发展政策研究方面，工程咨询机构要着眼国家农村发展政策的贯彻落实和不断完善，结合项目咨询评估工作，研究各类"三农"政策执行过程中的有效性和偏差，提出有关政策建议。在此基础上，进一步深入研究如何保障农产品的稳定供给、促进农民收入稳定增长、形成城乡一体化发展的新格局、依法保障农民的基本权利等中长期政策问题和对策。

一、农村发展政策的主要内容

农村发展政策包括土地政策、农村基础设施建设政策、农村经济发展政策、农村社会发展政策、农村教育政策、农村社会保障政策等。我国制定的一系列惠农强农政策，形成了农村发展政策的完整体系。国家的农村经济政策、土地政策、教育政策、人口政策、社保政策等涉农政策是工程咨询机构开展相关项目咨询评估工作的政策基础和依据。

（一）基础设施建设政策

一是农村交通运输设施建设政策。农村交通运输基础设施包括农村地区的公路、铁路、水路等各种道路和车站、码头、桥梁等各类设施以及车辆、船舶等运输工具。交通运输设施是农村基础设施的基础和主体，也是发展其他基础设施的必要条件之一。

二是农村能源供给基础设施，包括为农村经济和农民生活服务的电力、煤炭、燃气等能源的供给设施和设备。能源供给基础设施承载着为农村提供动力、照明、取暖等所需能源的功能。政策措施包括鼓励发展农村清洁能源，增加沼气建设投入，在适宜地区积极发展生物质能和太阳能、风能等清洁能源。

三是农村邮政通信信息基础设施。包括为农村经济和农民生活服务的邮政、电信等通信业务活动的设施以及广播、电视、网络等信息业务活动的设施。邮政通信信息基础设施是农村居民获取信息的重要渠道。

四是农村水利基础设施。包括各种河流、水库、土壤改良设施和人畜及生产供水设施等。水利设施是农业的命脉，对农业生产水平起着决定性的影响。政策措施包括设立水利基金以保证大江大河大湖的治理工程支出和防洪工程的支出，改变以往小型水利设施资金筹集渠道单一的局面，小型水利工程要明晰所有权，探索建立以各种形式农村用水合作组织为主的管理体制，因地制宜，采用承包、租赁、拍卖、股份合作等灵活多样的经营方式，建立小型水利建设市场化的运作模式。

五是农村生态基础设施。"生态基础设施"这一概念是 20 世纪 90 年代中期，在生态环境不断恶化、水土流失日益加剧的背景下所提出的。农业生态基础设施包括环境污染综合治理生态工程、水土流失综合治理生态工程、风沙区荒漠化防治生态工程等。农村生态基础设施是促进农业可持续发展的重要条件。

六是农村文化卫生福利基础设施。包括为农村居民提供文化娱乐、医疗卫生、社会福利等公共服务的各种文化、卫生、福利机构与设施。农村文化卫生福利基础设施对丰富农民精神文化生活、提高农民健康水平、改善弱势群体的生存条件具有重要的作用。

七是农村教育基础设施。包括为农村居民提供基础教育和职业教育的教学设施和师资等。农村教育基础设施为农村孩子提供了接受教育的机会，同时也为提高农民文化素质创造了条件。

另外，从农村基础设施在生产和生活中所起的作用可以将农村基础设施分为三类：一是生产型基础设施，如水利设施、农业科研和技术推广服务机构等；二是生活型基础设施，如医疗、文化设施等；三是生产生活型设施，如道路和通信设施等。

（二）经济政策

1. 农业生产政策

一是农产品尤其是粮棉油等主产品基地建设政策。二是农业市场化政策，培育健全的市场主体和建设完善的流通设施；一方面加强对龙头企业、合作生产流通组织的支持，另一方面加强对农产品批发市场和农产品流通基础设施建设、运营等的支持，支持农民自愿互助性质的合作组织。三是农业科研，促进农业科技成果的转化和推广，促进科技下乡等政策。

2. 农产品价格政策

一是调控生产资料价格。通过对化肥生产和进口的税收、价格优惠政策，明确化肥的进销差率、批零差率和零售的最高限价，大力整顿农业生产资料市场，严厉打击随意抬高农业生产资料价格和制售假冒伪劣农业生产资料的行为，加大对农业生产资料市场的监管力度，遏制农业生产资料价格上涨的势头，保护农民利益。

二是实行主要粮食品种最低收购价格政策。美国、欧盟、日本等世界贸易组织成员多年来均充分利用此项政策，采取各种措施对本国农产品实施价格支持，以保护农民利益免受市场价格波动的影响。例如，美国有"无追索权贷款"和"反周期补贴"政策，欧盟实行了"目标价格""干预价格"和"门槛价格"政策，日本对 10 类农产品实行了 5 种形式的价格支持政策。我国依照世界贸易组织的有关规则，公布了水稻最低收购价格，完善了储备粮调节制度，粮食收购价格政策也不断调整、提价，建立了市场化的收购制度。

3. 财税及补贴政策

一般意义上的补贴，指政府通过财政手段向某种产品的生产、流通、贸易活动或某些居民提供的转移支付，农业补贴主要是对农业生产、流通和贸易进行的转移支付。从农民受益程度分，农业补贴又可以分为两种，一种是直接补贴，农民可以直接受益，如农民收入补贴；另一种是间接补贴，农民只能间接受益，如农产品价格补贴，包括我国采取的按保护价收购农民余粮而发放的价格补贴。

4.金融政策

一是农村金融机构体系政策，即形成政府主导的包括政策性金融、合作金融、商业性金融在内的多层次、全方位的体系。政策性金融主要由国家创建，通过信贷活动调节农业生产规模和发展方向，贯彻实施农村金融政策，控制农业发展规模等。农村合作金融主要由农民拥有，主要解决农民中短期贷款、不动产贷款、补充营运资金、购入商品等资金需求。

二是金融配套服务政策，形成农业保险体系。农业保险主要由商业保险公司经营和代理，国家给予其一定的经营管理费和保险费补贴等财政支持。应大力发展农业保险，分散农业生产风险，建立农村信贷担保体系。

三是金融扶持政策。如人员培训、再贷款、最低利率限制等措施。如扩大农村信用社改革试点范围，扩大贷款利率浮动幅度，着力增强农村信用社活力。鼓励农业银行等商业银行和农业发展银行等政策性银行创新金融产品和服务方式。鼓励通过吸引社会资本和外资积极兴办直接为"三农"服务的多种所有制的金融组织。

（三）土地政策

土地政策是指为了实现土地管理任务和土地利用目标而规定的调整土地的所有、占有、使用、经营、管理等方面的关系的行动准则。

土地政策一般包括土地公有制政策、土地征用政策、土地有偿使用政策、土地用途管制政策、土地所有权政策、土地使用权政策、土地承包经营政策、土地流转政策、耕地保护政策、建设用地政策、农地转用政策、土地补偿登记政策等。土地政策通常关系到经济发展、社会公正和平等以及政治稳定。土地政策有三大功能即导向功能、调控功能和分配功能。导向功能是指土地政策对人们的土地管理活动与土地利用方向具有引导、指导的作用，如土地用途管制政策、土地利用总体规划政策、土地利用计划政策等；调控功能是指政府运用土地政策，在对土地管理、土地利用中所出现的各种利益矛盾进行协调和控制的过程所起的作用，如土地流转政策、土地权属争议政策、收回土地使用权政策等；分配功能是指土地政策在一定历史时期内新创造出来的价值或体现这部分价值的利益和权利在不同阶级、社会团体或社会成员之间的分配的能力与作用，如土地经营政策、土地征用政策等。

农村土地政策内容主要包括耕地保护制度、土地承包政策、征地与补偿政策等。耕地保护制度包括暂停耕地占用审批、明确土地出让金使用、制止占用基本农田植树、恢复荒地生产、妥善解决农村土地承包纠纷、严格执行土地用途管制制度、严肃清理各种开发区和园区、严格规范使用农民集体所有土地进行建设、严格控制农村集体建设用地规模、严格禁止和严肃查处"以租代征"转用农用地的违法违规行为、严格土地执法监管等措施。土地承包政策，明确承包期限，落实户籍人员土地承包权。土地征用及补偿政策，对征用农村集体土地的补偿安置情况进行清理检查，支付土地补偿费和安置补助费，保障被征地农民保持原有生活水平。

（四）教育政策

分为基础教育、职业技术教育与成人教育三类。基本义务教育，实行"两免一补"，免除农村义务教育学杂费和书本费，逐步实行免费义务教育。农村成人教育与职业教育，即开展农民技术资格证书工作，保障成人教育培训工作的落实。

（五）人口政策

人口政策是国家为了直接调节和影响本国人口再生育行为而制定的行动准则，其目的在于使人口的数量、质量等诸多变数沿着预期的方向发展。国家人口政策不仅取决于本国的经济因素、资源生态环境因素，还取决于人口因素，包括人口的现状和发展趋势等。

人口政策包括有关调节生育的要求和社会经济措施，有关控制发病率与死亡率的要求和社会经济措施，有关优生的要求和社会经济措施，有关人口迁移政策和社会经济措施等。

（六）社会保障政策

社会保障包括农村保险、社会救济、社会福利三个部分，在我国还有优抚安置。

农村保险，是为了保障农村社会经济和人民生活的安定，而设立的具有互助性质的经济补偿和给付保险金的制度。这个制度通过筹集保险费，建立保险基金，来补偿农村居民因特定的灾害事故所造成的经济损失。农村保险主要有农业保险、农村财产保险和农村人身保险三大类。一是建立农村养老保险制度，按照"个人缴费为主、集体补助为辅、政府给予政策扶持"的原则，建立个人账户积累式的养老保险；二是推进新型农村合作医疗制度，逐步提高补助标准，保障农民的基本医疗卫生需求，解决农民工社会保险问题；三是坚持低标准准入、渐进式过渡的原则，先建立工伤保险和大病医疗保险，并实现在全国范围的转移与接续。

社会救济，救灾工作是农村社会救济的重要内容和国家有关部门的经常工作，包括农村"五保"，即指对基本上无劳动能力、无依无靠、无生活来源的老年人、残疾者和孤儿保吃（包括粮食、燃料、炊具和油、盐、菜等），保穿（包括夏冬衣服、棉被、鞋、蚊帐等），保住（解决住房和住房维修等），保医（有病及时治疗，生病不能自理生活时，有人照顾），保教（孤儿保证上学受教育）。同时加快建立农村最低生活保障制度，保障贫困农民基本生活。

社会福利：老年福利、妇女儿童福利、残疾人福利。

优抚安置工作，是指贯彻群众优待和国家抚恤相结合的方针，安排好烈军属和残废军人的生产、生活，使之在物质生活上保持与社会发展相适应的水平。

二、我国农村发展政策概述

（一）我国农村发展的政策沿革

农村发展问题始终是关乎中国社会主义现代化全局的重大问题。新中国成立以来，我国始终结合中国具体的国情、农情民意，对中国农村发展战略进行不懈的探索与规划，不断实现新的突破，走出了一条具有中国特色的社会主义农村发展之路。

1. "恢复国民经济"为主题的农村发展战略

新中国是在农业社会上建立起来的，面临着诸如巩固政权、恢复国民经济等一系列重大现实问题。在这一历史背景之下，以毛泽东为核心的第一代党中央领导集体在开创新中国宏伟大业之初，就明确了新中国是在农村发展问题内外部条件发生深刻变化及中国依旧处于内忧外患境地的历史起点上来解决农村发展问题。在百废待兴的现实窘境之下，国家对于农村发展做出了"恢复农业生产以解决全国人民温饱困境"的目标选择与以"土地改革为核心"的路径探索，从而形成了这一时期以"恢复积累"为主题的农村发展战略。

2. "以农养工"为主题的农村发展战略

随着社会秩序的稳定和国民经济的恢复，1953 年 9 月 24 日，中共中央正式向全党和全国人民公布了党在过渡时期的总路线，指明党在过渡时期的总任务就是要领导全国人民群众完成对农业、手工业和资本主义工商业的社会主义改造，逐步实现国家的工业化，从而把我国建设成为社会主义国家。至此，我国启动了工业化战略。与众多发展中国家一样，选择农业为工业提供原始积累，制定了"以农养工"为主线的农村发展战略。

3. "赋权放活"为主题的农村发展战略

20 世纪 70 年代末至 21 世纪初，我国仍然处于工业化初期的经济社会发展阶段，农村发展的政策导向仍然体现着"以农养工"的倾向。与此同时，基于我国已经初步建立起相对独立的工业体系的现实国情，加之封闭落后的农村发展现实状况使其日益与整个国民经济社会发展的链条相脱节，国家这一时期对农村发展的战略规划主要是以通过"赋权放活"尽可能地解放和发展农村被束缚的生产力为基点，围绕破解制约农村发展的体制机制掣肘为重点而激活农村这一极具潜力的发展市场而部署。因此，党中央做出了以建设社会主义现代化新农村为目标、以"赋权放活"为主题的农村改革与发展的战略规划。

4. "建设社会主义新农村"为主题的农村发展战略

党的十六大到十八大之前，面对自 20 世纪 90 年代以来中国"三农"问题不断恶化的状况，城乡差距、区域差距以及贫富差距不断扩大的趋势等现实突出问题的严峻考验，国家提出了"以人为本、全面、协调、可持续"的科学发展观，着力推进构建以人为本的社会主义和谐社会的进程。这一时期的农村发展战略形成以社会主义新农村建设为中心、以统筹城乡发展为重点、以培育新型农民、以推进中国特色社会主义农业现代化、以加快农村综合改革等为主要任务的基本框架，旨在实现"建设社会主义新农村"的战略目标，使全体人民共享改革发展成果。

（二）"十八大"以来的农村发展政策

党的十八大以来，为实现全面建成小康社会的目标，党中央、国务院对于如何解决好农业发展问题高度关注。加强实施乡村战略、推动农业供给侧结构性改革、实现城乡发展一体化、加快发展现代农业、增强农业综合生产能力、实现农村土地"三权"分置、坚持精准扶贫、坚持农业科技创新成为全党发展农业政策的重要内容。

1. 推进农业供给侧结构性改革

党的十八大以来，为解决我国农业发展过程中农业产业化程度低、农产品质量安全水平较低、农民持续增收难度大、农业自然资源短缺等现实性问题，我国农业供给侧结构性改革政策应运而生，重点体现为农业转型、结构调整等具体措施。

2. 确立农村土地"三权"分置制度

土地问题始终是我国"三农"问题的核心要素。当前农村土地管理基本上可以满足农业发展的要求，但部分土地利用率仍然偏低，制约了经济持续健康发展。开展农村占地整治、修订相关农业法规有利于提高土地利用率，稳定农业经济，并为国家整体经济发展创造更好的条件。2016年国务院印发《关于完善农村土地所有权承包权经营权分置办法的意见》，特别强调所有权、承包权、经营权三权分置。

3. 坚持打好脱贫攻坚战

改革开放之前，我国乡村普遍处于较为贫困的状态。自1978年以来，我国七亿乡村贫穷人口脱离了贫困状态，农村经济实现翻天覆地的改变。党的十八大以来，党中央把扶贫开发任务归入"四个全面"战略布局，将全面建成小康社会作为建党一百年必须完成的奋斗目标。习近平总书记在建党百年大会上庄严宣布，经过全党全国各族人民持续奋斗，中国实现了第一个百年奋斗目标，在中华大地上全面建成了小康社会，历史性地解决了绝对贫困问题。

4. 实施乡村振兴战略

党的十八大以来，以习近平同志为核心的新一届党中央领导集体深刻指出："我国经济社会发展正处在转型期，农村改革发展面临的环境更加复杂、困难挑战增多。工业化、信息化、城镇化快速发展对同步推进农业现代化的要求更为紧迫，保障粮食等重要农产品供给与资源环境承载能力的矛盾日益尖锐，经济社会结构深刻变化对创新农村社会管理提出了亟待破解的课题。"在这一深刻变化的历史背景之下，党中央提出了"乡村全面振兴"的战略目标与坚持"走中国特色社会主义乡村振兴道路"的路径探索，从而形成了新时代以"乡村振兴"为主题的农村发展战略。乡村振兴战略是全面建成小康社会、实现农业现代化的关键所在。

第五节　可持续发展政策

可持续发展政策着眼于人类当前利益和长远利益的结合，着眼于经济社会的长远发展能力，主要包括与人类社会可持续发展密切相关的资源环境政策、循环经济政策、能源政策、创新政策和社会保障政策等。可持续发展政策在工程咨询、政策咨询等领域处于重要地位，不仅是工程咨询评估工作的重要政策依据，更是工程咨询机构最为重要的研究领域之一，开展可持续发展政策研究是咨询机构的重要责任。

工程咨询机构开展可持续发展政策研究的重点是着眼于国家资源环境政策的进一步落实和不断完善，结合项目咨询评估工作，研究目前各类资源环境政策的有效性和偏差，提出政策建议。在此基础上进一步研究我国经济发展中如何保护环境实现人与自然和谐发展、保障我国战略性资源的有效供给、深化我国资源价格体制改革等中长期政策问题和对策。

同时，要紧密围绕国家政府部门政策研究和制定工作的需求，着眼于尽快完善和落实我国循环经济政策体系，就目前我国推进循环经济发展的各类政策问题进行深入研究，提出具体的建议；紧密围绕国家政府部门政策研究和政策制定工作的需求，结合具体的项目咨询评估工作，着眼于我国能源战略和政策体系的贯彻落实和进一步完善，就目前我国各类能源政策问题进行深入研究，提出具体的政策建议；着眼于我国建立创新型国家、科教兴国战略以及相关政

策体系的贯彻落实和进一步完善，围绕投资建设、经济结构调整、增强产业自
主创新能力等相关技术创新政策问题进行研究，提出具体的政策建议；着眼于
建立和完善社会保障体系的需要，围绕社会保险、社会救济、社会福利制度建
设需要就相关问题进行研究，就如何进一步完善和提高社会保障水平提出具体
的政策建议。

一、能源政策

能源作为一种战略资源在全球经济发展中具有特别重要的地位，并对国际
政治、军事、科技等许多方面产生广泛深远的影响。能源政策是为达到既定目
标而调整、引导、控制能源经济系统最优运行的一系列手段和措施的总称。它
不仅从属于政府的长期战略及发展目标，而且也从属于政府的统一政策纲领，
它是统一政策纲领在能源经济领域的延伸和具体化，为战略实施提供具体的调
控手段。主要分为性质政策措施和数量政策措施两种。其中性质政策措施是从
质的方面对能源系统进行调控，如能源管理体制、价格制度、税制设置、消费
供应方式、节能标准制定等，而数量政策措施是从量上规范和调控能源经济活
动，如税率、汇率、利息率、价格、盈利率等变动。从调控对象看，有调控能
源经济的宏观政策，如投资政策、价格政策、税收政策等，也有调控能源经济
的微观政策，如技术改造政策、节能政策等。

（一）产业政策

能源产业政策是整个能源行业的基本经济政策，是关于能源产业发展指导
思想和战略目标实现的具体对策，包括支持重点、保障政策和实施措施等方
面。如加强能源、资源等关键领域的重大技术开发，大力发展清洁能源；建设
大型煤炭基地，调整改造中小煤矿，开发利用煤层气，加强国内石油、天然气
勘探开发；加强重要矿产资源的地质勘查，增加资源地质储量，规范开发秩
序，实行合理开采和综合利用，健全资源有偿使用制度；扩大境外合作开发，
推进资源开发和利用技术的国际合作等。

（二）投资政策

能源投资政策是产业政策实施的保证和配套措施，是保证能源开发规模和
能源稳定供应的前提。包括投资领域、土地政策、外商投资政策等。如节约能

源制度和措施，提高能源利用效率；调整和优化能源结构，积极发展风能、太阳能、生物燃料、生物质能和废物能等新能源；做好能源发展合理布局，并综合考虑能源生产、运输和消费合理配置，促进能源与交通协调发展；利用国内外两种资源、两个市场，立足于国内能源的勘探、开发与建设，同时积极参与世界能源资源的合作与开发。

（三）价格政策

能源价格是最有活力的能源经济杠杆。美国从 1930 年以后开始实行能源管制，国内能源价格被保持在"自由"市场价格水平以下，目的是保护消费者以及出口加工业在国际上的竞争地位。在管制的低油价推动下，美国石油消费规模急剧膨胀，成为世界上最大的石油进口国。第二次石油危机以非常快的速度将石油价格推到了历史高位，重挫了西方发达国家尤其是美国的经济，最终刺激了美国能源价格政策的调整。1981 年，里根总统终止了对国内原油价格的管制。严格管制的低能源价格政策虽然在客观上刺激了能源消费，也导致消费者和企业缺乏节约能源和消费节能产品的动力，美国的能源效率、节能技术与节能产品使用率都处于较低水平。

（四）税收政策

税收是行政性的调节手段，实施正确的能源税收政策，是促进能源产业发展和合理利用能源的重要措施之一。各国都根据各自的情况实行不同的税收政策，或鼓励、或限制、或增税、或减免，虽然差别很大，但目标都是利用税收来促进能源的开发和利用。例如英国为减少对中东石油的依赖，实现石油自给，在开发北海油田时就实行优惠的税收政策。

（五）节能政策

节能政策主要是通过促进节能的财税政策来实现。促进节能的财税政策，按其功能可分为两大类。

1. 降低节能投资成本促进节能的政策

一是财政拨款。财政拨款用于国家节能技术的研究开发和示范项目、企业节能贷款贴息和担保、低收入家庭节能补贴、节能政策法规研究制订、企业能源审计、能效标准标识制订和实施、节能信息服务、节能宣传教育、政府机构节能等。二是税收减免。对符合规定要求的节能技术和设备减免所得税，特定节能设备加速折旧；对达到预定节能目标的企业或行业减免税收。三是贷款优惠。对节能项目提供低息贷款或贴息贷款；对节能项目贷款提供担保。

2. 增加能源使用成本激励节能投资的政策

增加能源使用成本的财税政策：针对特定燃料和电力及不同用户征收能源税和环境税，增加能源使用成本促进节能投资，减少被征税能源的消费，削减二氧化碳和大气污染物排放。通常是二氧化碳税（碳税），英国为气候变化税，德国为生态税。能源税和环境税是一种中性税，即在征收此类税种的同时，减少企业所得税，以减小对企业的负面影响。此外，能源税和环境税管理成本高，可能对低收入者和某些行业的竞争力产生不利影响。

（六）碳效率政策

碳效率政策的目的就是要降低能源使用的碳排放强度，同时降低能源供应成本，保障能源供应安全。美国的能源政策重在鼓励和开发有利于环境保护的能源技术，增加和使用更清洁、更高效的能源，以提高人民的生活质量，做到国家能源、环境和经济政策高度一致。英国的能源效率政策注重二氧化碳排放指标的计量和控制，注重节能项目的实施性和外部评价，注重吸引更多的私人资本参与政府节能计划，注重提高现有建筑物的能源效率，并且注重节能成本和收益的平衡。欧盟能源政策体现的一个原则是，能源政策不仅是保障供应的问题，且环境目标必须体现在欧盟能源政策中，同时加强能源环境政策和研究政策的衔接。欧盟明确把能源效率和再生能源、清洁煤技术、核废料管理三个重要优先领域的研究列入其中，目的是激励产业界为达到欧盟能源政策目标和履行欧盟的国际承诺做出贡献。

二、资源环境政策

（一）直接规制政策

环境规制作为社会规制的一项重要内容，指由于环境污染具有外部不经济性，政府通过制定相应政策与措施对企业等的经济活动进行调节，以达到保持环境和经济发展相协调的目标，具体包括工业污染防治和城市环境保护。以环境规制为基础进行的国际分工有利于一国及世界经济的长期、稳定、可持续发展；环境规制将影响一国的产业结构调整，有利于促进一国贸易增长方式由单纯资源密集型向资源节约型、由外延扩张向内涵扩张的积极方向转化；对产业结构调整和技术升级有着引导作用，比如绿色农业、绿色制造业和高新技术产业的兴起；有利于新的出口产业或产品出口竞争优势的培育。因此，环境规制的这一作用方向与世界经济的可持续发展目标是一致的。

（二）税收政策

发达国家在经济发展过程中曾饱受环境问题的困扰，他们率先尝试将税收用于环境保护，并取得了较好的效果。从发达国家在经济发展进程中已经取得的经验和教训及世界各国的生态税收实践来看，单独设置生态税，是整治生态环境，实现经济发展与人口、资源、环境相协调的成功之路。在西方国家，环境保护税基本上有三大类型：第一，对排放工业污染物征收的税，主要税种有二氧化碳税、二氧化硫税、水污染税；第二，对耗能材料泛滥征收的税，主要税种有润滑油税、轮胎税、饮料容器税；第三，对造成其他公害征收的税，主要税种有噪音税、拥挤税等。美国多年来坚持利用生态税收政策促进生态环境良性发展，取得了显著成效。欧盟国家的生态税收除碳税外，各国依据国情不同，开征了一些不同的生态税，如荷兰为环境保护而设计的生态税收主要包括燃料税、噪音税、垃圾税、能源调节税、水污染税、地下水税、废物税、超额粪便税、狗税等；芬兰已经实施能源税、环境燃料税等税种。

（三）许可证交易政策

排污许可证（排污权）交易的设想最初是由美国经济学家戴尔斯（Dales）于1968年提出的。排污许可证交易是利用市场机制将企业单纯的污染治理行为转变为企业自身经济活动的一项环境管理政策。根据环境经济理论的观点，在给定的环境质量控制目标下，采用包括排污许可证交易在内的市场化管理工具，可使达到环境质量目标所需花费的社会成本为最低。

可交易的许可证是指由一个适当的权力机构最初分配的环境定额、配额或污染水平的最高限度。最高限额一旦确定，就可根据一系列的原则，允许相互进行许可证或排污权的买卖。例如，英国政府于2003年出台了实施生活垃圾填埋配额方案，允许各地生活垃圾管理局进行填埋配额交易，即各地地方管理局可按自己的填埋配额填埋可降解垃圾，也可将节余的配额卖出去，若自己的配额不够用，可向其他有富裕配额的管理局购买配额。该计划已从 2004 年开始实施。可交易的许可证制度的作用是限制污染物质的排放量，目前应用范围还不是很广泛，大规模使用只有美国。

（四）补贴及押金退款政策

作为一种重要的、有效的经济手段，补贴制度在经济合作和发展组织成员国被广泛采用，主要方式有三种。

1. 赠款

即向采取某些环境保护措施后，能够降低污染水平的污染者提供赠款，如丹麦对废弃物处理设施采取清洁工艺以保护环境的做法给予赠款；法国对改进或更新旧的生活垃圾处理设施项目给予赠款；德国对废弃物处理和回收设施实行补贴。

2. 软贷款

即向能够采取污染防治措施的污染者提供低息贷款，如德国向新建的废弃物处理和回收企业提供软贷款助其购置厂房和设备，在正常运转后，也给予补贴，促进其发展。意大利政府对固体废物回收和再利用企业实行补贴，以促进废弃物的资源化利用。日本于 2003 年建立了对生物能开发利用的补助金制度，以促进生物能的开发利用。

3. 免税

即对于采用了某些防治污染措施后，生产效益下降，直接影响经济收入的生产厂家采取免税的办法予以补偿。

（五）环保产业发展政策

产业经济政策必须统筹好经济增长与环境保护的关系。历史经验表明，粗放式的经济发展方式对生态环境的破坏作用极大，是不可持续的。因此，政府应当运用切实可行的行政、经济手段，包括规制、税收、许可证、补贴、法律等，确保经济的可持续发展。

环境保护是可持续发展战略的重要内容，因此环保产业的发展就成为可持续发展中一项主要的产业政策目标。美国的环境保护产业政策采用经济手段和行政手段并重的方式，并提出"循环经济""工业生态经济"等新发展理念，而日本环保产业的发展得益于政府所采取的一系列优惠政策。例如日本政府制定了一系列的贷款优惠政策，利用非营利性的金融机构为与环保有关的企业提供中长期的优惠利率贷款等。通过这些优惠政策的实施，加强了企业对环保设备的投入力度，以扶持环保产业的发展。

（六）产权法律政策

必须改变环境与资源使用权无偿获取的产权安排制度，引入市场竞争和有偿获得生态环境资源使用权的产权安排制度。为解决环境与资源所有权与使用权的权益不对等的问题，必须实行使用者支付制度。对自然资源使用权的获得，根据不同自然资源的性质和用途规定不同的使用税费和获得途径，如对紧缺资源实行高标准收费使用制度；对不可再生的特别资源实行管制使用制度；对一般性再生资源实行市场定价制度；对公益性资源实行限价使用制度等。

三、循环经济政策

循环经济是实施可持续发展战略的重要途径和实现方式，起源于 20 世纪 60 年代资源耗竭加速、环境污染加剧、环保运动兴起的背景下。循环经济倡导的是一种建立在物质高效利用和循环利用基础上的经济发展模式，是按照生态规律利用自然资源和维持环境容量，重新调整经济运行方式，实现经济活动的生态型转化的循环，是人类社会经济发展历史的一次突破性转变。循环经济以"减量化、再利用、资源化"为原则，以低消耗、低排放、高效率为基本特征，符合可持续发展理念的经济增长模式，是对"大量生产、大量消费、大量废弃"的传统增长模式的根本变革。充分发挥市场机制对资源配置的决定性作用，利用各种经济手段，包括建立征收环境税费制度、财政信贷鼓励制度、排污权交易制度、环境标志制度、押金制度等，通过治污、清洁生产等途径将外部不经济性转入内部化。循环经济发展的政策体系涉及资源利用、环境保护、生态建设、产业类型、区域特征等方面。发展循环经济特别要注意充分利用价格、税收和财政等激励政策。

（一）价格政策

环境问题在很大程度上是由环境资源的滥用引起的。如果能够建立完整的环境资源价格体系，使环境价值得到相对完整的体现，环境资源滥用的现象就可以得到有效的缓解。因此，经济政策的重点就在于利用市场机制，明晰环境产权，使资源和其他物品一样走入市场，使其价格正确地反映其全部社会成本。从经济生产过程来看，建立循环经济发展的税收制度，重点要加强输入端的资源税费政策和输出端的污染税费政策。

（二）财政政策

财政政策包括财政贴息、税前还贷、技术改造资金安排以及集团采购时优先购买绿色产品等方式，引导循环经济的建设。一是在循环经济建设中，对于投资较大、经济效益相对低、环境效益好的项目，加大中央政府的投入，并要制定优惠政策鼓励地方和企业进行投资。二是财政补贴政策，通过采取物价补贴、企业亏损补贴、财政贴息、税前还贷等方式给开展循环经济的企业以财政补贴，同时对企业生产中使用的环境友好型的机器设备实行加速折旧制度。

（三）税收政策

一是环境税，即制定以保护环境为主要目的而征收的税，从而促进资源节约和环境保护；二是差别税收，即针对不同的纳税对象的行为、产品、生产方式、环境保护活动等来决定其纳税水平。如低息、无息和减税政策，资源回收鼓励制度，可归还的保证金法，实行排污许可证或排污交易权交易以及垃圾收费，征收填埋和焚烧税等。对符合循环经济运行原则的行为加以鼓励，对违反循环经济运行原则的行为加以限制。

（四）投资政策

从政府促进循环经济发展的投资政策来看，对于公共物品的资源生产、环境建设、生态恢复投资，主要依靠政府；对于可进行市场化运作的准公共物品，则主要通过加强政府监督，并不断完善公共物品的价格制度，如自来水、煤气、污水治理等；对于可完全市场化运作的产品，则要注重在其经营过程中生态环境价值的保值、增值，从而增强居民为生态付费的意识。

（五）产业政策

强调资源利用效率和环境保护，加快经济竞争力在投资政策和项目选择上、在投资方向的鼓励和限制上，向产业结构调整和优化升级方向倾斜，建立生态工业、生态农业和生态第三产业，从而构建循环经济产业体系。对工业而言，大力发展生态工业，运用工业生态学的观念来改造现行的工业系统。就微观层次而言，就是按照清洁生产的理念来组织工业生产，促进原料和能源的循环利用；就宏观层次而言，就是要大力发展工业生态链和兴建工业生态园，在产业、地区、国家甚至世界范围内实施循环经济法则，使微观企业之间形成共生系统，尽量消除废弃物的产生。与工业类似，循环经济的农业也应该是可持续的，包括有机农业、生态农业等形式。大力发展环保产业是改善现有环境的重要手段。从广义上讲，资源回收产业也是环保产业的一个组成部分。资源回收、绿色消费和绿色生产相互衔接起来，就会形成一个全社会范围内的"自然资源—产品和用品—再生资源"的完整的循环经济环路。

（六）技术政策

循环经济的技术政策中应该包括大力发展高新技术，如信息技术、生物技术等。此外还应包括环境无害化技术、替代技术、再利用技术、系统化技术等。循环经济的支撑技术体系是构筑循环经济的物质基础。这些技术取得突破，必将加快循环经济的建立，重建人类和地球的和谐关系。

（七）消费政策

促进循环经济发展的消费政策主要是引导绿色消费。消费在经济活动中占有重要的地位，产品或服务只有在被最终消费之后才能真正实现其价值。因此，倡导绿色消费政策是构建循环经济最重要的环节。绿色消费的概念是广义的，它有三层含义：一是倡导消费未被污染或者有助于公众健康的绿色产品；二是在消费过程中注重对垃圾的处置，不造成环境污染；三是引导消费者转变消费观念，注重环保，节约资源和能源，改变公众对环境不宜的消费方式。

（八）教育政策

为了提高循环经济政策的实施效果，需要加强对公众环境意识的培养，建立循环经济最终要落脚于公众环境意识的提高。绿色教育政策包括：逐步建立和完善环境保护工作制度，带动民众广泛参与环保实践；经常举办环境污染案例听证会，加强环境案件的社会影响；加强舆论宣传，强化环境意识。鼓励新闻媒体对绿色产品类的广告予以优惠，政府部门应该带头使用绿色产品；增加环保投入，加快信息化、自动化、智能化建设，并定期公布环境质量状况等。

四、科技创新政策

创新政策体现科技政策和产业政策的协调配合。由于技术创新涉及从发明到商业化的技术、金融、设计、生产、管理和销售多个环节，政府能够影响技术创新的手段很多。不仅如此，技术创新在很大程度上是一个内生的经济概念，政府的许多行为都会对创新行为产生影响。因此，要把创新政策作为政府为推动技术创新活动的各种政策的综合，其中在技术政策和产业政策中有关推动创新的部分，是创新政策的核心。

（一）政府资助政策

为了迎接新技术革命的挑战，一些国家如日本、法国等，在 20 世纪 80 年代提出了将一些技术领域作为优先发展的对象，并制定这些领域的具体发展战略、方案，为其筹措必需的资金。我国也有类似的措施，如"863"、"973"项目。各国通行的做法是组织实施竞争前的创新活动，然后让企业去开发这些成果的商业价值。这种做法的好处是能克服"搭便车"现象、防止重复研究，存在的问题是创新效率不高。

（二）政府采购政策

在计算机辅助设计（CAD）、半导体、集成电路等领域，政府购买所起的推动作用要比政府对研发（R&D）的直接资助更大。美国是这一方面的典型代表。政府购买促进创新的原因，可归结为两个。首先，政府部门的需求构成了一个大市场。政府既可以为本部门购买，也可以采取适当手段，要求能源、交通等部门采用某些新产品。这种市场的保证自然有利于创新商品的问世。其次，政府部门的购买起着"需求拉动"的作用，在产品周期的早期阶段，这种拉动尤为重要。

（三）专利制度政策

专利制度是各国普遍采用的制度，被认为是最重要的创新政策手段。我国自 1985 年 4 月起开始实行专利制度，专利申请逐年增加。

（四）税收调整政策

税收是各国普遍采用的推动创新的手段，其做法是给新产品和研发活动以税惠，包括调整税率、免税等。如加拿大税法规定企业科研费用可百分之百从应交税款中扣除，英国规定所有与贸易相关的研究费用可以从应交税款中全部扣除。随着新技术革命时代的来临，各国有关研发的税收优惠政策更是形式多样。

（五）合作创新政策

由于技术创新风险高、资金需求多、涉及技术领域广，合作性创新已成为新趋势。这种合作既能够减少风险、减轻资金压力，又能在技术上进行互补。

五、社会保障政策

社会保障是国家或社会通过立法和行政手段对国民收入进行再分配，以社会消费基金的形式，为因年老、疾病、伤残、死亡、失业及其他不幸遭遇而使生存出现困难的社会成员提供一定的物质上的帮助，以保证其基本生活权利。社会保障是在社会成员暂时或永久丧失工作能力、丧失工作机会，或收入不能维持必要生活时，由政府负责提供的生活保证，内在依据是人类的物质生活需要。国际劳工局认为，社会保障的内容包括：社会保险、社会援助，由国家总税收提供资金的津贴、家庭津贴和储备基金，以及由雇主提供的补充年金以及围绕社会保障而发展的辅助性或补充性计划。由于经济发展水平和国情的不同，社会保障范围的大小、项目的多少、水平的高低在各个国家是不尽相同的。从具体内容来看，各国的社会保障体系各有特色，但大体上都包括社会保险、社会救济、社会福利、社会优抚四大类内容。

（一）社会保险政策

社会保险是社会保障的核心内容，主要包括养老保险、失业保险、医疗保险和工伤保险四大类。养老保险，凡年满一定年岁的老人退休可领取养老金，包括基本养老金、补充养老金和个人储蓄养老金，资金分别来源于国家、企业和个人。医疗保险，对投保的个人提供医疗保险，就医费用在保险中开支。失业保险，包括单纯补贴救助政策和创造就业机会政策，前者的失业保险向雇主和员工征收，未投保的失业者另外领取补助或资助；后者使失业保障的内容中增加保障就业的成分，从根本上解决失业保障的支付危机。具体措施包括对短期失业人员进行就业培训，为失业人员和雇主提供见面的机会，为求职者提供职业咨询和指导，为从业人员转岗提供便利。工伤保险，对因工致伤、致残甚至死亡的员工给予赔偿。

（二）社会救济政策

社会救济主要是对社会成员提供最低生活保障，其目的是扶危济贫，救助社会脆弱群体，对象是社会的低收入人群和困难人群。社会救助体现了浓厚的人道主义思想，是社会保障的最后一道防护线和安全网。

最低生活保障制度对陷入生活困境者，如家庭成员人均收入低于当地城市居民最低生活标准的，对无生活来源，无劳动能力，无法定赡养人、扶养人或者抚养人的居民，可按当地城市居民最低生活保障标准全额救助，通过国家援助，保障其最低限度的生活。

由政府财政拨款，对没有投保的老人、残疾者、抚养未成年子女的贫困家庭，以及两年未找到工作者和城市乞讨人员给予救济，提供救济金、医疗补助和食品券补贴，提倡并鼓励开展各种社会互助活动。

（三）社会福利政策

社会福利政策是社会保障政策的重要组成部分，是国家和社会为保障和维护社会成员一定的生活质量，满足其物质和精神的基本需要而采取的社会保障政策以及所提供的设施和相应的服务，包括住房、教育、健康、培训等各个方面。

住房保障福利。扩大房屋抵押贷款保险，提供低租的公共住房，提供低息建房贷款，提供房租补贴，禁止住房中的种族歧视等。

教育保障福利。实行义务教育，凡学龄青少年都可免费进入公立中小学就读。为帮助贫困家庭子女上大学，设立大学免费或低息贷款，学生毕业后，分期还贷，同时拨款进行职业培训。

其他福利计划。包括抚恤金和补偿、健康医疗计划、教育培训计划、人寿保险等。

（四）社会优抚政策

社会优抚是指政府或社会对现役、退伍、复员、残废军人及烈士家属给予抚恤和优待的一种社会保障制度。社会优抚的具体内容包括以下方面。

1. 抚恤

政府对因公伤残人员、因公牺牲及病故人员家属采取的一种物质抚慰方式，包括伤残抚恤和死亡抚恤。

2. 优待

从政治上和物质上给予优待对象良好的物质或资金待遇、优先照顾与专项服务。

3. 优抚社会化服务

国家和社会筹资建造服务设施，如革命伤残军人休养院、荣复军人慢性病疗养院等。

▎第三章▎

政策咨询的方法工具

　　政策咨询又称政策分析，是对政策制定、实施、评估、终止等全过程进行分析研究的专业咨询领域，涉及管理科学、决策科学、行为科学、政治学等多学科专业分析工具和方法。本章主要探讨政策研究的多学科视角和方法论基础，阐述政策研究的专业方法，如系统分析方法、信息收集和分析方法、方案比选方法，以及趋势预测、移动平均法、最小二乘法等定量分析方法，为政策咨询提供方法工具参考依据。

第一节　政策咨询基本方法

一、政策咨询方法论基础

　　不论是政策制定与实施过程，还是对政策内容本身的研究，都要回答五类基本问题：事实分析、价值分析、规范性分析、可行性分析和利益分析。

　　（一）事实分析

　　事实分析主要回答"是什么"的问题，即对社会问题的客观认识，通常采用观察、描述、测量和计数等手段分析事物以及事物之间的关系。事实分析，有定性和定量两种分析模式，采用事实分析的前提条件是人们能够认清事物的本质，掌握事物发展变化的规律。事实分析的真实可靠受到两类因素的影响：一是事实观察的客观性。一般情况下，人们对于社会的观察带有很强的主观性，这种主观性表现在人们会以自我的价值观去观察事物。美国管理学家和社会学家赫伯特·西蒙说："每一项决策都包含两类要素，分别称为事实要素与价值要素。"事实是独立于意识之外的，但在描述客观事实时，离不开描述者的价值判断，同样的客观事实，不同的描述者可能会表现出来不同的价值观。二是事实分析会较多采用归纳推理方法，需要注意归纳推理的可信度。

（二）价值分析

价值分析是研究人员考察人们的社会价值观念及价值规范，并确定价值准则的分析过程与方法。从公共政策分析和决策的角度看，价值分析既是政策分析的重要内容与任务，又是政策研究的重要手段与方法。价值分析力求回答的是"我们应该做什么"的问题，包括因为什么，为谁，为什么目的，承诺什么，多大风险，应优先考虑什么等。

公共政策所提供的价值标准，不可能对全社会每一个成员都产生相同意义。从政府的管理角度看，政策不仅要把每个成员的积极性、创造性、主动性发挥出来，而且要把他们集中到实现政府所追求的目标上。因此，公共政策的价值标准，会不断帮助人们进行价值选择。例如，政府的环境保护政策，是引导甚至约束人们必须选择保护环境与生态平衡方面的行为。目标明确的行为正是在价值取向的基础上产生的。社会成员服从政策、执行政策，就是服从于特定的价值意识与价值取向。公共政策对社会利益的分配，极大地激励了社会成员的需求。不同的人在不同时期，会有不同的价值需求，公共政策要考虑社会上绝大多数人的需求。

（三）规范性分析

规范通常指人们行为的准则、标准等。社会规范是指人们为了共同的生存发展需要，根据一定的社会观念，制定的全体社会成员共同遵守的行为准则，包括法律规范、道德规范、宗教规范等。政策规范需要从不同程度上体现出这些社会规范，以有效规范社会成员的行为。政策规范以政治权威作为后盾，具有一定的强制性，必要时可以采用国家强制力量执行。规范性分析主要回答"应该是什么"的问题。

政策规范作为一种社会力量，除了推动人们去做那些一致愿意做的事情外，还引导人们去做他们不乐意去做的事，或阻止人们做某些事情。人们创造规范，是为了借助规范的力量，确定与调整人们的共同活动及其相互关系的原则。所以，规范是维护社会基本秩序的重要机制。在社会共同生活中，绝不能缺少规范的力量。因为社会是由无数人群组成的，每个人都有自己的目标和利益，人们之间会经常表现出需求与利益上的冲突。公共政策不仅要规范个体与群体的行为，而且要不断地解决人们行为中所产生的矛盾与冲突，达到对社会公共事务实行有效控制之目的。政策行为是政府最重要的一种政治活动，在社会活动中，政策的规范性有着更为特殊的意义。从政治的角度看，政策规定所具有的社会教化作用是极其强大的。正因为如此，公共政策分析中离不开是否符合规范的分析。

（四）可行性分析

可行性分析是对规范研究中所提出的方案进行考证，论述在客观现实的基础上是否具备了条件与能力。在政策分析中，可行性分析的重要性，表现在政治、经济及技术的可行性等方面。

1. 政治可行性

政府的政策，代表的是国家的意志。与此同时，作为指导社会成员行为准则的政策，必须反映和代表那些具有共同经济地位的人们的共同要求和愿望。离开了这些，公共政策就失去了其应有的政治意义。政治上的可行性，还表现在政治支持度上。常有这种情况，一项好的政策，多数人对它不理解，尚没有认识到它的重要性时，则这项政策在实践中并不一定可行。我国不少政策的出台，充分考虑到了人民群众对政策的认同程度。在我国，强调政策的实施结果，首先要有利于政治稳定，这是政治可行性考虑的出发点。我国是发展中国家，要建设社会主义强国，实现中华民族伟大复兴，这一重任要由政府领导广大人民群众去努力完成。因此，政策的威力以及政策在政治上的可行性是事关重大的。当前改革开放坚持两条基本原则，一是以社会主义公有制经济为主体；二是共同富裕。发展混合所有制经济政策、利用外资的政策等，都是为建立社会主义市场经济的总体要求服务的，这既是社会主义政治上的需要，也是政策的政治可行性的基本条件。

2. 经济可行性

经济可行性分析的基本目的是全面研究政策实施的经济效益。在制定政策与实施政策中，都需要消耗资源，即消耗人力、物力与财力等各种资源。不少较为理想化的政策，正是由于资源的限制才无法实施。考虑经济效益，既要重视投入项，更要重视产出项。公共政策本身不会直接表现出一定的经济利益，而是通过实施后间接地反映出来的。

3. 技术可行性

技术上的可行性，主要表现在实现目标的扶持手段上。一般来说，经济上的可行性取决于科学技术水平。反过来，经济上的投入越大，越有利于科学技术水平的提高。经济、技术上的可行性越大，越会影响由决策者主张或坚持的政治上的可行性。应该讲，这些可行性研究是相互联系、相互影响的。成功的政策，往往要全面地考虑到各方面的可行性，并选出一个最佳结合点。

（五）利益分析

公共政策分析最本质的方面是利益分析，这是由公共政策的基本性质所决定的。利益分析与事实、价值、规范性和可行性分析既有联系又有区别。一项政策的产生，是包括政府利益在内的各种利益通过竞争而达到均衡的结果。从社会的发展目标看，就是要最大限度地生产出物质产品和精神产品，满足人们不断增长的需求，这自然也是政府的政策目标。人民群众的利益高于一切，是我们一切政策的出发点。满足人民群众的利益，保护人民群众的利益，发展人民群众的利益，是制定政策的最基本原则，否则就会失去政策存在的必要性。利益的客体特征是与主体需求联系在一起的，所以从这个意义上讲，利益又具有主体性，依据利益主体性，产生了个人利益、集体利益和社会利益。社会利益的集中体现是国家利益。从某种意义上讲，社会中每一个成员都有自己的需求，但社会能否满足这些需求，则是社会发展中的矛盾。与之相关就产生了人们期望获得的理想利益和实际利益的差距。政府在对某项政策进行规划时，很想给特定社会群体带来实际利益，但由于社会的总资源有限，政府无力做这件事；或者给这一群体增加了实际利益，会连锁到其他群体，产生了负面效应，因而政策迟迟不能出台，或者根本就不能出台，这就面临着权衡和政策选择等问题。

二、政策咨询系统分析方法

政策科学的演进历史表明，现代公共政策分析是在运筹学和系统分析的基础上形成和发展而来的。随着政策科学体系的建立和完善，系统分析方法已成为公共政策研究的主要方法之一。美国政策科学家克朗（R. M. Crown）指出："系统分析事实上已成为政策科学的一个重要组成部分。"因此，要全面理解政策咨询方法论，必须理解和掌握系统分析方法。

（一）系统分析的概念

系统分析是美国著名的智库和政策研究机构兰德公司在第二次世界大战结束前后首先提出并加以使用的。就其本质而言，是一种根据客观事物所具有的系统特征，从事物的整体出发，着眼于整体与部分、整体与结构及层次、结构与功能、系统与环境之间的相互联系和相互作用，求得优化的整体目标的现代科学方法和政策分析方法。

目前，系统分析作为一种一般的科学方法论，已被广泛地运用于各个研究领域之中，特别是在有风险和不确定性的经济社会政策的制定以及公共政策系统的改进上。随着应用数学和运筹学的进一步发展，高效率、大容量和多功能的计算机的出现，系统分析方法已成为公共政策研究和政策分析的基础性方法。

（二）系统分析的基本方法

系统分析是系统概念框架下分析方法的通称，它由一系列基本分析方法所组成。根据系统的基本特征和分析角度的不同，可以将系统分析的基本方法划分为系统的整体分析、结构分析、层次分析、相关性分析和环境分析等几个主要方面。

1. 整体分析

整体分析法是系统分析的核心方法，要求把握系统的整体性特征，从整体入手，分析系统的本质和运行规律。对于政策系统分析而言，运用整体分析法进行研究的基本内容是：在把握全局的基础上，分析系统与子系统、子系统之间以及系统与外部环境之间的作用关系，寻求系统运行的本质和规律，从而对系统整体和系统目标进行优化，以确保系统目标可以最大程度实现。

一般情况下，对于简单的、规模较小的系统进行整体分析比较容易，而对于复杂的、规模较大的系统进行直接的整体分析比较困难。对于复杂的系统进行整体性分析，需要在整体观念的指导下，按照内在的逻辑关系，将系统分解为相互关系的一组子系统，从而将系统整体的目标分解为子系统的目标，通过子系统的局部优化和相互之间的协调以实现系统整体目标的最优化。

2. 结构分析

系统结构是指系统各组成部分之间的相互关系。一般情况下，不同的系统结构会产生不同的系统功能、状态和性质。对政策系统进行结构分析，是为了发现政策系统的整体性、层次性、环境适应性等特征，进而研究系统的最优结构，以实现系统最优化输出的目标。系统论认为，成熟的系统其内部结构相对比较稳定，在一定时期内不会有质的变化。对于复杂的政策系统来讲，只有先确定其合理的系统结构，才能对政策系统进行整体优化，实现系统最优输出的目标。

3. 层次分析

层次分析法最初是由美国大学教授萨蒂（Saaty）于 20 世纪 70 年代提出，其解决政策问题的基本思路是：首先是分析政策问题涉及的因素及其相互关系，按照一定的逻辑关系，将各个因素进行分层，形成政策问题的多层次结构；其次对各个层次的因素进行分析，赋予相应的权重系数，进而建立判断矩阵；最后，将这些权重系数进行归一化处理，从而对各个方案按照数值大小进行排列，选择最优方案。应用层次分析法，需要考虑如何分层以及处于同一层级上的因素是否匹配等问题。

一般系统论认为，任何系统都具有一定的结构，对这种结构可以从纵向上进行划分，形成系统的结构层次，每一层级的元素、结构都是上一层级的元素、结构的有机组成部分。此外，上一层级的功能和结构不是下一层级的功能和结构的简单相加。因此，对于系统的结构层次需要深入分析才能准确地进行把握。

4. 相关性分析

一般系统论认为，系统内的各个组成部分之间以及部分与外部环境之间存在着相互作用关系。政策系统的相关性分析要求在政策研究过程中，加强对政策系统内部之间以及与外部环境之间的作用关系分析。具体来讲，在界定政策问题、确定政策目标、设计政策方案、选择与执行政策方案等过程中，要加强对政策问题、政策目标、政策方案之间以及与外部的政治、经济和社会之间的相互作用关系分析，以明确政策问题和政策目标、设计理想的政策方案。

5. 环境分析

对于政策系统来讲，环境是指与政策系统相关的，处于政策系统以外的物质、能量和信息的总和。政策系统的存在与环境有着密切的关系，环境的改变会对政策系统的元素、结构和层次等产生影响，进而改变政策系统的功能、状态和性质。政策系统分析的首要前提，是在环境分析的基础上，明确政策系统的边界，再进一步分析政策系统与环境的关系，以界定清楚政策系统问题。

（三）系统分析的作用

系统分析法为解决现代社会复杂的公共政策问题提供了新的途径，相比于传统的政策研究方法，系统分析法更强调综合运用多学科的知识，多角度地分析政策问题内部组成部分之间以及内部与外部环境之间的作用关系，以实现政策问题的最优化解决。具体来讲，系统分析法对于政策研究人员的作用主要表现在：一是为政策研究人员提供了整体性、结构性和层次性的研究视角；二是促使政策研究人员加强政策系统与外部环境的作用关系分析；三是帮助政策研究人员全面分析政策制定、实施、评估和终止等全过程，以加强政策过程的协调性。

当然，系统分析法只是政策研究方法中的一种，主要是为政策研究提供分析模型和技术手段，并不能解决公共政策面临的所有问题。系统分析法对于政策系统中存在的非理性或者超理性因素，如存在一些政治因素时，系统分析法所提供的分析模型和技术手段则无法发挥应有的作用。

（四）政策系统分析的要素

一般情况下，公共政策系统分析的对象和要素主要有：目标、备选方案、成本、效果、标准和模型等六个方面。

1. 目标

合理确定政策系统的目标，是政策系统分析得以顺利进行的前提，也是决定一项政策有效性的关键。一般情况下，政策目标主要根据政策系统需要解决的问题进行设定。具体来讲，需要分析问题的背景、趋势、性质和边界，以合理界定问题，进而根据问题设定目标，分析目标的可行性，最后将目标进行分解，建立目标体系。

2. 备选方案

备选方案是实现政策目标的具体手段或途径。备选方案之间可以存在交叉或包容的关系。确定备选方案的主要工作有：搜寻和设计工作；检查和筛选工作；对方案进行抉择，即通过一定的标准，对各个备选方案进行分析，选择最优的方案。

3. 成本

成本分析是指分析政策在制定、实施、评估和终止等政策全过程中发生的成本，包括有形成本和无形成本。有形成本是指人、财、物方面的支出以及资源环境消耗；无形成本是指在价值观念、社会秩序等方面引起的负面效应。政策成本还可以分为经济成本和非经济成本、直接成本和间接成本等。成本分析是政策研究的重要内容，但从经济成本和非经济成本角度看，政策研究的成本分析，并非一定是追求经济成本最小化，有些情况下政策可能会更重视非经济成本。一般情况下，公共政策研究的基本目标之一是追求收益和成本之比最大化。

4. 效果

效果是指公共政策实施后取得的成效。根据不同的标准，可以分为经济效果和非经济效果、短期效果和长期效果、正面效果和负面效果等。决策者通常追求政策实施后带来尽可能多的正面效果，并且尽可能降低负面效果。一般情况下，政策的实施效果可以通过事前预测、事中评估和事后评价进行分析。

5. 标准

标准是抉择备选方案以及评价方案实施效果的标尺，是将目标、备选方案和方案实施效果有机联系起来的媒介。标准通常是由一系列具体指标构成的体系，这些指标可以分为经济指标和非经济指标、定量指标和定性指标、单一指标和复合指标等。

6. 模型

模型是在一定的假设前提下，对复杂的现实活动的简化表达，模型主要是通过数学公式、图表或者计算机模拟等来构建。系统分析法常运用模型来预测备选方案的实施效果或者分析系统的整体或部分的特征、功能或性质。系统分析所运用到的模型通常不止一种，每一种模型的构建往往只是解决部分问题，因此首先需要确定被模拟系统的主要属性，然后才能构建适合系统的模型，以有效解决问题。

（五）政策系统分析的程序

总体来说，系统分析的基本过程可以概括为：在选定政策分析主题和对信息、资料进行搜集、整理的基础上，确定系统的目标，通过对系统的目的、功能、环境、结构、效果等方面的分析，确定备选方案，并进行综合评价，从而为政策方案的选择和实施提供可靠的依据。

根据国内外政策研究的实践，政策研究领域的系统分析过程可以划分为以下七个步骤。

（1）明确问题。在全面调查、收集有关资料、信息和数据的基础上，对所要分析的政策问题进行分解和界定，力求抓住政策系统和过程的主要矛盾，明确提出所要分析的客体与对象，并厘清问题得以解决的可能性和必要性。

（2）选择目标。在尽可能清楚地定义和描述问题系统、系统分量以及政策问题环境的基础上，明确提出解决问题应达到的具体标准和要求，并对可供选择的各项目标体系进行筛选和确认，以作为衡量各种系统方案优劣的依据。

（3）系统综合。根据政策问题的性质和所要达到的目标，对公共政策系统的次级结构和各个政策单元的主客体情况、资源分配、分目标设定、信息交流等进行综合，提出若干可供选择的系统方案，制定系统发展的长期规划。

（4）系统分析。公共政策的系统分析和评价，是指以实现目标、解决问题为前提，对每个方案进行深入的分析比较，并有针对性地对其中较优的方案进一步阐明其性能、特点以及与整个系统的相互关系。在政策分析中，这一过程往往是通过建立模型来实现的。

（5）方案优化。在系统分析和综合的基础上，提出或确定最优化的政策方案。这一过程是通过对备选方案进行进一步分析比较来实现的，其结果就是选出符合政策目标要求的现有条件下的最优方案。这一过程往往是通过模型用单目标或多目标最优化的数学统计方法来进行评选的。

（6）政策决定。把各种性质、功能和优缺点明确的政策方案按一定形式和方式提供给决策主体，由决策主体根据自己的知识、信息、经验甚至是直觉，提出自己的意见和要求，经过一定的系统分析循环后，最终确定一个或几个方案来执行。

（7）政策评估。制定出实施政策方案的行动计划并付诸执行，然后对执行中和执行后的政策效果进行验证和评价，经过反馈和调整，进一步加强或修正政策，使之更符合目标要求和实际需要，以充分发挥原来设定的政策功能。

系统分析方法广泛应用于各个学科，特别是对经济学、社会学、政治学、行政学、管理学以及政策科学等学科的发展，产生了重要的推动作用。应该指出，系统分析程序和步骤的划分只是相对的，它们在实际应用时往往相互渗透、难以分割。真正重要的是政策分析研究者应根据政策问题的内容和分析工作的实际需要，灵活、恰当地使用这些方法，直至彻底澄清政策问题，找到理想的或优化的解决方案。

第二节　政策咨询信息收集和分析方法

一、信息收集方法

信息收集是开展政策研究工作的关键，研究人员必须掌握一定的信息收集方法。政策咨询的信息收集方法主要有：文献法、访问法、问卷法、民意测验法和实地观察法。

（一）文献法

文献法主要包括对资料进行收集、分类、贮存和分析几个步骤。

（1）收集资料。通过各种媒介收集与政策问题相关的资料，既要有广泛性又要有针对性。

（2）资料分类。将收集到的文献资料按照一定的规则进行分类，以便贮存。

（3）资料贮存。对收集到的信息进行登记、编目、装订及存档。随着计算机技术的普及应用，大数据、云计算和数据挖掘等技术工具在政策分析中不断得到应用。

（4）资料分析。资料分析主要分为横向分析和纵向分析。横向分析是指对政策问题包含的因素以及因素之间的关系进行分析，纵向分析是指对政策问题的来龙去脉进行分析。

（二）访问法

1. 访问法的特点

访问法是指研究人员与公众通过直接交谈的方式获取相关信息的方法。访问法的优势在于灵活性较强，适用范围广，可以获得丰富的一手资料，这种方法既适用于水平高的公众，也适用于读写水平不高的公众。同时，访问法还可以控制调查环境，以免访问受到干扰。访问法的不足之处在于调查的费用高、耗时长、需要的人员多、获取的资料无法核对等。

2. 访问法的类型

访问法主要有结构式和非结构式两种模式。

结构式访问是指访问者事先设定好访问的内容，并以调查问卷的形式展现，被访问者只能按照设定的问卷进行回答。结构式访问便于对访问结果进行量化分析，但由于问卷内容相对固定，难以深入地探讨问题。

非结构式访问没有固定的问卷，由访问者根据问题或者大致的问题提纲，与被访问者进行自由交谈，被访问者可以畅所欲言。非结构式访问可以对问题进行深入地探讨，但访问结果通常难以量化。

非结构式访问应用的典型是座谈会。相比其他访问方式，座谈会能够获得更加深入广泛的信息，通过参会代表互相之间的启发、补充、核对及修正，获得的资料会更加准确完整。但采用座谈会方式获取资料，应当注意选取一些敢于发表意见的具有代表性的人员，尽可能收集到客观真实的专家意见。

3. 访问中的技巧

访问人员在进行具体的访问时，需要注意一定的技巧，以便顺利地完成访问。具体来讲：在接触被访问对象时，要及时地表明身份，说明访问的目的及进行这项研究的意义，并请求被访问对象的合作与支持，尽量避免引起不必要的误会，影响访问的进行。在访问时，要向被访问对象解释选中他的原因，访问人员除了要有基本的礼貌之外，还要注意尽可能从被访问对象熟悉的话题开始访问，以营造好的访问气氛。整个访问过程中，访问人员应当保持中立的态度，尽可能简洁明了，减少题外话，注意提问的语气、方式及身体语言，避免给被访问对象造成不舒适感。

（三）问卷法

在政策研究中，问卷法是一种收集、整理相关资料的常见方法。问卷通常用来了解公众对政策问题的看法、行为表现和社会特征。

1. 问卷类型

问卷的类型有开放型和封闭型两种。开放型问卷是由访问人员提出问题，被访问对象自由回答。封闭型问卷是指事先设定好作答范围和方式，被访问对象不能自由回答，主要形式有填空式、是否式、多项选择式等，即设定好问题和答案选项。

2. 问卷的设计

问卷设计涉及的知识域比较广泛，包括逻辑学、心理学、语言学等，技术性要求很高。具体来讲，问卷设计的主要注意事项有以下方面：

（1）语言简洁明了，概念明确，不要使用一般、经常、普通等模糊词汇。

（2）提问方式中立，使用中性的语言，不能带有倾向性，否则容易造成被访问对象做出"赞同"的回答。

（3）敏感性问题的提问要委婉。对敏感性的问题，要采取间接的方式提问。

（4）控制问卷作答的时间。一般情况下，问卷作答时间最好控制在 20 分钟内，最长不能超过 30 分钟。问卷设计上，通常应将简单易答、被访问对象熟悉、有兴趣的问题放在前面，不熟悉、不易作答、有顾虑的问题放在后面；了解基本情况的问题最好放在前面，询问意见、看法等问题适宜放在后面。

（四）民意测验法

民意测验法是指对公众或者公众代表对政策问题的看法和态度进行问卷调查的方法，这是政策研究中应用比较广泛的调查方法之一。民意测验法的基本操作步骤包括：确定调查目的，选定调查对象，拟定调查问卷，确立调查方式，整理调查资料及撰写调查报告。其中，调查对象的选定，有普查和抽查两种方式，普查的调查成本高、时间长，通常较少采用；抽查是采取一定的方法从调查对象中选取具有代表性的样本进行调查，实际调查中较多采用抽查的方法。

（五）实地观察法

实地观察法是指对政策事件进行实地观看、倾听及感受的研究方法，属于政策研究方法中的一种。实地观察法要求研究人员带有明确的目的，通过自身的感官和辅助工具直接对政策现象的发生、发展及变化进行认识，并做出科学合理的解释。实地观察法主要分为两种：参与观察法和非参与观察法。

（1）参与观察法，是指研究人员作为参与者进行观察，以"参与人"的身份获取最直接的资料。通常有"作为观察者的参与者"和"完全的参与者"两种形式，前者以公开身份参与进行观察，后者以隐藏身份参与进行观察。

（2）非参与观察法，是指研究人员作为旁观者进行观察，尽可能获取原始的、真实的政策资料，通常要求研究人员的观察不会对被观察者的行为产生影响。

二、信息定量分析方法

（一）定量分析方法概述

公共政策分析中的量化分析方法是运用各种数学工具对公共政策现象的数量特征、数量关系与数量变化进行分析的一种研究手段，其主要作用在于揭示和描述公共政策现象之间的相互作用和发展趋势。20世纪40年代以后，以新兴学科——系统工程、运筹学、现代管理学、现代统计学为代表的定量分析方法迅速发展起来并被引入公共政策分析中，六七十年代以来，定量分析方法在公共政策分析的诸研究领域中使用频率日益增加，成为最受人们青睐的研究工具之一。使用量化分析方法时，分析人员往往将精力集中在定量因素或同问题相关的数据上，然后建立一个可以描述问题的目标、约束条件或者其他关系的数学表达式，并通过多种数学手段或工具进行处理，然后根据所得到的结果进行分析，给出具有公共政策意义的结论或建议。

1. 理论基础

定量分析方法在政策研究中的广泛应用，是建立在理性主义基础上的。理性主义是指人们为了实现一定的目标、解决特定的问题、强调尽可能多地获取真实准确的信息资料，在此基础上，运用客观合理的技术工具，对政策目标和实现目标的手段进行分析，以求最佳的解决手段，最大化地实现目标。理性方法的典型就是定量分析方法。

政策研究中的理性主义理论强调理性方法应当作为政策研究的主要甚至是唯一的方法。按照这种理论，为得到解决政策问题的理性决策，政府必须知道与政策问题相关的事项有：所有社会成员的价值偏好及其权重，所有可能的备选方案及其预测实施效果，每一项政策方案预计的成本和效益，并且有能力抉择出最佳的政策方案。这种理论模式即所谓的完全理性或纯粹理性。

在现实生活中，政策决策过程非常复杂且受制于资源、能力等条件的约束，过分夸大理性方法特别是定量分析方法的作用，显然是不合理的，但理性主义理论给出了政策研究应该努力的方向和目标。随着现代科技的发展，理性方法应用的条件得到了很大的改善，运用理性方法进行政策研究已成为一种趋势。为了使公共政策更加客观合理、科学可靠，现代政策科学的创始者们从开始就非常注重定量分析方法的运用，这些定量分析方法主要是从统计学、运筹学、计量经济学等学科中借鉴和发展而来，特别是 20 世纪 60 年代之后，系统分析法在政策研究中的广泛应用，成为现代政策研究定量化分析的重要标志。

2. 定量分析方法的作用

现代政策研究中，定量分析法的主要作用有：一是将相关知识结构化、专业化，从而对一些变量可以进行纵向和横向的对比；二是将政策研究和科学技术发展有机结合起来，使得常规性的政策问题可以运用计算机进行模拟处理，从而决策者可以把时间和精力主要用于解决非常规政策问题上；三是为政策系统研究提供判断标准，从而使政策研究人员可以尽快提出解决复杂政策问题的思路；四是相比其他政策研究方法，定量分析法更加科学客观，从而可以帮助政策研究人员更合理地界定问题、确立目标及设计方案，同时也能对政策的执行和评估起到一定的作用。

3. 定量分析方法的局限性

定量分析方法虽然更加科学客观，但也有一定的局限性，它不可能取代政策分析的其他方法，也无法解决政策问题的所有方面。主要体现在以下方面。

（1）定量分析方法主要是运用数学工具获得最佳方案。数学工具的运用以很多条件的满足为前提，如政策目标可以量化，所有政策因素可以量化，可以获得所有政策方案及其预测的实施效果等。但在现实生活中，政策研究面临的是非常复杂的社会活动，不可能满足定量分析需要的所有条件。另外，对价值观、伦理观、道德观等因素的量化和择优通常很难实现。

（2）定量分析方法需要建立在一些假定条件和研究框架的基础上，才能构建数学模型完成分析工作。但如果假定条件依据的客观事实发生变化，假定条件就会变得不合理，从而在此基础上构建的数学模型的适用性就会出现问题。

（3）定量分析方法主要适用于解决常规问题，但解决非常规问题的效果则不能令人满意。

（4）定量分析方法的运用依赖于大量的特定符号和概念，不太容易为大多研究人员接受或掌握。此外，定量分析方法通常需要大量的人、财、物的投入，消耗的成本较高。

（5）定量分析方法无法有效处理过往的政策、价值标准等对公共政策产生的制度化影响，从而有可能导致政策研究人员无法得出合理的研究结论。

（二）确定型定量分析和随机型定量分析

定量分析方法在现代政策科学研究中的应用非常广泛，种类有很多，不同的研究人员有不同的分类标准。美国学者 R. M. 克朗在《系统分析和政策科学》中，按照决策类型的不同，将定量分析方法分为两类：确定型定量分析技术和随机型定量分析技术。

1. 确定型定量分析技术

确定型定量分析技术，主要是指应用情境相对单一，假定条件可以合理界定，变量、约束条件及备选方案可以确定，能够接受一定的置信度检验的方法和技术。据此，R. M. 克朗将排队论、线性规划、马尔柯夫分析、损益分析等方法归为此类，并对各种方法使用的范围和基础理论进行归纳总结。如表 3-1 所示。

表 3-1 确定型的定量模型、方法和技术

模型、方法和技术	应用	基础知识
线性规划	解决在产业、交通、库存、建筑、后勤及网络中的配置、分配和优化问题	计算机科学、敏感性分析、代数解法、单纯形表、经济学
排队论	人、事物或事件的等待服务问题	蒙特·卡罗法、模拟、统计学
规划管理技术	生产和建设计划	PERT（成本或时间）、CANTT（甘特图）、网络分析（CPN）、决策树
马尔柯夫分析	销售经营、预测	矩阵代数、经济学
对抗分析	商业、心理学、国防研究	博弈论
质量保证	工业、国防	科学、技术
损益分析	资源分配	经济学、统计学

2. 随机型定量分析技术

随机型定量分析技术，主要是指应用于不确定型问题分析的方法和技术。不确定型问题，即随机模型问题，是指存在多种可能的情境，并且对于每一种情境都要进行估计和确定。存在随机模型问题时，需要对每一种可能情境下的决策选择的结果进行预测，将会产生众多的选择方案，使问题变得非常复杂。这种情况下，需要利用运筹学、数理统计等学科的知识和方法，合理设定假定条件，尽可能减少不确定性。R. M. 克朗将随机库存论、动态规划、贝叶斯定理等方法归为此类。如表 3-2 所示。

表 3-2 随机型的定量模型、方法和技术

模型、方法和技术	应用	基础知识
动态规则应用	在生产、配置活动中的多阶段决策	计算机科学和概率论
计算机模拟	系统内部的相互作用	计算机科学和蒙特·卡罗法
随机库存论	需求或提前时间是随机的情况	概率论和期望值统计量
随机模型	计算系统转换的概率	矩阵代数、微积分
取样、回归、指数平滑	大总体的问题解	统计学和概率论
贝叶斯定理	条件概述下的预测、相关和因果分析	代数、概率论以及有关先验概率的知识
损益分析	资源分配	经济学和统计学
决策树	系统行为	代数和统计学

（三）常用的量化分析方法

公共政策的量化分析方法和定性分析方法是相辅相成的，但政策分析的趋势是量化分析的比重越来越大，量化分析能够提高政策解决方案的现实性、应用性。近些年来，公共政策的量化分析方法不断创新，越来越复杂，大致包括数学方法、运筹学方法、统计学方法、系统科学方法及计量经济学方法几类。

1. 数学方法

（1）数学方法简介。数学的研究对象是数量关系及其形式，具有高度抽象性特征。数学方法在现代科学研究中的应用十分广泛，具体方法包括微积分、线性代数、概率论等。数学方法应用于公共政策研究主要是通过构建数学模型实现。从广义上讲，凡是运用数字、字母等数学符号构建的关系式、图标、框架图等，表述公共政策过程的数量特征关系及内在联系的模型，都是数学模型；从狭义上讲，只有运用数字、字母等数学符号构建的关系式才可以称为数学模型。在公共政策研究中，常见的数学模型主要有网络模型、图标模型、逻辑模型以及解析模型。

（2）数学方法对于政策科学化的具体功能分析。数学语言相对自然语言更具精确性，用数学语言可以对事物的结构特征进行更加简洁深刻的描述。在公共政策研究中，虽然数学语言不能表述所有的政策现象，但对于具有结构特征的政策现象来说，用自然语言表述会显得模糊不清，而用数学语言则可以清晰明了地表达，如自然语言关于程度现象的表述，通常只能使用严重、深刻、很大等模糊性的词语，这类日常中可以运用的表述词语对于政策科学来说，经不起进一步的推敲，而运用数学语言表述程度现象则清晰明了。此外，在需要深刻研究政策变量之间的关系以揭示政策过程的变化规律时，自然语言表述的模糊性会使得研究工作无法进行，而用数学语言表述，则可以顺利地进行政策变量之间关系的研究，进一步可以探讨政策过程的变化规律，从而可以揭示出新的政策规律。

2. 运筹学方法

（1）运筹学方法简介。莫尔斯（P. M. Morse）和金博尔（G. E. Kimball）在《系统分析与运筹学》（1976）中对"运筹学"的概念进行解释："为决策机构在对其控制下的业务活动进行决策时提供以数量为基础的科学方法。"运筹学主要是运用数量方法为决策者提供现实问题的最优解，其应用领域包括政治、经济、社会、交通运输、物资存贮、科技教育等。运筹学属于交叉科学，理论基础包括经济学、心理学、博弈论、存储论、动态规划、搜索论等。运筹学的广泛应用，是政策科学定量分析方法得以发展的重要推动力量。

运用运筹学解决公共政策问题的前提是用系统理论分析政策问题，构建政策系统，包括界定政策问题、确立政策目标、分析政策系统内部因素之间以及与环境之间的作用关系。具体来讲，包括五个步骤：一是界定政策问题和政策目标，并且把政策问题进一步分解为子政策问题，明确各子政策问题中的可控和不可控变量；二是收集相关的资料数据，根据变量之间的关系构建模型，包括经验关系、定量关系等；三是确定约束条件，求解数学模型，将得出的结果用于进一步优化政策方案；四是检验模型，主要是进行敏感性分析，即当变量发生变化时，模型的输出结果是否依然合理；五是优化实施方案，政策在实施过程中，有可能会出现之前无法预料的新问题，需要对政策方案进行及时的调整，以适应不断出现的新问题。

（2）运筹学方法对于政策科学化的具体功能分析。在公共政策研究中较常运用的运筹学方法有线性规划、排队论、存储论、博弈论、决策论等。

①线性规划。线性规划研究有限的政策资源如何有效利用，以实现政策效益的最大化。在公共政策过程中，线性规划的运用主要有两个方面：一是利用有限的人、财、物、环境等政策资源实现政策目标的最优化；二是在一定的政策目标下，利用有限的资源实现政策目标的最大化。

②排队论。排队论研究公共政策过程中社会价值分配及政策资源保持均衡的问题，即通过改善公共服务机制或整合服务对象的活动，实现服务指标最优化的问题。排队论的目的是解决公共服务质量和政策成本之间的均衡问题，这种均衡既要保证公共服务的质量，即"队列不会排得过长"，又要降低政策成本，避免浪费资源。利用排队论得出公共政策制定需要的一些参数，可以有效提高公共政策制定的科学化水平。

③存储论。存储论解决的是合理储备战略物资的问题。对于国家而言，需

要储备一定数量的战略物资，以应付突发的公共危机，但战略物资储备过多，会造成成本负担，储备太少，又不足以应付突发事件。利用存储理论制定合理的政策方案，可以有效解决这种难题，尤其是在宏观经济运行不稳、外部环境复杂多变的情况下，更需要运用存储理论，制定科学合理的储备方案。

④博弈论。博弈论主要研究博弈双方如何决策以实现利益最大化的问题，如"田忌赛马"就是博弈论应用的典型。在公共政策制定、实施、评估和终止等全过程中，都会存在着博弈的现象，特别是执行过程中的"上有政策下有对策"的博弈现象，容易导致政策无法出台或者政策实施效果偏离预计目标。因此，在政策过程中，需要利用博弈论提供具有参考价值的信息，以实现政策过程最优化。

⑤决策论。决策论主要研究决策问题。决策是指依据客观事实，运用特定的理论、方法及工具，选择最优方案的过程。公共政策制定就是一种经由政策过程的特殊决策过程。决策过程是由决策者以及决策域共同构成，决策域包括决策空间、状态空间以及结果函数三个部分。一般情况下，决策类型分为确定型决策、不确定型决策和风险型决策，利用决策论可以计算这三种类型决策的利弊得失，进而可以择优选取决策方案。决策论可以为公共政策制定提供有价值的参考信息，降低决策失误的可能性。

3. 统计学方法

（1）统计学方法简介。统计学主要是运用各种量化理论、方法和工具对相关的数据和信息进行收集、整理和分析，以探索事物的运行规律，达到对客观事物进行科学认识的目的。统计学的实际应用非常广泛，无论是自然科学还是社会科学，如公共政策研究、心理学、教育学、商业等学科，如果不能够运用好统计学，则很难发现和解释这些领域中的一些重要现象。

在公共政策研究中，主要是运用描述统计学和推断统计学两种统计学工具。描述统计学是对公共政策数据的集中度和离散度进行描述。推断统计学是根据公共政策研究数据的表现形态，构建数学模型，解释其随机性和不确定性，用以推断公共政策现象的总体状况。上述两种方法归类于应用统计学，此外还有数理统计学，主要研究统计学的理论基础。

在公共政策研究中，统计学的应用主要体现在两个方面：一是公共政策数据的收集和整理，二是公共政策现象及变化规律的认识和解释。公共政策数据的收集是统计分析工作的基础，也是得到正确研究成果的前提。对公共政策数据进行整理的目的是将数据系统化，为进一步的深入分析提供条件。

（2）统计学方法对于政策科学化的具体功能分析。统计学的具体方法包括数据的收集与整理、参数假设检验、非参数检验抽样技术、方差分析、平均数差异的显著性检验、多元统计分析等。在公共政策的量化分析中，对上述具体统计方法的综合运用，可以实现三方面的应用：描述统计、推论统计和实验设计。

①描述统计，主要是将收集到的大量政策数据转换成具有特定意义的数字，这些数字可以简练、客观地反映政策数据的全貌，并将政策数据蕴含的政策信息更加直观地表现出来，为进一步的政策研究提供条件。

②推论统计，是在描述统计的基础上，分析局部和整体的关系问题，即通过对描述统计所得数据的分析，推论政策数据蕴含的总体特征。在公共政策分析中，应用推论统计，主要是解决从样本数据中获得总体特征的问题。常用的推论统计手段包括假设检验和总体参数估计。

③实验设计，主要运用统计方法确定样本选择和分组的方式，并对实验结果中涉及的各因子及误差进行统计分析，找出影响实验数据变化的因子，进而分析这些因子的主要效果及因子之间的相互作用，以此对实验因子及其权重进行合理设置，使实验更为有效。如出台一项新的政策，需要分析相关因素对政策的影响、这些因素之间的相互作用关系，以及因素之间的组合对政策的影响。解决这些问题需要设计政策实验方案，利用统计学方法对实验数据进行计算，根据计算结果，确定保持政策合理的各因素的适当水平，实现政策制定的科学化。

（3）统计学的抽样方法。统计分析法是根据抽样调查的资料进行统计推断的一种方法。从总体中抽取出来的部分称为样本。这一方法的特点在于按随机原理抽取样本，具有代表性；利用数理原理进行误差控制，具有准确性；从样本推算全体，具有快捷性。抽样可分为随机抽样方法和非随机抽样方法。

在统计抽样中，抽样是从总体中选取样本，用样本值推算总体特征，因而就存在误差。若样本平均值为 y，总体平均值为 Y，在正态分布图上，y 不可能等于 Y，只会落在 Y 的左边或右边。在有一定概率做保证的条件下，总体平均数的可能范围称为置信区间，概率所保证的程度称为置信度。

4. 系统科学方法

(1) 系统科学方法简介。系统科学由"老三论"和"新三论"组成。"老三论"包括系统论、控制论和信息论，简称 SCI 论；"新三论"包括耗散结构论、协同论、突变论，简称 DSC 论。

①关于"老三论"。20 世纪 40 年代，系统论、控制论和信息论等学科得到了迅猛的发展，使科学研究方法进化到了一个具有高度整合特征的全新阶段。这里的高度整合特征是指将社会科学和自然科学置于同一个研究平台上使用同一种认识工具去认识其规律。这种全新的认识工具使科学的研究方法体系不断地得到丰富和发展。以系统论方法、控制论方法和信息论方法为代表的系统科学方法，为发展综合思维方式提供了有力的手段，也为人类对自然科学和社会科学的全面认识提供了强有力的协调手段。美籍奥地利生物学家贝塔朗菲（Ludwig von Beitalanffy）创立了系统论，控制论则是著名美国数学家维纳（Wiener N）同他的合作者所创立，信息论是由美国数学家香农（Claude Elwood Shannon）创立的。

系统方法就是从系统的基本观点出发，把研究对象置于系统的形式中，从要素、结构、系统整体与外部环境的相互联系和相互作用中进行动态的考察，以揭示所研究对象系统的本质和规律，获得最佳的处理结果和解决具体问题方案的一种方法。系统是由相互作用和相互依赖的若干子系统结合而成的一种有机整体，而系统本身又是它所从属的更大系统的子系统。系统科学正确反映了系统的存在方式和运动变化规律，其研究的关键是考察要素与要素之间的关系。

控制论属于技术科学，其摆脱了牛顿经典力学和拉普拉斯机械决定论的束缚，使用新的统计理论来研究系统的运动状态、行为方式和变化趋势的各种可能性，借以控制系统的稳定性，揭示不同系统的共同控制规律，控制系统按照预定的目标运行。更加具体地说，控制论是用控制理论研究、辨识和解决系统控制问题的一门科学。

信息与消息不同，消息是粗糙的、未经加工的外部知识的来源之一。而信息则是指消息中所包含的新知识。信息的主要作用在于用来减少人们对于事物认识的不确定性。毋庸置疑，信息是一切系统适应环境变化、保持结构稳定、发挥正常功能的坚实基础。信息论是用概率论和数理统计方法，从量的方面来研究系统的信息如何获取、加工、处理、传输和控制的一门科学。信息论分为狭义信息论和广义信息论，狭义信息论是仅仅局限在研究通信系统中信息传递的共同规律及如何提高信息传输系统的有效性和可靠性的一门通讯理论；广义信息论是运用狭义信息论的观点来研究一切问题的理论。

②关于"新三论"。突变论着眼于事物结构的稳定性，通过事物结构的稳定性来揭示事物的质变规律。突变论利用拓扑学、奇点理论和稳定性数学理论，研究系统在临界点前后的状态，描述事物的形态、结构和社会现象的非连续性突变。突变论认为，渐变方式可以实现系统的质变，突变方式也能实现系统的质变。突变理论还认为，不是所有的自然现象、社会现象和思维状态都可以被随意控制。事物的发展过程存在着一个临界值，在控制因素没有达到临界值之前，事物的状态是可控的，如果控制因素一旦达到某一临界值，则控制就变为难以预料的随机过程，甚至将变成失控的突变过程。该理论运用数学工具描述系统状态的飞跃过程，给出系统处于稳定态的参数区域。当参数发生变化时，系统状态也随之发生变化。当系统处于稳定态的参数区域之外且参数通过某些特定位置时，系统状态就会发生突变。如近几十年的社会变革过程中，俄罗斯的政策是实行"休克疗法"，我国的改革开放政策则实行"渐进式改革"的方式，对于这种迥然不同的政策结构稳定性的变化过程，突变理论就可以从量化的角度进行研究。如用势函数的"洼存在"表示稳定，用"洼取消"表示不稳定，在此基础上运用独特的运算方法来对这种政策变革现象做出科学的解释和预测。

协同论由德国理论物理学家赫尔曼·哈肯（Hermann Haken）在1973年创立。该理论认为，大系统中的小系统既相互作用，又相互制约，而且大系统由旧的结构转变为新的结构的过程具有一定的规律。协同论的主要任务就是研究这种规律。协同论建立了一种用统一的观点去处理复杂系统的方法。

耗散结构则是自组织现象中的一个重要部分，是指在开放的远离平衡态的条件下，与外界不断交换物质和能量，通过能量耗散和内部非线性动力学机制，经过突变而形成的稳定有序结构。自组织现象是指自发形成的宏观有序现象。耗散结构理论的核心观点是：一个远离平衡态的非线性的开放系统，通过不断地与外界交换物质和能量，在系统内部某个参量的变化达到一定的阈值时，通过涨落现象可能导致系统发生突变，由原来的混沌无序状态转变为有序状态。

（2）系统科学方法对于政策科学化的具体功能分析。总体而言，系统科学方法改变了包括公共政策分析在内的公共管理的研究范式。不仅开创了自然科学研究的新范式，而且将其影响范围延伸到社会科学领域，比如说经济学（模糊经济学）、历史学和公共行政管理学等。

①系统论。其适用于公共政策分析的各个阶段，在公共政策分析的各个方面都得到广泛应用，公共政策分析方法中著名的系统分析，就是建立在系统论的基础上。

②控制论。作为研究如何揭示控制规律，控制系统的稳定性，使其按照预定目标运行的学问，控制论与公共政策分析的某些特征有一定的共同之处。在某种意义上理解，之所以开展公共政策分析，正是为了控制和调整各种政策变量以更好地实现公共政策目标。从这个意义上理解，无论在公共政策问题的形成、公共政策制定和公共政策执行中，控制论都有非常广阔的应用空间。

③信息论。公共政策系统正是通过获取、传递、加工与处理各种公共政策信息而实现其分配社会资源、维持社会正常运行的系统，尤其是在公共政策问题的形成中这种特点表现得尤为突出。所以，信息论有助于从公共政策信息（如政策诉求）的获取、传递、加工与处理等方面探索公共政策过程的固有规律。

④突变论。在公共政策过程中，从政策制定到政策执行，一直到政策调整，整个过程中政策结构都是一个变化的结构。从这个意义上理解，突变论可

以运用独特的运算方法来对政策结构稳定性的变革现象做出科学的解释和预测。

⑤协同论。在公共政策分析过程中运用这种方法，可以通过大量的类比和严谨的分析，研究公共政策系统从无序到有序的演化过程。例如，从公共政策诉求开始到公共政策调整的过程就是组成公共政策系统的各元素之间相互影响又相互协调并达成一致的结果，是公共政策系统从无序到有序的演化过程，该过程就可以利用协同论进行理论方面的再认识。

⑥耗散结构论。利用耗散结构理论可以很好地预测和揭示公共政策过程中从无序走向有序的必然现象，使之在系统科学的层面上得到重新认识和理解，为科学地制定公共政策提供理论依据。

5. 计量经济学方法

（1）计量经济学简介。因为在把经济学发展为数学的和定量的科学上做出的重要贡献，挪威经济学家朗纳·安东·基蒂尔·弗里施（Ragnar Anton Kittil Frisch）和荷兰物理学博士、经济学家简·丁伯根（Jan Tinbergen）被授予诺贝尔经济学奖。1926 年，弗里施仿照生物计量学的含义，提出了"计量经济学"的名称，奠定了这门学科建立的基础。统计经济学原本属于经济学的分支学科，是经济学与数学、统计学相结合的学科，主要以数量方法进行经济分析、预测和决策研究。计量经济学的方法论基础非常广泛，包括逻辑学、经济学、概率论、统计学等。

在公共政策分析方面，计量经济学的基本认识之一是：应该把整个经济循环看作单一的整体，并且用一个宏观动态模型加以解释。这样用数量语言描述经济情况，不仅可以更好地了解过去，而且能预测未来，并且提出政策措施，以便按照人们的意图影响未来的发展方向。此外，计量经济学还建立了一个应用于经济政策分析的数量框架。在这个框架里，计量经济学认为，政策制定分散化与集中化的混合是公共政策制定的最优方式。计量经济学的影响不仅仅局限在经济政策之内，至少还涉及国际政治决策体制问题。"经济观点不可能独立于学术、法律、技术和心理因素之外。"丁伯根的政策理论直接涉及实际经济运行中的现实政策，以及能够迅速用于推进当前经济政策的设计与实施的理论。

（2）计量经济学方法对于政策科学化的具体功能分析。计量经济学的核心在于用数学表示经济政策中的各种问题，在于强调经济观点的数学化具有精确性，在于强调将公共政策直接应用于实际经济过程中的重要性。在公共政策分析中，计量经济学的主要用途或目的在于两个方面：一是理论检验。即将理论利用源于实践的数学模型进行检验，以确定理论的可靠性。经济学的相关理论是制定经济政策的主要参考，这是计量经济学间接为经济政策制定服务的主要方面。二是预测应用。即利用各种量化方法，结合经济学理论，来预测经济形势的走向，预测经济政策的效果、效益和效率。这实际上属于公共政策评估的一种手段，是计量经济学最重要的任务之一。

三、信息定性分析方法

定性方法被归为现代公共政策分析的"软"技术。它是指人们依据自己的经验和知识，综合运用逻辑思维，通过对研究对象性质的分析、判断，进行政策分析和决策的一种技术方法。公共政策分析的"软"技术主要是通过组建专家咨询、论证组织，充分发挥专家的集体智慧，使专家自由地发表意见，形成一种倾向性意见，供决策参考。现代公共政策分析中定性方法的核心是专家技术或称智囊技术，主要依靠政策分析和决策的参与者的知识、经验和判断。

（一）对定性方法的基本评价

政策研究的定性分析方法与定量分析方法相比，其优势主要体现在：弥补定量方法的不足，特别是对一些难以量化的政治、社会因素的分析；适用范围广泛，尤其是对于战略性及非常规政策问题的分析；可以充分调动专家、学者的积极性，实现决策的民主化、科学化。

定性分析方法的不足之处在于：定性分析是基于事物性质的分析，形成的决策方案不够精确；定性分析与研究人员的知识结构和经验相关，同时也会受到政治、社会等因素的影响，往往会制约政策制定的理性程度。定性分析的不足之处通常可以通过定量分析方法加以弥补。

（二）可行性分析方法

可行性分析主要回答"能够做什么"的问题，是公共政策研究的重要手段之一。公共政策的可行性分析的主要内容有：一是法律可行性，指公共政策过程没有与法律相违背的情况；二是经济可行性，指公共政策过程可以有效获取所需的经济资源，并且可以与宏观经济的整体发展相配合；三是政治可行性，指公共政策可以得到利益相关者的赞同，包括执政党、政府、人民大众以及利益团体；四是行政可行性，指公共政策过程可以得到各级行政组织和行政人员的支持，并且和行政程序相配合；五是技术可行性，指公共政策过程依赖的技术手段是实际存在并可获取的。这五种可行性之间存在着密切的关系，其中有一种不可行，都会降低其他几种可行性。

公共政策的可行性分析主要步骤有：一是机会研究，指根据市场、资源、已有政策等方面的情况，对正在拟订的公共政策做出是否可行的大概估计；二是初步可行性研究，指在机会研究可行的基础上，相对更为全面、准确地再次评价公共政策是否可行；三是可行性研究，在初步可行性研究通过的基础上，进行全面准确的再次研究，相比初步可行性研究，这一阶段需要耗费大量的人力、物力。

（三）创造性分析方法

创造性分析方法的应用非常广泛，这种方法通过专家的直接判断、灵感激发及类比等形式进行政策过程分析，既是专家心理活动的过程，也是其逻辑推理的过程。常用的创造性分析方法有以下几种。

1. 个人判断法

个人判断法是指依靠专家个人判断的政策分析方法。在实际操作中，首先是专家对政策问题及其外在环境的现状和发展趋势、可能的政策方案及预计的实施效果等提出个人的看法和意见，然后由政策研究人员对这些看法和意见进行归纳、整理和分析，得出政策问题的一般结论。个人判断法适用于政策过程的各个阶段，其优点是在保证专家心情放松、没有外界干扰的情况下，可以充分发挥专家的创造力和判断力；其不足之处在于，受专家的信息来源及质量、知识结构、对政策问题的兴趣等因素的影响，容易产生判断的局限性。

2. 头脑风暴法

头脑风暴法是由美国学者奥斯本（Osborn）于 1948 年提出的用于加强创

造性思维的方法，也是当前常用的一种专家会议法，主要用于查明问题，提供解决政策问题的方法等。头脑风暴法通常是由 10～15 名专家一起讨论某一问题。

采用头脑风暴法分析政策问题时，需要给参会专家提供可以充分发挥创造性思维的良好环境。组织者和参与者应遵守几项基本原则：一是突出主题，限制议题范围，提出议题的具体要求；二是尽可能探讨每一个设想，不能对他人的意见提出质疑；三是鼓励专家们对提出的设想或方案进行改进和综合；四是创造自由舒适的会议氛围，鼓励专家们充分发挥想象力、创造力；五是要求专家发言尽量简练，但不能照本宣科。

头脑风暴法的优点在于：可以充分调动与会专家的智慧，并且可以产生信息和智慧方面的互补效应；专家之间通过相互交流和启发，可以产生"思维共振"的效果，激发出更多的创造性思维灵感；可以促使专家们更全面地考虑问题，从而提供的备选方案也会更多、更合理。不足之处是：与会专家容易受权威以及时势所影响，会议容易忽略少数人的设想，某些专家固执己见影响会议效率等。从实践情况来看，头脑风暴法通常能在较短时间内获得有价值的政策方案。

（四）辩证分析方法

公共政策现象具有复杂多变性，要求政策分析人员及其活动能够适应这种复杂多变性，即政策分析人员必须具备辩证分析思维，包括两面思维、模糊思维等。

1. 两面思维

是指采用一分为二的观点分析事物的思维方式。这种思维方式要求政策分析人员坚持全面辩证地分析政策问题，既要分析政策的正面性，也要分析政策的反面性；既要考虑到政策问题的个性，也要考虑到政策问题的共性。

2. 模糊思维

主要是对政策问题中难以精确的因素进行处理的思维方式，如确立战略目标。生活中有很多应用模糊思维的事例，如"雨下得很大"，"天气炎热"等。对于具有模糊性的政策目标来说，通过模糊思维处理，可以简化成相对明确的目标，如"全面建成小康社会"。

四、政策分析常用方法

（一）预测分析方法

通常要对事件或数据的未来情况进行预测，简单易行的方法主要有：趋势线法、移动平均法、最小二乘法、德尔斐法等。

1. 趋势线法

趋势线是揭示过去发生的事件与未来可能发生的事件之间关系的简单指示线，通常用直线或曲线表示，也就是如果一条直线或曲线能够与过去的数据吻合，就能预测未来的数据。这种方法比较简单，但精确程度较差，通常只能用于对不超过两年的数据进行预测。

2. 移动平均法

一般情况下，收集的数据有可能因为数据的周期性、时点差异等特点，会对数据基本趋势分析造成干扰，需要对数据进行平滑处理，移动平均法是较为常用的一种处理方法。移动平均法是建立在表格的基础上的，方法比较简单，但结果的精确性不高，通常要对数据进行三期移动平均处理。

3. 最小二乘法

最小二乘法即最小平方法，是通过寻求与现有数据之间误差平方和最小的匹配函数，从而利用函数对未来的数据进行预测。最小二乘法的应用比较广泛，随着计算机应用技术的日益普及，利用计算机可以很快求解最小二乘法模型。

4. 德尔斐法

德尔斐法又称专家意见法，是指专家组成员只与工作人员相接触，专家之间不直接接触，通过多轮的咨询，使专家组成员的意见趋于集中，形成问题的解决方案。优势在于：一是专家之间不直接接触，有利于专家独立思考，提出自己的方案；二是多次反馈，有利于使专家的意见趋于集中，优势互补，实现最终方案的优化；三是可以采用定性德尔斐法得出整个专家组的意见，即工作人员将专家的方案分为四种情况，依此给出中位数和上下四分点，中位数为专家组的方案，四分点与中位数的间隔代表方案的偏差；四是操作上比较简便，利用信息技术，不必把专家集中在一起，既有利于专家节省时间，也有利于整合资源。不足之处在于：一是不能快速形成方案，最终方案的提出需要耗费很长的时间；二是虽然可以保证一定的独立性，但不利于专家之间的互相激励和启发，形成更多的创造性设想。

德尔斐法的基本操作步骤是：设计征询调查表，组建专家小组，多轮专家征询调查，预测方案的最终统计。多轮专家征询调查的大致程序是：根据拟定的政策方案，设计政策方案实施前景预测的调查问卷，然后发放给专家组成员，每一专家成员以独立、匿名的方式完成调查问卷；工作人员集中整理专家成员的意见，将整理后的结果发放给专家组成员，专家组成员根据整理的结果再次发表预测意见；根据情况需要，可以重复上述两个步骤，直至形成较为一致的专家组意见。

（二）费用分析法

1. 费用分析法的内容

费用分析法包括费用效果分析法和费用效益分析两种基本方法。

费用效果分析法是对政策运行费用与政策实施所达到的效果加以对比的分析方法。在整个政策研究过程中，出于有效运用稀缺资源的考虑，费用和经济分析对于决策有着重要的帮助。在政策的阐明阶段，政策制定者会关心达到政策目标所需要投入的资源；在政策制定阶段，政策制定者会关注使用相同资源的情况下，何种政策会使公众受益最大；在政策的执行阶段，管理人员又会致力于提高政策实施所实现的效果，使所产生的效果与费用之比为最大；在评估计划的时候，完成该计划的费用也是要重点审核的重要因素。

效果和效益的主要区别在于前者难以进行货币量化，后者则可以采用货币单位进行量化。费用效益分析的基本任务包括三个方面，一是验证一项政策或多项可选择的政策的所有费用和所有效益；二是确定全部费用和全部效益的货币量化价值；三是计算这项政策（或多项政策）的纯效益（正或负），以使费用效益决策标准可被应用。

费用的确定是公共政策经济分析的基础。分析人员在没有对计划所需资源进行准确估计的情况下，不可能研究效果或净效益等问题。尽管费用有着如此重要的地位，但在政策研究中有时仍然对它们估计不足。对费用的忽略是政策研究中最常见的陷阱之一。这种忽略可能是技术上的原因，例如政策分析的方法论中就容易忽略经济性问题；有时也可能是政治上的原因，例如为了完成一些重要的政策目标甚至可以做到不计成本的程度。

2. 费用分析法的运用

运用费用分析方法必须了解政策运行费用及其评估原则。从提出政策问题到政策公布所投入的经费与实物的政策制定费用；政策各个环节间、新旧政策间衔接的费用；政策各环节间、各项政策间由于缺乏配合产生的摩擦费用；在执行中成立专门机构、配备专门人员、对政策进行宣传、实施监控、执行评估所需的费用；为对付政策目标群体追求自身利益的"对策"行为而加大的政策投入费用等。政策效率可采用下列公式计算：

$$E_1 = I/Z \text{ 或 } E_2 = I - Z \tag{3-1}$$

其中：E 为政策效率，I 为政策结果，Z 为政策投入；E 的值越大，政策效率越高。

（三）快速评估方法

不同的研究方法针对不同的政策研究领域和对象，适用性各不相同。如，在医疗卫生领域，系统评价和其他类型的证据合成方法是整理和分析卫生系统证据的有效且科学合理的研究方法。但是，相对较长的研究时间和高额的研究成本通常会阻碍其在战略决策中的应用。这就需要一种能在短时间内合成最佳证据，及时用来支持卫生决策和卫生体系建设，且有一定成本效益的证据合成方法，因此产生了一种新的证据合成研究方法——快速评估方法，并成为一种快速解决政策需要问题的有效方案。快速评估方法的研究步骤类似系统评价，只是在方法上可根据用户需求进行调整，如精简或加速，从而可在较短的时间内提供相关的证据。

1. 制定计划书

首先要与委托者沟通，详细了解用户需求，明确问题的范围，以及涉及的利益关系，以评估是否适合使用快速评估方法。因为只有详细了解用户需求才能提出合理的研究问题，将需求转化成可以回答的科学问题。然后制定包括问题背景、研究问题、研究方法和时间安排的计划书，并与用户达成共识。

2. 文献收集与数据提取

确定文献检索范围和数据资源，并由专业检索人员制定检索策略，实施文献检索。由于快速评估方法具有较高的时间要求，建议首先收集相关性强、质量高的系统综述和原始文献，按照系统综述的文献等级由高到低依次检索和筛选，同时注意灰色文献的收集。文献纳入标准可以由研究者根据计划书的内容自行设定。资料数据至少应该由 2 名研究者背靠背筛选和提取。提取的内容包括研究目的、方法、结果、存在的问题和研究局限性。为避免快速提取导致研究所需重要信息的遗漏，建议增加第三方参与讨论。

3. 证据的合成和评价

快速评估方法大多采用定性的研究方法，仅有少量采用定量研究方法。对快速评估方法质量的评价尚没有统一的方法。采用的评价方法主要有 Cochrane checklist（Cochrane 评估清单）、Jadad scale（Jadad 量表）、INAHTA checklist（INAHTA 评估清单）、CRD checklist（CRD 评估清单）等。

4. 撰写报告

报告格式与一般的研究报告一致，主要包括题目、摘要和正文。正文包含引言、研究方法和研究结果。快速评估方法的用户主要是健康卫生管理者或决策者，而他们最想知道的就是生成证据的结果，因此最好以简明扼要的方式阐述研究结果，为他们提供简报和研究报告两种形式。

第三节　政策研究方法库和政策工具

一、政策研究方法库的建立

（一）建立方法库的目的

1. 促进政策研究方法的实用化

政策研究方法的研究主要有两大方向，一是科学化方向，一是实用化方向。科学化可以充分吸收和利用现代研究方法中有益的、适用于政策研究的方法，探索和创造更先进、更有效的方法，进一步丰富政策研究的方法。而实用化则是指对政策研究中最为常用的方法进行通俗、直接的介绍，使政策研究人员了解、掌握和运用更多的研究方法。目前存在的主要问题是政策研究人员对调查研究的方法比较熟悉，对政策分析特别是政策目标分析、费用分析、政策效果分析和政策效益分析比较陌生，尤其是对大量的定量分析方法不够熟悉。既熟悉调查研究，又熟悉定量分析，还熟悉社会政治过程，同时会运用计算机进行辅助分析的政策研究人员严重缺乏，妨碍了政策研究水平和效率的提高，降低了政策研究的质量和时效性。建立直观、便于使用的政策研究方法库将能有效改变这一现状，使政策研究走上科学化、规范化和实用化的轨道。

2. 为建立政策支持系统奠定基础

建立政策支持系统，需要三个方面的条件。一是数据库，即需要及时有效地提供、处理政策研究基础数据的信息系统。二是方法库，即分析政策问题常用的分析方法和研究方法系统。运用方法库中所提供的方法，对数据库中的数据进行处理分析，即可形成一定的政策分析模型，众多常用的模型即构成了政策研究模型库。三是专家库和知识库，即储备一定量的专家，通过专家库了解目前有关政策研究方面的主要研究力量和研究机构，为政策决策咨询提供人力支持。知识库则是有关政策的国内外信息，政策研究人员的观点、意见、建议等的储备。其中，政策研究方法库在相应的领域具有较强的通用性，属于最宜开发的部分。政策研究数据库则因政策研究对象的不同大有区别，必须结合具体问题去开发。由于政策问题的千差万别，不可能建立一个通用的可为所有政策提供决策支持的数据库。政策数据库的建立，不是政策研究方法的研究所能解决的。专家库和知识库的专用性也比较强。在对政策研究方法系统认识和整理的基础上，开发政策研究方法库是必要和可行的。

3. 促进政策研究方法转化为技术

政策研究方法为分析和研究政策问题提供了工具。这种工具只有为大多数政策研究者所掌握，才能转化为科学制定政策的现实生产力。政策研究方法从部分研究人员头脑中的分散存储转变为集中大量存储，并与政策问题的其他相关信息非常紧密地结合起来，极大地方便了政策研究，促进政策研究向专业化、职业化迈进，使政策研究方法转化成为政策研究技术。

（二）方法库的功能

尽可能满足政策研究人员在学习、掌握和使用政策研究方法方面的需要是政策研究方法库设计和建立的根本目的。为满足需要，政策研究方法库应具有以下功能。

1. 演示功能

通过政策研究方法具体运用的实例演示，激发政策研究人员应用政策研究方法库的积极性和兴趣，这对于发挥政策研究方法的作用具有重要意义，并对政策研究方法库本身的完善和提高方法库的商业价值发挥重要作用。

2. 学习功能

政策研究方法库能够为用户提供方便的学习条件，使对研究方法并不熟悉的研究人员可以通过短期直观形象的学习，掌握这些方法的基本思想和基本原理。

3. 使用功能

政策研究方法库的核心功能应该是政策研究人员可以非常方便地运用各种常用的政策研究方法。政策研究人员不必经过复杂的专门训练即能通过简单的人机对话来使用这些方法进行问题分析和政策研究。

4. 增删功能

由于政策研究方法库并不能一次性地全部装入所有的方法，而且新的更有效的政策分析方法不断涌现，一些不适用的政策研究方法还需要剔除，这就需要政策研究方法库具有增删功能。

5. 联网功能

政策研究方法库无法独立运用，它必须和数据库、专家库、知识库结合起来运用。

二、政策工具

公共政策目标能否实现，很大程度上取决于所运用的政策工具是否科学合理，没有与目标相匹配的政策工具，政策目标也就很难实现。

(一) 政策工具的产生与发展

国外关于政策工具的研究，最早可以追溯到 20 世纪 50 年代，达尔和林德布洛姆在《论现代国家采取的政治——经济技术》一书中首次提出。此后随着西方政策科学的兴起，政策研究者们试图建立具有一般性、精确性、全面性的分类方法，以使得不同的政策工具可以在时间、空间和政策领域内具有可比性，例如胡德（Hood）的《政府工具》（*The tools of government*），安德森（J E. Anderson）的《公共决策》，罗纳德 . J. 威尔德（R. J. Veld）的《政策工具的动态学》（*The Dynamics of Policy Instruments*），巴格休斯（R. Bagchus）的《政策工具的适当性与适应性之间的平衡》（*The Trade-off Between Appropriateness and Fit of Policy Instruments*）。这类研究的目的是为了更好地进行政策执行的分析。

20 世纪 90 年代，政策工具研究者们受公共选择学派的影响，开始运用经济学的理论方法、概念框架等来分析研究政策工具的选择，并形成了一种新的研究路径——公共选择途径（*Public Choice Approaches*），具有代表性的文献有：简·莱恩（Jan. Erik. Lane）的《新公共管理》（*New Public Management*），卡安（D. J. Kraan）的《政策工具选择的公共选择途径》（*A Public Choice Approach to the Selection of Policy Instruments*）。之后，学者们开始尝试政治与经济的整合研究，从政策综合或者网络的角度研究政策工具的选择，认为政府可以综合运用多元工具（Multiple-instruments），如市场、家庭或社区、管制以及混合工具实现政策目标，代表性著作有：萨拉蒙（Lester. M. Salamon）的《政府工具——新治理指南》（*The tools of government*：*An Introduction to the new governace*，2002），H. A. 布耶塞尔（Hans. A. Bressers）的《政策网络中的政策工具选择》（*The Choice of Policy Instruments in Policy Networks*），E. F. 特恩（Ernst. F. Ten）的《政策工具的背景途径》（*A Contextual Approach to Policy Instruments*），陈振明教授的《公共政策学》和张成福教授的《公共管理学》。

当前，政策工具的研究主要有两个方向，一是工具性研究，包括政策工具的特性研究，政策工具的分类研究，政策工具的评估标准、维度及过程研究，政策工具的选择标准、维度及过程研究，政策工具与政策环境的匹配研究，政策新工具的开发等；二是政策环境的研究，包括政策工具所处的文化、社会、制度、意识形态及政策网络等，如图 3-1 所示。

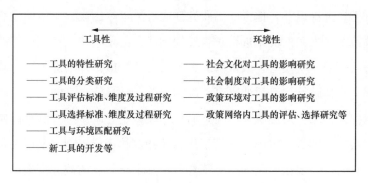

图 3-1　政策工具路径研究

（二）政策工具的内涵

政策工具又称为治理工具、政府工具。英国学者胡德在《政府工具》中首次对"政策工具"进行定义。其后，国内外学者相继对政策工具进行了大量的研究，这些研究成果分别从不同角度对政策工具进行了定义。

从政策工具的本质属性讲，胡德认为，通过区分为"客体"和"活动"，将工具当作是"客体"；另外，一些学者将政策工具理解为一种系统或机制，例如欧文·E. 休斯（Owen E. Hughes）将政策工具定义为："政府的行为方式，以及通过某种途径用以调节政府行为的机制。"国际上部分学者从集合活动的角度对政策工具进行界定，例如瑞格林（Arthur B. Ringeling）认为："政策工具是致力于影响和支配社会进步的具有共同特性的政策活动的集合。"美国学者盖伊·彼得斯（B. Guy Peters）、冯尼斯潘（Frans K. M. Van Nispen）也认为："政策工具是政策活动的一种集合，它表明了一些类似的特征，关注的是对社会过程的影响和治理。"尼德汉（Needham）认为工具是"公共机构可以合法获得的统治可能性"。霍格威尔夫（Hoogerwerf）认为"工具是行动者能够使用或潜在地加以使用，以便达成一个或更多目标的事物"。美国学者莱斯特（Lester）和斯图尔特（Stewart）认为政策工具是政策执行的技术。而豪利特和拉米什则指出，政策工具是政府赖以推行政策的手段，是政府在部署和贯彻政策时拥有的实际方法和手段。学者们对政策工具的定义普遍都强调其目标性，即政策工具本身是为了实现一定的政策目标。

近年来，国内外学者们对工具本身研究的不断深入，对政策工具的内涵、特性、分类、选择以及其他方面的研究都取得了丰厚的成果。但还没有学者对政策和政策工具之间的关系进行过直接的阐述，甚至一些学者直接将政策和政策工具进行等同。事实上，政策和政策工具虽然相似，却不能等同，政策工具可以理解为具体政策提升后的更高层次的表达，是具体政策的集合。政策工具是政策目标下的第一层级政策手段，而具体政策是对政策工具的具体阐述，属于可以直接执行的具体措施。政策工具有其特定的运行机制，政策制定者在选择政策工具时，需要结合具体的政策环境，制定出具体的政策措施，只有通过执行具体的政策措施，政策工具才能发挥一定的作用。

（三）政策工具的分类

最早研究政策工具分类的学者是荷兰经济学家科臣（E. S. Kirschen），他重点研究的是可以使经济政策输出最优化的政策工具，在此基础上，整理出了64种具有一般意义的政策工具，但并未加以系统化的分类，也没有对这些工具的起源和影响进行理论化的阐述。在此之后，国内外学者对政策工具的分类进行了深入的研究，如表3-3所示。

表3-3　　　　　　　　　　政策工具分类研究统计

序号	研究者	分类依据	分类
1	科臣	—	整理出64种一般工具，但未加以系统化分类
2	罗威、达尔和林德布洛姆	政府强制程度	规制性工具、非规制性工具
3	萨尔蒙	财力使用与否	开支性工具、非开支性工具
4	狄龙	工具的领域范畴	法律工具、经济工具、交流工具
5	胡德	政府资源	利用政府的信息、利用政府的权威、利用政府的财力、利用政府的正式组织
6	麦克唐纳尔和艾莫尔	工具使用的目的	命令性工具、激励性工具、能力建设工具、系统变化工具

续表

序号	研究者	分类依据	分类
7	英格拉姆	工具使用的目的	激励、能力建设、符号和规劝、学习
8	霍利特和拉米什	政府强制程度	自愿性工具、强制性工具、混合性工具
9	欧文·E. 休斯	经济手段	供应、补贴、生产、管制
10	萨拉蒙	类型、交付方式、交付系统、交付规则	直接管理、社会规制、经济规制、合同、拨款、直接贷款、贷款担保、保险、税收支出、收费、债务法、政府公司和凭单制、侵权责任、矫正税
11	陈振明	工具的领域范畴	工商管理艺术、市场化工具、社会化工具
12	张成福	政府介入的程度	政府部门直接提供财货与服务、政府部门委托其他部门提供、签约外包、补助或补贴、抵用券、特许经营权、政府贩售特定服务、自我协助、自愿服务和市场运作
13	E. S. 萨瓦斯	—	政府服务、政府间协议、契约、特许经营、补助、市场、用户付费、志愿服务等
14	奥斯本和盖布勒	—	传统类工具、创新类工具、先锋类工具
15	布鲁斯·德林和理查德·菲德	强制性程度	自律型政策工具、全民所有型政策工具
16	陶学荣	—	经济性工具、行政性工具、管理性工具、政治性工具、社会性工具

从表 3-3 中，可以看出学者们对政策工具的分类，主要是从以下几个大的方面进行。

①政策工具的特性。主要强调工具的目的性，即工具是实现目标的手段。例如，著名政策分析家狄龙（Van der Doelen）依据工具对行动者行为影响的不同，将政策工具划分为法律工具、经济工具和交流工具三类，每一类工具又会衍生出很多变种。

②政策工具使用的资源。英国学者胡德提出一种更具系统性的分类框架，所有政策工具都会使用政府拥有的四种广泛"政府资源"来处理公共问题，即信息、权威、财力和可利用的正式组织。美国学者萨拉蒙在其主编的《政府工具——新治理指南》中也指出，任何一种政策工具的特征都包含下列基本要

素：一是提供公共物品的具体类型，例如产品、服务、货币、安全等；二是公共物品的交付方式，例如税收、贷款等；三是公共物品的交付系统，例如中央政府、地方政府、非营利组织；四是提供公共物品的一系列规则等。

③政策工具的强制性程度。美国政治学家罗威、达尔和林德布洛姆等人将政策工具区分为规制性工具和非规制性工具两类；加拿大政策科学研究者布鲁斯·德林和理查德·菲德是根据政策工具的强制性程度将政府工具分为自律型政策工具和全民所有型政策工具，前者强制程度最低，而后者强制程度最高。加拿大公共政策学者霍利特和拉米什将政策工具区分为自愿性工具（非强制性工具）、强制性工具和混合性工具三类。相比同时期的其他分类方法，这种分类框架更具解释力，不足是太过抽象，无法发挥其在政策工具研究中的作用。麦克唐纳尔（L. M. McDonell）和艾莫尔（R. F. Elmore）根据政府强制力程度的依次减弱，将政策工具分为四类：命令性工具、能力建设工具、激励性工具和系统变化工具。这种分类框架比较具体，既体现了工具的目的性，也考虑了工具的强制程度不足之处是分类不是在同一维度上进行，既包括横向、静态的政策主体之间的相互作用，也包含整个系统纵向、动态的能力建设和系统变化。

结合上述分析，从政策主体之间的相互作用和政府强制力程度的角度考虑，这里将政策工具划分为：命令控制型工具、经济激励型工具、自愿型工具。这种分类从同一维度对政策工具进行划分，既能体现政策的执行过程，同时避免了横向和纵向的交叉。命令控制型工具包括管制性工具和政策中非禁令性的法律法规；经济激励型工具包括税收、补贴等财政性激励工具，也包括市场中的激励因素；自愿型工具的强制力程度最弱，但更具针对性、目的性。

1. 命令控制型工具

命令控制型工具，如法律、法规、条例、规章等，这一类型工具最能体现政府强制力，可以使社会成员的行为规范化，能够在短时期内起到很强的效力，特别适用于社会危机管理，但此类工具的应用对政策环境的要求比较高。一是命令控制型工具一般需要组织监控和执行，但政府部门经常无力承担监控和执行的成本；二是命令控制型工具的强制性特征，可能引起政策对象的对抗；三是命令控制型工具具有回应性特征，政策主体的惯性思维会使得新规则的形成经历漫长的过程，有可能使政策效应滞后于社会发展。

2. 经济激励型工具

经济激励型工具具有非强制特征，与命令控制型工具相比，这一类型工具更易为社会成员接受，如补贴、税收、产权拍卖等，对政策对象都会产生激励作用，但此类工具也有其局限性。一是经济激励型工具可能导致社会机制的转换，道德和责任在规范社会成员行为中起到很重要的作用，经济激励政策可能会削弱这种规范的作用；二是经济激励型工具的弱强制性，会给予政策对象一定的选择空间，最终产生的结果可能偏离最初的政策目标；三是经济激励型工具需要政策制定和执行人员具备充分的专业知识，包括理论知识和与政策相关的精确数据和信息。

3. 自愿型工具

自愿型工具的重要性与日俱增，原因是基于国家强制的政策工具作用日益萎缩，这种工具迎合了现代社会成员之间的关系。目前应用最为广泛的三种自愿型工具为家庭与社区、志愿者和市场。家庭与社区的主要优点是政府只需调动基层组织进行引导，而不用进行大量的资金投入。志愿者服务的灵活性、迅速回应度以及体验选择的机会是政府组织所不能比拟的。市场作为一种自愿型工具存有争议。虽然消费者和生产商之间的自主相互作用经常带来满意的结果，但是市场不能充分提供大部分公共政策旨在解决的公共物品等问题。

（四）政策工具的评估和选择

政策工具是实现政策目标的基本途径，政策工具的评估和选择是政策成功与否的关键。政府为了有效地管理国家和社会事务，必须根据社会政治、经济、文化发展的需要和态势，针对现实中的重大政策问题，确定正确的政策目标。而政策目标要变成现实，必须以各种政策工具作为媒介。没有有效的政策工具，政策目标也就无法实现。以下将从政策工具评估和选择的影响因素、政策工具的评估标准、政策工具选择等方面展开讨论。

1. 政策工具评估和选择的影响因素

目前国内外学者对政策工具评估、选择影响因素的研究很多，但是着重点不同，观点各异。西方学者做出了不同的分析，他们各自强调影响工具选择的某一或某些方面的因素，甚至因推崇某一因素而忽略其他因素。

最早在这方面进行探索的学者是胡德，他从四个方面来分析政策工具的选择：只有在充分考虑到其他可替代方案时，才能确定哪种工具被选择；工具必须与工作相匹配，没有哪种工具能够适应所有环境，因此政府需要针对不同的环境选择不同的工具；工具的选择必须符合一定的伦理道德；有效性并不是唯一的追求目标，理想结果的取得必须以最小的代价获得。四个维度从整体上来说比较松散，但是这种定性分析在一定程度上引导了后来者的研究方向，具有重要的历史意义。

国内专家的研究成果相对全面。张成福认为应该考虑七个方面的因素：各种政策工具都有其优缺点，并无绝对的优劣；在选择政策工具时，公共利益是基本的出发点；政策工具的选择必须是理性的，而且必须以多元理性为基础；在选择和评估不同政策工具时，其标准也应该是多元的；政策工具的选择必须考虑到多元利害关系人；不同工具的效果取决于各种因素，并不完全取决于工具本身；在当代社会，公共问题的复杂性，使得任何单一的政府治理工具都不足以完全解决某一公共问题。陈振明教授则提出更全面、准确的观点，他把影响政策工具评估和选择的因素归纳为政策目标、工具的特性、工具应用的背景、以前的工具选择和意识形态五个方面。

在此基础上，这里提出一种更加系统的政策工具评估和选择影响因素分析框架，如图 3-2 所示。

我们可以从社会综合因素、社会主流意识、社会机构、工具本身四个层次理解这种因素分析框架。

首先，处在最外层的是社会综合因素。政策工具的选择是复杂的，它涉及各国历史背景、文化和制度等因素，任何一种工具的选择都是多种价值和标准权衡的结果。社会规范包括道德规范、法律规范。其次，社会主流意识，包括政策制定者的政治观点、如何看待公共利益，同时，政策工具的评估和选择还受到同时期主流文化的影响。最后，社会机构，包括政府机构和非政府机构。政策目标是评估和选择政策工具的标杆，政府组织的各种能力

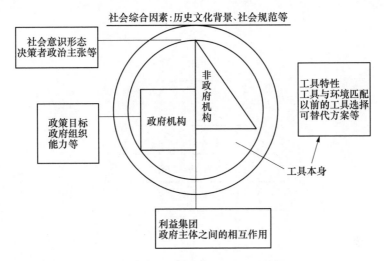

图 3-2　政策工具评估和选择的影响因素

很大程度上制约着政策工具的评估和选择。非政府机构可能是政策影响对象和利益相关者，他们通常借助政府来获利。政府机构和非政府机构之间的相互作用也不容忽视。

　　以上三种都属于政策工具的应用环境因素，最后则需要考虑环境本身。这方面主要包括工具的特性、工具使用历史状况以及工具与环境匹配性等。每种工具都有其特征、适用范围及优劣。此外，工具并不是孤立地发挥作用的，不同工具间会相互关联、相互影响，甚至相互冲突。因此，要强调工具的整合研究，以避免单一工具研究的片面性。

　　2. 政策工具的评估标准

　　对于政府选择工具的过程，首先是一个评价各种政策工具的过程，这就需要一系列共同的标准来对政策工具进行评估。国内外学者关于政策工具评估标准的研究中最被广泛接受的是萨拉蒙的五个方面：有效性、效率、公平性、可管理性、合法性和政治可行性。国内学者大多引用这五个方面或五个方面的延伸。评价政府治理工具的标准主要有：合法性、有效性、政治可行性、公平性、效率、可管理性、动态适应性，并根据优先程度进行了排序，如图 3-3 所示。

图 3-3   政策工具的评估标准

（1）合法性。政策工具顺利成功实施的前提条件是其合法性，因此政策工具的合法性是所有评估标准中最重要的方面。政府行为是否合乎法律、制度与规范往往成为公众评判政策合法性的重要标准。工具选择必须符合宪法和一般法律的规定，不能违宪和犯法。另外，政策工具的合法性还包括政治意义上的合法性，即政治系统依据传统或公认的准则而得到公众的同意和支持。合法性往往被看作有效统治和政治稳定的基础，只有当统治者获得了合法性，得到公众的拥护和支持，其统治才会更有效力、政局才会更稳、发展与进步才会更有基础。

（2）有效性。有效性是政策工具选择、实施和评估的目的标准，是判断公共行动是否成功最为重要的标准。如果一项公共行动没有达到预定的目的，则这项公共行动就没有任何意义。按照这个标准，最好的政府治理工具就是能够解决公共问题的工具。但有时很难判断政府的治理工具是否有效。一方面因为一些政策的目的性不明确，很难通过具体的指标来评价某项公共行动是否有效；另一方面，由于不同的工具适应不同的环境，不同的工具有不同的制度基础，不能简单地断定某一工具有效或无效。

（3）政治可行性。政策工具在符合合法性和有效性的条件下，就要考虑是否具有政治可行性。一项政府治理工具即使效果好、效率高，但是如果没有政治的支持，那么这项工具也不可能被采用。工具越复杂，所涉及的参与者越多，执行的难度就越大。有些工具在理论上显示能带来很好的效果，但在实践中往往因执行难度大而失效。鉴于此，可把可执行性作为评判政府治理工具的第一标准。

（4）效率、公平和动态适应性。既要关注某一项公共行动能否达到预定目的，又要关注实施这项公共行动的成本。效率关注的就是成本。政府治理工具的成本不仅包括政府的直接成本，即政府运用工具完成公共行动的成本，还包括其行动对象为接受公共服务或管制所需要付出的代价。任何一个公共问题，都会涉及或多或少的利害关系人。政府在进行治理工具和政策选择的时候，必须公平地对待多方利害关系人。在政策工具选择和评估过程中要考虑个人的贡献和收益是否相等、社会资源是否平均分配给社会上所有个人、政府资源和服务在社会不同阶层和群体之间是否得到公正分配。政策工具的动态适应性是指工具不仅能够适应当时的环境，而且能够随着环境的变化而变化。效率和公平是政府决策的重要衡量标准，但应更加关注政策工具的动态适应性。不能适应环境变化的工具，即使静态效率很高，也算不上好的政策工具。

（5）可管理性。项目执行过程中管理问题变得越来越重要。工具越复杂，所涉及的利益相关者越多，管理的难度就越大。虽然有些工具在理论上会带来很大的效果，但是实践上往往会因为管理方面的原因而使其失效。

3. 政策工具选择的关键维度

萨拉蒙在《政府工具——新治理指南》一书中不仅从评估标准这个单一维度对政策工具进行了定性分析，还提出了几种主要的价值判断标准来对政策工具进行多视角的分析。强制性程度、直接性程度、自治性程度和可见性程度四个分析维度使人们能够更好地认识各种政策工具的利弊得失。

（1）强制性程度。萨拉蒙从政策工具强制性程度与个人、集团行为的限制程度的相关性进行了分析，认为一项政府治理工具的强制性越强，那么个人和集团的自由活动空间就越少。经济学家把强制性程度作为一个重要维度是因为政策的实施影响了市场的自由配置，影响了政策工具对市场机制的依赖。而政治学家从政治体制特别是民主的角度认为政府的强制性越强，个人自由空间越少。在政策工具的分类中，命令控制型工具的强制性最强，经济激励型工具次之，自愿型工具最弱。

（2）直接性程度。"直接性反映的是在一个集体行动中，为共同实现目标而加入的行动实体的复杂程度。"即为政策利益相关者的复杂程度。可以从两个方面进行理解：首先，一个公共问题的解决是由一系列单独的行动组成的；其次，这些不同的行动由一个或更多组织实体来执行。三类政策工具中自愿型工具的直接性程度最低，原因是这类工具可以在一个相对较小的范围和系统内进行，如家庭和社区，志愿者具有更强的主动性，涉及的社会机构很少。

（3）自治性程度。自治性程度反映的是政策工具在提供公共服务利用政府系统时的自主程度，即这种政策工具是利用已有的政府机构还是创建新的专门的执行机构完成政策目标。越需要依靠政府机构来运行的政策工具，其自治性程度就越低。命令控制型工具涉及的部门大多为政府的职能部门，这样才能维持高强制性，因此自治性程度最低；自愿型工具的自主性很强，通常在现有的自身组织里就能够完成目标；经济激励型工具中有的利用市场来提供公共服务，自治性程度也很高，但是税收系统的激励工具则需要政府部门来协调。

（4）可见性程度。萨拉蒙把可见性程度描述为"工具所需要的资源能否进入一般的政策辩论过程，特别是能否在预算过程中反映"。有的学者把这个维度延伸为量化性程度，政策工具的收益和成本通过定量分析清晰地展现的程度。萨拉蒙认为，像管制这类命令控制型工具的可见度很低，直接贷款等经济激励型工具通常容易在预算中反映出来。三类政策工具四个维度的强弱可以通过表 3-4 反映出来。

表 3-4 三类政策工具选择的分析维度

工具类型	强制性程度	直接性程度	自治性程度	可见性程度
命令控制型工具	高	中	低	低
经济激励型工具	中	中	—	高
自愿型工具	低	低	高	中

4. 政策工具选择模型

在政策科学研究领域，随着工具选择研究从货币政策工具向其他领域的扩散，越来越多的研究者开始关注政策工具选择的一般原理，主要涉及两个问题：影响工具选择的因素及如何进行工具选择。

工具选择的影响因素方面，国内外学者都进行了大量的研究。然而，如何将这些影响因素在政策执行过程中考虑进去，即如何进行政策工具的选择，就需要建立政策工具的选择模型。

政策工具最终要通过选择模型进行执行，但是对政策工具的选择模型研究却很少。最早将政策工具进行模式化概括的是豪利特和拉米什。他们在《公共政策研究》中系统地总结了近半个世纪在政策工具选择方面的各位学者的主张，将政策工具模型分为三种：经济学模型、政治学模型和综合模型。经济学模型主要有两种学派组成。福利经济学家主张政策工具是一种严格的技术性操作，主张采用国家干预，使用强制性工具和混合型工具来纠正市场失灵；新古典经济学家则受公共选择理论的影响，将一些政治因素加以考虑。两位学者还将胡德、林德和彼得斯等人的政策工具影响因素进行了模型化的整合，形成了政治学模型。最后综合了经济学模型和政治学模型提炼出两个选择维度，建立了一种综合模型，如表 3-5 所示。

表 3-5　　　　　　　　　　　政策工具选择的综合模型

国家能力 ＼ 政策系统复杂性	政策子系统复杂性	
	高	低
高	市场工具	受管制的公共企业，或是直接规定工具
低	自调节的，基于社区或家庭的工具	混合工具

此模型明确了政治学和经济学两类理论都依赖的相互联系的两个变量：一是国家计划能力，或者说是国家可以影响社会行动主体的组织能力的大小；二是系统的复杂性，特别是政府在执行计划和政策时，所面对的行动主体的数量和类型。这个模型还说明市场化的工具或者管制类的工具需要高水平的国家能力；当一个复杂子系统涉及的群体为数众多或是利益矛盾冲突较复杂时，应该实行市场工具或者自调节工具的政策。

　　政策工具的选择维度还可以从强制性、直接性、自治性、可见性四个方面
考虑，这是萨拉蒙从工具特性的角度提出的一种全新的分析框架，被许多研究
者认可并引用，但是他却没有形成比较系统的模型，需要进行系统化提炼、
完善。

第四章

政策执行和监督

公共政策的执行监督思想在人类社会发展历史中，一直伴随着政府治理体系的演进而不断变化。古希腊思想家提出的政治哲学中就包含着监督的思想萌芽，近代资本主义时期提出的"主权在民"思想和"三权分立"原则，奠定了公共政策执行监督的理论基础。我国推动国家治理体系和治理能力现代化，更加强调政策执行和有效监督问题。本章阐述了公共政策执行监督的思想渊源和基本功能，政策执行偏差的表现形式、危害性及主要原因，我国公共政策执行监督的制约因素和改进措施。

第一节　公共政策执行监督功能

现代公共政策的发展，由于其体制基础、执行主体的自利行为等原因，使得政策执行的监督功能越来越受到重视。监督的手段和方法不断丰富完善，监督机制日益成熟，对于体现政策执行的公共性、促进和谐社会建设发挥着重要作用。

一、公共政策执行监督的思想渊源

实践证明，没有正确的监督思想作指导，就不可能建立一个科学而有效的监督制度。公共政策执行监督思想的最初萌芽在古希腊城邦时代，柏拉图和亚里士多德的政治哲学中对"法治"思想的阐述一定程度上包含了监督的因素。这一监督思想在柏拉图的《法律篇》中得到了阐述："如果一个国家的法律处于从属地位，没有权威，我敢说，这个国家一定要覆灭；然而，我们认为一个国家的法律如果在官吏之上，而这些官吏服从于法律，这个国家就会获得诸神的保佑。"监督的思想在资本主义时期得到了快速的发展，思想启蒙时期的杰出代表人物卢梭、孟德斯鸠等人对"主权在民"思想和"三权分立"思想进行了经典论述；马克思主义诞生后，监督的思想得到了全新的阐述，马克思主义的经典作家们在创立其思想体系时提出了内涵丰富的监督思想。这里主要从资本主义"主权在民"思想、"三权分立"思想和马克思主义的监督思想来探讨公共政策执行监督的理论基础。

（一）"主权在民"思想

"主权在民"的观点最早出自卢梭的著作《社会契约论》中，他在其著作中说："社会公约赋予政治体以支配它的各个成员的绝对权力，当这种权力受公意所指导时，它就获得了'主权'这个名称。公意若要真正成为公意，就必须从全体出发。当它倾向于某种个别的、特定的目标时，它就丧失了它的天然的公正性。社会公约在公民之间确立了这样一种平等。"这一人民公意理论阐释了主权应该在民的真正含义。在卢梭的《论民主》中，"主权在民"的思想得到进一步阐释，他认为一个民主的政府必须把权力完全交给国家的全体公民，然后再由全体公民把权力赋予某一个民选的政府。

"主权在民"的思想不仅为人民对公共政策执行的直接监督提供了依据，也为人民通过专门监督的间接方式来进行公共政策执行监督打下了基础。

（二）三权分立学说

分权理论可以追溯到柏拉图在《理想国》中提出的混合政体学说。柏拉图认为混合政体综合了君主政体的智慧和德性，民主政体的自由，是稳定的政体。近代的三权分立思想最早由 17 世纪英国著名政治学家洛克提出，并被法国著名资产阶级启蒙学者孟德斯鸠诠释为行政、司法、立法三权分立的形式，这一学说基于这样一个理论前提，即绝对的权力导致绝对的腐败，所以国家权力应该分立，互相制衡。三权分立成为资产阶级建立国家制度的根本原则。在当代，尽管西方发达国家的政治制度发生了很大变化，但三权分立仍然是它的一个根本特点。在三权分立的原则下，立法、司法、行政相互制衡，任何一个机关都不能够凌驾于其他两个机关之上，这就为立法和司法机关对行政机关执行政策进行有效的监督提供了有力的制度保证，从而形成权力上的一种制衡。

（三）马克思主义的监督理论

马克思主义思想体系极为重视监督制度，提出了极为丰富的监督理论。其中，以普选制约权力、以公开制约权力、以分权制约权力三大理论对公共政策执行监督机制的建立尤其具有指导意义。

1. 以普选制约权力的理论

马克思指出，为了防止国家、国家机关及其工作人员由社会公仆变成社会主人，必须实行监督，"把行政、司法和国民教育方面的一切职位交给由普选选出的人担任，而且规定选举者可以随时撤换被选举者"，"把一切政治权力集中于人民代议机关之手"。这就是说，夺取政权的无产阶级必须建立监督制度，以监督代表自己利益的国家机关及其工作人员。这种监督制度的基础是普选制。选举监督是最直接的监督，也是最有力的监督。普选制彻底清除了国家等级制，解决了"应该对谁负责"这一监督制度的核心问题。

2. 以公开制约权力的理论

列宁曾经指出，"一切账簿、一切文书都应该公开"，并且"立即公布监督的结果"，否则，"一切关于监督的谈论、一切关于监督的方案就都是空谈"。他认为，没有公开性而谈民主制和监督权是极为可笑的。邓小平也强调："我们要在整风的基础上把党公开"，"公开的好处很多"。马克思认为，巴黎公社可不像一切旧政权那样自认为不会犯错误，它把自己的所言所行一律公布出来，把自己的一切缺点都让公众知道。巴黎公社的一切公职人员"公开地""光明正大地进行工作""保障人民群众的知情权，在马克思主义理论体系中具有科学的依据"。公开是监督的前提，知情是监督的保证。因此，监督权必须以下两个条件为基础：被监督者公开被监督的事情，监督者了解有必要进行监督的内情。

3. 以分权制约权力的理论

马克思、恩格斯提出要打碎旧的国家机器，争取无产阶级民主，实现劳动人民管理。在这一过程中，马克思主义认为无产阶级应该争取自己的政治架构，他们为这一政治架构极其慎重地保留了"分工制约"，即为了简化和监督国家机构而实行日常事务上的分工。显而易见，在马克思主义看来，分权并不是多么神圣的东西。当"它符合于现存的种种关系"时，任何国家和政权都可以使用它。恩格斯认为，资产阶级理论家"以极其虔敬的心情把这种分权看作神圣不可侵犯的原则，事实上这种分权只不过是为了简化和监督国家而实行的日常事务上的分工罢了"，"这个原则只是在它符合于现存的种种关系的时候才被采用"。邓小平同志要求"不允许权力过分集中的原则"应在宪法上表现出来。江泽民同志则明确指出"要深化改革，完善监督机制，建立健全依法行使权力的制约机制"。习近平同志强调"党的十九大对健全党和国家监督体系作出部署，目的就是要加强权力运行的制约和监督，让人民监督权力，把权力关进制度的笼子"。

二、公共政策执行监督的功能

监督在政策执行过程中起着重要的信息反馈作用，政策执行中的有效监督可以保证政策的正确贯彻实施，可以保证政策的及时调整和完善，从更高的政治意义上讲，还可以保持和促进政治稳定，因此执行的监督是现代政策运行不可或缺的重要环节。

（一）保证政策正确贯彻实施的功能

政策制定出来之后，关键在于贯彻执行，否则它不过是一纸空文。但政策的贯彻执行并非一帆风顺，往往存在着"走样变形"的现象。主要表现为以下方面：第一，政策流于形式。政策公布下达后，地方上没有采取具体措施使之具体化、操作化，使政策仅作为一般原则被传递而无法执行。第二，政策被扭曲执行。党和国家的政策下达后，有的地方搞"上有政策，下有对策"，规定一些"土政策"渗入其中，使党和国家的政策的基本精神和原则被扭曲。第三，肢解政策，各取所需。有的地方和单位，从个人利益或小团体利益出发，不是完整地实施政策，而是按照自己的利益要求，贯彻其中一部分，抛弃其余部分。第四，政策执行不力。有的地方虽然照章办事，执行政策，但不是积极主动地去贯彻，其所采取的措施软弱无力，导致政策贯彻力度低、效果差，政策实施疲软。

1. 官僚制自身存在的缺陷

官僚制理论是 20 世纪初德国社会学家马克斯·韦伯（Max weber）所创

立的一种重要组织理论。在这种理论的影响下，各国政府纷纷建立了庞大的官僚制来从事公共事务的管理。这种组织由于具有分工明确、职责权限清晰、等级结构合理、专业化程度高、拥有严格的规章制度以及组织成员的非人格化而被韦伯看作具有"超过任何其他的形式"的技术优势。精确、迅速、明确、精通档案、持续性、保密、统一性、严格的服从、减少摩擦、节约物质费用和人力，在由训练有素的具体官员进行行政管理时，比起所有合议制的或者名誉职务的和兼任职务的形式来，能达到最佳的效果。公共政策执行作为现代政府行为的一种方式，正是建立在这一体制的基础之上，但官僚制本身存在一定缺陷。

第一，官僚制是一个集权性的组织模式。在这个集权模式中，组织内部层层授权，下级对上级严格负责，只有处于金字塔顶端的人才能掌握足够的信息而做出熟悉情况的决定。这一体制在变化迅速、信息丰富、知识密集的后工业时代已经不能有效运转。

第二，官僚制组织内部的规章制度严格、刻板而且烦琐，尽管在许多场合限制了职业官僚对公共权力的滥用，但是同时也限制了他们的积极性、主动性和创造性，对规则的服从成为目标而不是为公众服务的手段。

第三，官僚制强烈的专业技术崇拜和固定的专业化分工使得政府的功能日益衰退，官僚制体系的整体被分割为相互分离的"鸽笼式"专业部门。这些部门分工而不合作，造成各自为政、职能重叠交叉、机构臃肿庞大。

2. 政策执行主体的自利动机

可以从博弈论和公共选择的视角对政策执行主体的自利动机进行分析。"博弈"一词指某些个人或组织做出相互影响的决策。博弈论着重研究社会生活中的矛盾及利益冲突与合作，认为在冲突和竞争的情况下，每一个参加者都遵循力求得到最大利益，并把损失减小到最低限度的原则。其根源是利益的驱动，利益是博弈的动力源泉。当然，利益不仅指物质上的利益，还包括精神上的追求和满足。亚当·斯密认为，每个人都是盘算着自己利益的个人，追求利益最大化是驱动人类经济活动的根本动力。在此基础上，约翰·穆勒提出了"经济人"假设理论，指出人"在经过深思熟虑之后，他会选择那些能够比其他行为能更好地满足自己的偏好的行为"。

基于"经济人"的假设理论，一些管理学家提出了政府执行主体的唯利性，如丹尼斯 C. 穆勒就说过，"毫无疑问，假若把权力授予一群称之为代表的人，如果可能的话，他们会像任何其他人一样，运用他们手中的权力谋求自身利益，而不是谋求社会利益"。这种纯"经济人"假设否定了那种专心致志、一心为公的"公共人"假设，指出了在政治领域内和经济领域内一样存在着利益的冲突和矛盾。因此，利益也是政策执行时博弈的动力源泉。事实也证明如此，政策执行时，政府组织与非政府组织、政府组织与目标群体、政府组织与执行者及执行者与执行者之间，常常为自身利益最大化而发生冲突与博弈。博弈不是利益的简单相加或相减，一旦有博弈活动，尤其是零和博弈时，就可能会产生成败双方，利益就会向一方急剧倾斜，私利之心、权力之欲就会化为行动，这与政策的公共性构成悖论，"政策失灵"现象就会发生。

政策失灵的后果是多重的。首先，它会影响政策的有效实施，降低政策执行的效率。从现实来看，我国有很多政策由于政策执行者的因素而搁浅或变异，使政策效力得不到发挥的现象普遍存在，政策截留、曲解政策的现象时有发生。这种现象的存在使得政策执行成本大大增加，政策执行效率低下甚或根本没有效率，最终阻碍社会生产力的发展，阻碍社会历史的进步。其次，它会严重损害政策对象的利益。公共政策实质上是资源重新配置和利益再分配过程，是社会利益的调节器。公共政策在执行过程中如果走样、变形，都会极大地损害到政策对象的利益。最后，它还会严重损害党和政府的形象及权威。

政策执行的"走形变样"有其深层原因，必须加强政策执行的有效监督。执行监督的第一个也是最基本的功能，就在于防止上述种种抵制、违反、滥用政策的现象发生，并在这些现象发生时及时发现并采取有力措施进行纠正。

（二）促进政策及时调整和完善的功能

政策总是为了解决在一定背景条件下的某些问题而制定的，然而客观外部世界总是处于不断地发展变化之中，因此，政策必须随着外部世界的变化和人的认识的深化而做出调整。只有这样，才能使政策目标、实施步骤、执行手段等与现实相符合，最终产生良好的效果。据此，政策执行监督的作用就在于敏锐地捕捉外部世界的发展、认识的深化和政策之间的差距，以便帮助制定者及时做出调整。实践证明，"刻舟求剑"的政策百分之百是要失败的。

（三）保持和促进政治稳定的功能

政治稳定是指一个国家在一定历史时期内政治系统的各个组成部分和各个环节之间保持相对协调和平衡，政治生活呈现出有序的运作和发展状态。主要包括两个方面，一是国家政治生活的有序性，即在国家制度和政治法律规范的有效约束下形成的一定的政治秩序中，能够通过正常、合法的政治手段解决政治生活中的矛盾和冲突，统一社会成员的思想和行为；二是国家政治生活的连续性，即国家的基本制度、基本政策不因政治生活中的偶然事变而发生质的变化。而公共政策是政府依据特定时期的目标，在对社会公共利益进行选择、综合、分配和落实的过程中所制定的行为准则，应发挥保护和促进政治稳定的功能。

公共政策的首要特征在于"公共"，是对全社会的利益调配，而不是针对个人的利益。正是因为公共政策影响的不是一个人的利益，因而公共政策执行也存在着较强的外部效应。有些公共政策制定的初衷也许是为了促进公众利益，但执行中的扭曲甚至腐败有可能会反过来造成大众利益受损而小部分团体获利，这种扭曲会严重影响政府的形象，危害政治和社会稳定。而防止这一情况发生的一个重要措施就是建立科学的政策执行监督机制，通过发挥多主体的监督作用遏制政策执行中的扭曲和腐败。早在 1945 年 7 月，毛泽东同志在同黄炎培谈到历史的"周期率"时就明确指出："只有让人民来监督政府，政府才不敢松懈。只有人人起来负责，才不会人亡政息。"实行有效的监督，不仅为公民提供了有序参与政治的渠道，便于他们及时地反映意见和要求，而且还可以有效地防止国家机关的工作人员在执行政策时滥用权力，保持国家机关的廉洁，改善人民与政府之间的关系，保持政治稳定，促进社会和谐发展。

第二节　公共政策执行偏差

政策决策者为解决社会公共问题，达成一定的政策目标，而制定了合理的政策方案。政策方案的有效执行，是政策目标得以最大程度实现的重要条件，但现实中，往往好的政策方案并没能实现好的政策目标，究其原因，很大程度上是因为政策执行过程出现了偏差。

偏差是指现实与理想产生了差距，对于公共政策执行偏差来讲，是指政策在执行过程中，由于各种主客观因素的存在，导致政策执行过程与政策方案本身出现了偏离，最终使得政策目标不能完全实现甚至是政策失败。

公共政策执行偏差有其客观性和复杂性。公共政策执行是连接政策方案和政策目标的桥梁，由于政策方案所要解决的是包含人类复杂活动的社会问题，因此执行过程涉及的环节和需要考虑的因素众多且复杂，任何一个环节或者因素出现问题，都有可能会产生政策偏差的问题。

一、公共政策执行偏差及其危害

（一）公共政策执行偏差的表现形式

对于世界各国来说，出现政策执行偏差现象通常都是难以避免的。在我国，政策偏差现象的表现形式主要有下列几种。

1. 象征性执行

政策象征性执行是指执行人员注重宣传造势，但没有实质性的落实过程，对政策采取敷衍了事的态度。如中央出台的环保政策，一些地方政府出于政绩考虑，为了追求地方 GDP 的增长，对于不符合环保标准但对地方经济增长贡献比较大的企业，通常会采取表面严厉实则纵容的态度，也就是表面上要求企业严格执行各项环保标准，但不会采取实质性的手段，导致的结果是环保政策沦为表面文章。

2. 选择性执行

政策选择性执行是指执行人员不会完全按照政策原有的精神和内容组织实施，而是按照自身的利益需求，对政策进行有选择性地执行。合理的政策方案通常是考虑了方方面面的利益关系，是一个完整的体系，而一旦被选择性地执行，就会破坏这种完整的体系，其结果不但使政策目标无法最大程度地实现，甚至有可能产生与政策目标完全相反的效果，给社会带来危害，影响政策的权威性。

3. 替换性执行

政策替换性执行是指执行人员执行的是与原政策表面相似，但本质上完全不同的政策，这是执行人员对原政策的偷梁换柱，根本原因是原政策对其利益构成了威胁。这种替换性执行政策的行为，不但会使原政策的目标无法实现，而且会对政府的公信力产生严重的负面影响。例如，村民自治政策，要求村主任由村民按照一定的组织原则自主选举，但在实际执行中，一些乡镇政府通常会进行提名或者直接任命，使得村民自治政策流于形式，直接导致了群众对政府的不信任。

4. 附加性执行

政策附加性执行是指执行人员除了执行原政策之外，附加了一些看似合理但原政策没有的内容进行执行，本质上是打着合法的旗帜行不法之实，为自身谋利益。这种政策执行方式的典型就是一些地方政府乱收费的行为，这种行为通常比较隐蔽，属于对合法收费政策的附加性执行，但从根本上讲，这种行为容易给人民群众带来过重的负担，严重的还会激起群众与政府的对立，使得今后即使是合理的收费政策，也会难以有效执行。

上述几种公共政策执行偏差的行为，虽然表现形式不尽相同，但其结果都造成了公共政策的实施效果偏离预计目标，损害了社会公众的利益，危害了政策的权威性和合法性。

（二）公共政策执行偏差的危害

公共政策执行出现偏差不仅会影响政策目标的实现，而且会对社会资源造成浪费，破坏正常的政策决策程序，危害党和政府的公众形象，不利于社会的和谐稳定。具体来讲，政策执行偏差的危害主要有以下几个方面。

1. 影响政策目标的实现

政策目标能否实现，除了依赖于政策本身是否科学合理，还取决于政策是否被有效执行。政策在具体的执行过程中对原有政策的偏离，会导致原有政策目标无法有效实现。公共政策的实施是为解决特定的经济社会问题，考虑到经济社会问题涉及的因素比较复杂，在具体的执行过程中允许政策目标有一定的弹性，但如果政策执行过多地缺乏稳定性和明确性，会加大政策执行的风险性和不确定性，也会造成目标群体对政策目标的不理解，甚至是不接受，从而导致政策目标无法有效实现或者出现政策失败。

2. 破坏正常的政策秩序

政策秩序包括政策时间上的秩序和政策结构上的秩序。一般情况下，政治、经济、文化、社会等各个领域实施的政策是相互协调、相互配合的，其共同构成完整的政策体系。同时，新政策的实施和旧政策的终止也是相互衔接、紧密联系的。政策执行过程中出现偏差，会破坏政策的完整体系和政策的时序性，一方面会使得政策的目标无法完整地实现，另一方面也会使得旧政策与新政策的衔接出现问题，最终会导致政策的权威性和公信力受到损害，影响政府的合法性地位，破坏社会整体的凝聚力。

3. 削弱执政党和政府的合法性

美国政治学家加布里埃尔·A. 阿尔蒙德（Gabriel A. Almond）、小 G. 宾厄姆·鲍威尔（G. Bingham Powell）指出："如果某一社会中的公民都愿意遵守当权者制定和实施的法规，而且还不仅仅是因为若不遵守就会受到惩处，而是因为他们确信遵守是应该的，那么这个政治权威就是合法的。如果大多数公民都确信权威的合法性，法律就能比较容易和有效地实施，而且为实施法律所需的人力和物力耗费也将减少。"在公共政策执行中，无论是政策替换、政策敷衍、政策附加、政策缺损还是政策截留都会或多或少地损害政策对象的利益，损害政策制定者和决策者的形象，损害公众对公共权威的信任和忠诚，使得民众对党和政府产生信任危机。

二、公共政策执行偏差的主要原因

世界各国政府都会面临政策执行偏差的问题。根据"资源稀缺"假设，人类是在资源稀缺的环境中开展社会活动，并在这种活动中形成了相互之间的关系，以满足自身的需要。开发资源需要人们相互合作，而资源稀缺使得人们之间陷入利益冲突，并且这种利益冲突是长期的和不可避免的。公共政策的本质是对社会利益的权威分配，这种分配会影响到不同群体的利益。根据"经济人"假设，不同利益群体出于自身利益的考虑，必然会对政策执行施加不同程度的影响，从而可能导致政策执行出现偏差。对于政策执行而言，除了利益群体的博弈会导致政策出现偏差之外，如果政策文本不规范、不具体，缺乏可操作性，同样也会导致政策执行出现偏差。现实中，我国的政策执行一定程度上存在着"有令不行、有禁不止""上有政策、下有对策""政策走样"等政策执行偏差现象，导致政策目标不能有效实现或者完全落空。

公共政策本质上是对社会利益的权威分配，这种分配涉及的主体有政府、利益集团以及社会公众，从经济学"理性人"假设的角度来看，各个主体为了自身的利益，使得公共政策执行过程必然是利益博弈的过程，这也是政策执行过程出现偏差的重要原因。

（一）从制度视角分析公共政策执行偏差的成因

1. 公共政策制定本身不科学

公共政策方案如果不能平衡好各方面的利益关系，那么方案通常不会被顺利地执行，从而预设的政策目标也就很难实现。美国公共政策研究专家史密斯（Smith）认为，"理想化的政策"是一项政策能否有效执行的重要影响因素。科学制定公共政策，可以从三个方面把握：一是政策内容要合理，政策目标要合理可行并且具有前瞻性；二是政策要保持连续稳定；三是政策体系要完整，公共政策执行是一个非常复杂的过程，涉及多方面的利益关系，因此，如果政策没有配套的政策措施，不能形成完整的政策体系，则很容易产生政策执行偏差的现象。

2. 公共政策执行机制有缺陷

（1）信息沟通梗阻。政策执行过程，从某种意义上讲，也是政策执行信息传递与反馈的过程。信息传递与反馈的过程是否通畅和客观，对政策的执行效果具有非常重要的影响。通常，执行者出于自身利益的考虑或者受到其他客观因素的影响，会导致政策信息的传递与反馈出现滞后和失真的现象。

政策信息的滞后现象是指公共政策指令信息通过各个环节的层层传递，到达最终执行者手中时已经错过了解决公共问题的最佳时机。我国的行政组织划分为五级——中央、省级、地（市）级、县级、乡（镇）级，一般情况下，政策信息的传递都要经过这五级层层传递，使得政策信息的传递缓慢，错失解决问题的最佳时机，导致政策的目标无法有效实现。

政策信息的失真现象是指各级政府出于自身利益的考虑，倾向于对原政策或者下级反馈的政策信息进行过滤、曲解或者附加额外内容，这一方面导致最终执行者执行的是已经走样的政策，另一方面导致决策者无法根据反馈的信息做出正确的判断，其结果是公共政策问题无法有效解决，政策的权威性和公信力受到损害。

（2）监督制度欠缺。缺乏科学合理的制度体系，主要表现在两个方面：一是我国虽然已初步建立相对完整的政策执行监督体系，包括人大监督、行政监督、党内监督、司法监督等，但各个监督主体之间并未形成科学合理的分工体系，导致监督过程中容易出现推诿、扯皮等无人监督的情况，或者政出多门难以协调配合等多头监督的情况，政策监督效率低下，无法对政策执行实现科学合理的督促作用；二是我国对政策执行的监督大多是追溯式的事后监督，而科学合理的监督制度应当是事前监督、事中监督以及事后监督为一体的连贯活动，且主要侧重于预防和控制。预防和控制的监督行为缺失，导致我国政策执行出现偏差，政策目标无法完全实现。

（3）执行问责不力。问责制是指对权力主体的责任进行认定和追究的制度，强调权力与责任相统一。政策执行人员在行使手中权力时，必须有相应的问责制，才能保证政策的有效执行。目前，我国政策执行问责机制存在的不足，主要有以下三个方面：一是问责机制主要以行政问责方式为主。立法机关是问责机制的主体，可以采取独立调查、听证会等形式行使问责的权力，但立法机关这方面的作用比较缺失，无助于纠正政策执行的偏差行为。二是问责制度的可操作性不强。关于问责制度方面的条规、法例比较多，但大多分散于《公务员法》《行政机关公务员处分条例》《行政监察法》《中国共产党党内监督条例》《中国共产党纪律处分条例》等制度中，从主体来看，既有党的问责、政府的问责，也有中央部门、地方政府的问责，这些问责制度在责任追究内容、尺度等方面不一致，并且缺乏可以操作的责任追究办法，以及相应的法律、法规支撑，导致责任追究工作开展难度较大。三是缺乏责任追究监督制度，导致责任追究处理决定流于形式，无法真正起到对政策执行偏差进行预防和纠正的作用。

3. 政府行政体制不健全

（1）纵向权力配置不合理，权限划分不明确。托克维尔（Tocqueville）认为，"一个中央政府，不管它如何精明强干，也不能明察秋毫，不能依靠自己去了解一个大国生活的一切细节，它办不到这一点，因为这样的工作超过了人力之所及。当它要独立创造那么多发条并使它们发动的时候，其结果不是很不完美，就是徒劳无益地消耗自己的精力。"这句话表明国家政权应当进行科学的分工和合作，才能更好地促进经济社会的发展。从我国的实际情况来看，自改革开放以来，在纵向权力的划分上，以中央向地方政府下放权力为主，分权增强了地方政府在处理当地经济社会事务方面的自主权，有利于调动地方政府的积极性和责任意识，从而可以有效地促进地方的经济社会发展。另一方面，由于分权主要是以行政手段推行，缺乏必要的法律法规进行规范和保障，使得权力下放有随意性成分，很难形成科学的权力分工体系，由此产生的不良影响，主要有地方政府出于自身利益的考虑，会对中央政策采取选择性执行、替代式执行、附加式执行等对策，从而导致中央政策的整体目标无法有效实现；地方政府对于下放的权力，由于缺乏法律法规的保障，容易产生权力滥用行为，导致政策执行偏差行为的产生。

（2）横向职能重叠，多头管理。横向职能是指同级行政部门和各级行政部门内的不同部门之间权力的划分。我国政府行政部门横向权力划分的主要问题是职能配置的交叉。权力配置的不规范和职责权划分不清，容易造成政策执行过程中有利多方出击、无利则相互推诿扯皮的现象，导致政策执行效率低下，造成社会资源的浪费。一是各自为政，协调性差，导致政策执行出现冲突，增加政策执行成本，使得政策执行效率低下；二是有利可图时，容易产生寻租空间，无利可图时，相互扯皮、推诿，导致政策执行出现真空区域；三是出于部门利益的考虑，容易产生选择性、替代性等政策执行偏差行为，导致政策实施效果与预计目标出现偏差。

（3）财税体制改革的滞后。1994年以来，我国一直实行的是分税制财政管理体制，但这种分税制只是对中央和省级行政区两级政府做出了具体的划分，而省级行政区则依据各自的情况，制定具体的财政管理体制。一般情况下，省、市、县之间对于具体的财权和事权并没有明确的划分原则，使得很多地方政府一方面对政策执行的态度是有利于财力增加的就执行，否则就通过象征性执行、选择性执行、替代性执行等方式保障自身的利益，导致公共政策的执行效率很难保障，也很难避免出现政策执行偏差行为；另一方面，倾向于将财力上移，将支出责任下移，导致很多基层政府财权与事权的极不匹配，而基层政府是公共政策的最终执行者，没有充足的财力做保障，很难保证公共政策的执行效果，从而使得政策目标也无从实现。

（二）从利益视角分析公共政策执行偏差的成因

公共政策本质上是对社会利益的权威分配，而分配所涉及主体的利益需求是不尽相同的，且相对于不同主体的利益需求来说，可以满足需求的资源是有限的。公共政策执行可以理解成政府为实现一定的政策目标所采取的各种行动的总和。预计的政策目标能否有效实现，一定程度上取决于不同利益主体之间博弈的结果。公共政策的执行主体主要是各级政府机关。

1. 地方政府与中央政府的利益博弈

公共选择理论认为，政府实际上也是由有理性、自私的人组成的，因此政府在此意义上也可以称为"经济人"。政府在公共政策执行中的利益博弈，不过是这些自私的、有理性的"经济人"在一定制度约束下追求自身利益最大化的行为表现而已。在经济体制转型中，围绕着对经济管理"责、权、利"的重新定位和分解，中央政府与地方政府始终进行着权力"集中"与"分散"的博弈。分析中央政府与地方政府之间的政策执行博弈，在理想状态下，博弈双方应该是两个意愿独立的参与者，但现实中的博弈很少是在"自然状态"下展开的。

事实上，两者已经存在着先行的博弈。王水雄称这种博弈行为为"结构博弈"。"每一个人在面对他人时，只要其行为涉及相对地位的判断，特别是对资源的最终占有，我们就可以将这些行为者之间展开的活动称为博弈活动，或者准确地说即结构博弈活动。"为简化分析，我们以"中央政府、省政府和地级政府"之间的利益博弈为例，来分析公共政策在执行过程中是如何出现偏差的。

我国公共政策的推行一直是通过"中央政府—地方政府"这样的"委托—代理"链来完成的,而长期以来形成的"一切皆决于中央"的纵向府际权力配置关系结构,决定了下级服从上级、地方服从中央的政治局面。因此,地方政府与中央政府的博弈并非是以双方平等的地位进行的。这就决定了双方的利益博弈只能是在既有的权力结构框架下的"结构博弈"。在公共政策执行主体的利益博弈中,中央政府和省级地方政府是博弈参与人。中央政府代表国家层面的全社会的公共利益,担负着制定公共政策并督促实施的职责,把以公共利益为核心的社会整体利益的最大化作为其根本诉求;省级地方政府受中央政府委托,代表中央政府执行公共政策并治理地区性公共事务,承载着国家利益、地方利益和本级政府利益等多重利益结构。因此,省级区域利益和中央利益既有重合,又有分歧。当中央政府的政策出台以后,作为"理性经济人"的省级地方政府从自身利益最大化的角度做出执行政策是否有利的基本判断,并做出是否执行、如何执行的策略选择。中央政府根据政策执行反馈的绩效情况,做出对省级地方政府奖励或惩处的选择。按照"中央政府—省级政府—地(市)级政府—县(市)级政府—乡(镇)级政府"的政策推行逻辑,公共政策经历了过长的委托—代理链传递和过多的利益博弈中心点,容易使得中央的政策意愿发生偏离而最终背离政策初衷。

2. 地方政府之间的利益博弈

地方政府间的利益博弈双方具有相对平等的博弈地位,它们之间的博弈更多的是建立在平等、竞争和对话的基础上。正如美国学者多麦尔(Daumail)在《政府间关系》一文中认为,"如果说政府间关系的纵向体系接近于一种命令服从的等级结构,那么横向政府间的关系则可以被设想为一种受竞争和协商的动力支配的对等权力的分割体系。"改革开放后,中央政府推行的分权改革极大地刺激了地方政府追求地方利益最大化的内在冲动,于是各地方政府动用各种策略、采取各种手段展开了汲取各方面资源的竞争性利益博弈。在实践层面上,我国各级地方政府之间的利益博弈,最明显地表现在区域地理位置相近、经济实力相当、政治和社会影响力相近的地方政府之间。

如果说各级地方政府之间在公共政策执行方面的利益博弈的内在动力源于

对"利益"强烈的内在诉求，那么他们之间的利益博弈的外在压力则源于中国现行的行政管理体制。在现行行政管理体制下，GDP 的增长仍然是考量地方政府特别是地方政府官员的主要经济指标。这种体制的最大问题就是，地方政府在追求政绩的过程中往往会"急功近利"，甚至使用"挖墙脚"的招式与对手竞争，不惜以牺牲公共利益为代价，地方收益也会受到影响。地方政府间为争夺公有资源造成了无效率的恶性竞争，使得博弈双方陷入低水平恶性竞争的"囚徒困境"，同时也恶化了同级地方政府间的关系。公共政策执行出现偏差的主要原因之一在于政策的执行往往触及多方面的利益关系，有关利益主体过度追求自身利益的最大化，常常置公共利益于不顾，围绕政策执行展开各种形式的利益博弈。当这种利益博弈朝着不利于政策目标落实的方向发展时，公共政策执行偏差问题便频繁出现。

3. 目标群体与执行主体之间的博弈

公共政策目标群体就是公共政策执行的指向对象，即由于政策的强制性必须对自身的行为模式重新进行调适的群体。公共政策目标群体从成分上看比较复杂，它既有政策执行主体，又有政策调整对象。从目标群体的角度看，如果目标群体顺从，接受一项公共政策，则该项政策执行的风险小，成功的可能性大；相反，如果目标群体不顺从，拒不接受一项公共政策，则该项政策执行的风险大，失败的可能性也大。同样，如果目标群体只是部分地接受一项公共政策，则该项政策执行的难度增加，风险增大，成功的可能性亦减小。目标群体的影响力来源于政策的合法化程度、自身的政治社会化程度、对政策的认同程度、对政策调节的成本—收益预期和政策承受力等。

（三）从政治文化视角分析公共政策执行偏差的成因

美国政治学者阿尔蒙德认为："政治文化是一个民族在特定时期流行的一套政治态度、信仰和感情。这个政治文化是本民族的历史和现在社会、经济、政治活动的进程所形成。政治文化影响着各个担任政治角色者的行为、他们的政治要求内容和对法律的反应。"

政治文化必然会对公共政策执行产生一定影响。因为一定社会中的人们，受一定政治文化的影响会形成一定的政治观念，这种观念直接决定他们的政治行为。

（四）从执行主体能力视角分析公共政策执行偏差的成因

1. 公共政策执行主体的政策认知失误

公共政策认知是指执行主体对公共政策的认识和理解。政策执行主体的认知水平直接决定了政策执行的效果。政策学家爱德华兹（Edwards）指出，"政策执行之所以无法符合政策制定者的期望，在很大程度上取决于政策执行人员对所执行的政策存在着误解"。在现实的政策执行过程中，公共政策执行偏差的原因之一便是政策执行主体的认知失误。

政策执行主体之所以会产生认知失误，主要是因为他们在认知过程中不可避免地会受到自身经验、情感和立场的影响，而带有明显的选择性特征。由于预期对个人认知的作用，执行主体以某种认定的路径、框架来对待公共政策，对于预期以外的因素容易产生盲视，导致认知盲区，从而教条式、僵化地理解政策，而在政策执行过程中无法与实际情况相结合，机械执行导致执行偏差。另外，政策执行者知识水平偏低也是造成政策认知失误的一个重要因素。由于认知水平不足，政策执行主体对政策本身的内涵和执行功用往往领会不准、理解不透，因而只能凭主观臆断片面理解、错误执行，使政策执行无法正确体现目标。认知缺陷使得政策执行出现问题，损害了国家、地方和人民的利益。

2. 公共政策执行个体的政策认同不足

所谓政策认同是指政策执行主体对所执行政策的认可与赞同。从广义而言，政策认同不仅包括对政策本身的认同，还包括对政策制定主体以及作为政策执行者的政府官员的认同。政策认同是决定政策执行能否成功的关键因素之一。执行者对政策的认同、对政策执行行为的投入、创新精神、对工作的责任、较高的政策水平和管理水平是政策得以有效执行的重要条件所在。如果政策执行主体对政策内容认同不足，对推行政策抱有抵触情绪乃至抗拒心理，就不可能执行，或出现象征性执行、规避性执行、抵制执行等政策执行偏差问题。一般而言，作为政策制定者的权力层次和形象以及政策执行者的利益都会影响到政策执行者对政策的认同。政策制定者的权威和合法性基础越强大，政策目标与政策执行者的利益越一致，政策执行者对政策的认同程度就越高，政策就越容易被有效执行；反之，政策执行认同程度就低，从而导致政策执行偏差的产生。

第三节　我国公共政策的执行监督

我国是社会主义国家，这是我国的基本国情。我国公共政策的执行监督存在若干困境。首先，现阶段社会发展和行政制度的特点为公共政策执行监督带来了较大挑战；其次，我国的行政文化传统也对政策执行监督带来了观念的挑战；最后，我国政策执行监督主体的相互协调也存在一定问题，并对政策执行监督造成一定困难。这里将重点讲述我国公共政策执行监督所面临的现实困境。

一、我国公共政策执行偏差的行政体制机制困境

（一）我国公共政策执行监督的行政制度困境

我国一方面存在党政职能如何配置的制度设计问题，另一方面随着改革的深入，地方分权化的趋势也日益严重，这些行政制度特点为政策执行的监督带来了新的挑战。

1. 行政权力集中影响政策监督的有效执行

当前，从我国权力运行情况看，立法权属于全国人民代表大会及其常务委员会，地方人大的有限立法权来自全国人大的让渡。从行政权上看，地方各级人民政府都是国务院统一领导下的国家行政机关。从司法权上看，地方各级法院都是国家设在地方的法院，代表国家执行司法权。从经济上来说，中国的经济制度实现了从计划经济向市场经济转化。从改革的趋势来看，政府的经济角色正在转型，各种宏观调控机制，如税收、财政和金融管理体制正在建立和完善，这些体制将会加强经济领域中央政府的权力。一定的集权可以改进政策执行监督的效力，避免基层执行的扭曲，但高度的集权则会阻碍政策监督的有效执行，权力相对集中的情况下，部门对自己监督的动力就会减弱。

2. 地方分权化与民主缺乏阻碍政策执行监督

权力从中央政府分到各级地方政府甚至是社会，这是民主政治的一个重要

特征。在一些西方发达国家，分权改革往往是两条线并行：一条是中央政府向地方政府制度性分权，一条是强化地方政府对民众的责任机制，因为分权的逻辑正在于地方政府更能接近当地民众，在某些政务上能更好地为民众服务。然而，若分权没有形成规范化制度体系，就会出现一方面中央政府感到没有足够的权力，但另一方面地方政府也抱怨没有权力，因为所有权力从理论上说仍都属于中央政府。可以说，这种非制度化的分权削弱了中央对地方政府的监控，却未能强化后者对地方民众的责任机制。很显然，在没有强有力的中央政权来保证民主的正常运作的情况下，民主很难依靠自己的力量来表达和保护人民的利益。所以，在中央政府感到权力不足之时，人民所感到的是民主的不足。于是，公共政策执行中的种种扭曲现象就发生了。

（二）我国公共政策执行监督的行政文化困境

公共政策执行监督受诸多因素的影响，比如行政文化、公共政策自身特点、经济发展水平、国际环境等。这里主要分析行政文化对公共政策执行监督的影响。公共政策执行监督作为一种行政行为，必然受到一定的行政文化的影响。行政文化是指在行政实践活动基础上所形成的，直接反映行政活动与行政关系的各种心理现象、道德现象和精神活动状态，其核心为行政价值取向。行政文化在很大程度上影响了公共政策执行监督的方式和程度。民主、现代的行政文化为有效的公共政策执行监督提供了文化背景，而封建社会专制的行政文化则在很大程度上压制了公共政策执行监督效率的提高，主要表现在以下几方面。

1. 传统行政文化中的官本位思想不利于民众对政策执行监督的参与

我国是一个具有几千年历史的文明古国，封建历史相当悠久，虽然我国改革开放已经取得了很大的进展，但不可否认的是，几千年封建社会遗留下来的"官本位"思想、为民做主思想等传统政治文化残余还是不能彻底清除，导致人民群众对于参与公共政策执行监督态度冷漠，普遍认为"在其位，谋其政"，国家大事是那些当权者的事，于己无关，长此以往，就逐渐地失去了参与政策执行监督的积极性。而民主社会要求社会公众能意识到自己是国家的主人，参与公共政策执行监督既是自己的一项权利，也是一项义务。所以，这种封建社会行政文化残余在一定程度上阻碍了社会公众参与公共政策执行监督。

2. 传统行政文化中重人治、轻法治影响政策执行监督的制度化

传统行政文化中治国安邦往往是重人轻法的，从先秦的"有治人，无治法"，"法不能独立……得其人则存，失其人则亡"（《荀子·君道篇》），到明清的"有治人，无治法……若不得其人，即使有尧舜之仁，皆苛政也"（《清世宗实录》），大体反映了这一点。中国历代法典中从来没有约束皇帝权力的条款，法自君出，权力支配法律，用人治事多为长官意志，以致人们习惯于接受能拯救自己的清官和救星，对保障社会正常运转和人民基本权力的法律无兴趣，不习惯用法律来捍卫自己的权利，人情风盛行。在行政活动中往往表现为行政权力凌驾于法律之上，行政决策和执行缺乏法律的约束，有法不依、执法不严成为常事。传统社会定于一尊的皇权使权威观念影响至深，在行政活动中往往会出现独断专行、集权制、家长制、个人决策，行政民主难以得到体现。

综观中国现代行政文化，尽管从根本上改变了行政本质和行政主体与人民的关系，逐步确立了以廉洁、服务、效能为宗旨的行政文化，为我国政策执行监督的开展奠定了制度基础。

但同时也应看到，目前还存在着封闭、保守、官僚等消极因素，常常使政策执行迟缓、政策执行监督体制中公众参与缺乏，不适应现代公共政策的发展。因此，行政文化建设、新型行政文化整合与再造是政策执行现代化的必然要求。

二、我国公共政策执行监督的主体困境

我国公共政策的监督体系经过曲折的发展，目前已基本形成了既有行政监督又有政党监督和社会监督，既有内部监督又有外部监督的较为全面和完整的公共政策监督体系。但公共政策执行作为公共政策的一个子系统，对其监督长期存在着各种各样的问题。在我国现实的公共政策执行监督中，由于受行政管理体制、监督体制的影响，公共政策执行监督主体并没有发挥出应有的作用和功能，导致在现实的监督中出现了"弱监""虚监"等现象，一定程度上影响着监督的力度和有效性。

（一）社会监督力度不够

由于目前各社会团体对于行政机关及其公务员的监督还不具备足够的权威

性，往往影响了其监督效力；而公民个人因为缺乏直接制约政府的可操作性的具体制度规定，再加上政府公共行政运作过程的透明度往往存在问题，导致公民对于政府公共行政行为的监督往往只停留在表面上，公民监督的实际效力不明显；社会新闻舆论监督由于受到太多框框的限制，往往也导致新闻媒介监督还不能发挥社会舆论的强大力量。

（二）公共政策执行监督主体保障不足

公共政策执行监督的法律法规是建立和完善公共政策执行监督机制的前提和保证。监督主体执行监督职能必须以客观事实为依据、以法律为准绳，如果缺乏公共政策执行监督法律法规，就会造成监督机构对公共政策执行的监督或惩处缺乏法律依据，导致监督的盲目性和随意性，甚至产生负向功能。我国公共政策执行监督的相关法律较少，有些领域甚至还是空白。立法的不健全给公共政策执行监督带来了极大的消极影响：是与非、罪与非罪、合法与不合法的界限有些是没有法律规定，有些是规定不清，常引起监督上的混乱，大大影响了公共政策执行监督工作的严肃性和公正性。

（三）公共政策执行监督主体缺乏协调

我国公共行政监督体系中的内、外部监督主体间的关系还没有理顺，各个监督主体在监督权限、监督方式、监督程序、监督范围等问题上都不同程度地存在着界定不明确、分工不具体的现象。各监督主体彼此之间又缺乏有效的联系和沟通，工作中往往各自为政，尚未形成一个严密有序、分工合理、协调有力、运行有效的有机整体。监督主体缺乏协调表现在以下方面。

1. 党的监督

党是领导社会主义建设的核心，在监督的多元主体中处于核心地位，对广大党员同志，尤其是广大党员领导干部做到廉洁自律、全心全意为人民服务发挥着领导和约束的作用，对公共利益的促进发挥着重要的作用。中国共产党一般通过党的各级纪委及巡视活动来实施监督，难以对公共政策执行全过程进行全覆盖、高精度的动态跟踪，发挥监督作用的范围和空间相对有限。

2. 立法监督

作为国家权力机关，人民代表大会及其常务委员会对公共政策执行的监督在理论上应该是最有效、最权威的，但实际上，权力机关在行使监督权的时候存在着比较大的问题，主要是监督方式单一，程序不完善，通常仅限于执法检查、质询等。因为人大既不同于行政机关又不同于司法机关，它既没有调查取证的权力，也没有直接处理案件的权力，这样就很明显地削弱了各级人大及其常委会的监督效能，也无法显示出人民代表大会作为我国权力机关的权威性。

3. 司法监督

人民法院和人民检察院，对于公共政策执行过程的监督受到一定程度的制约。根据《行政诉讼法》的有关规定，我国目前行政诉讼的受案范围只限于违法侵害公民、法人或者其他组织的人身权和财产权。公共政策执行，关乎的是公共利益，而不是公民、法人或者其他组织的利益，按照《行政诉讼法》的有关规定，则不能成为行政诉讼的监督申诉对象，因为只有公民、法人或者其他组织认为行政主体的具体行政行为违法侵害其合法权益才能提起诉讼。这样显然不利于行政诉讼的完善，不利于加强公共政策执行监督。

4. 社会监督

在我国，主要包括共青团、妇联等人民团体、人民群众以及新闻媒体等的监督。根据我国宪法和有关法律的规定，他们享有各种形式的监督权力，如举报、信访、舆论批评等。并且舆论媒体的最大优点是社会影响力大，但缺乏"官方"的权威和地位，并且供他们发挥公共政策执行监督效用的空间有限，这就在很大程度上影响了公共政策执行监督的效率。

综上所述，不管行政系统内部的监督，还是行政系统外部的监督，在发挥公共政策执行监督效能过程中都受到不同程度的制约，相互之间不能有机地融合，出现"弱监""虚监"等问题。

三、完善我国政策执行监督机制的对策措施

公共政策执行监督的各要素（主体、客体、对象、内容、手段等）所构成的有机统一体共同组成了公共政策执行监督机制，这一机制的各要素对于公共政策执行监督功能的发挥有着极大的影响。

（一）科学合理地制定政策

政策内容的科学性是政策有效执行的前提，而政策制定过程的科学性则是政策内容科学的重要保证。

1. 政策制定过程的科学性

首先要注重调查研究，"没有调查就没有发言权"。只有以实事求是、注重调查的态度制定政策，才能使政策内容正确反映政策现实和政策问题。其次，要倾听专家的意见。在制定政策过程中应该充分体现政策咨询研究专家的作用，倾听专家的意见，取长补短，使政策的制定和实施更加科学合理。再次，要体现民主决策。决策的民主，一方面有利于运用众人的智慧完善政策的内容；另一方面有利于调动各方参与者参政议政的积极性，有利于提高各种参与者的政策认同感，为政策执行打好沟通与协调的基础。最后，要注重政策执行实验。在政策制定过程中应该重视政策的执行实验，通过实验发现政策执行过程中可能出现的问题，为科学合理地制定政策提供例证和参考。

2. 政策内容的科学性

政策内容的科学性是政策顺利执行的前提，政策内容的制定应该遵循一定的原则。政策本身的不可行性、目标的僵化和缺乏前瞻性、政策的频繁变动以及政策缺乏配套措施等都是造成政策执行偏差的重要原因。因此，政策内容的制定必须坚持宏观性原则、连续性和稳定性原则、合理的目标弹性原则、政策的前瞻性原则以及政策的配套原则。

（二）优化政策执行主体

公共政策执行主体掌握着实施政策的资源、手段和方法，是将政策贯彻于政策对象中的施行者、组织者和责任者。因此，执行人员的执行能力是政策执行成败的关键。

1. 提升政策执行主体能力

首先，提升政策执行人员的综合素质。一方面，提高公务员队伍的整体水平；另一方面，要积极推进学习型政府建设。其次，要合理配备执行人员的结构。建立、配备、调整政策执行群体的年龄结构、知识能力结构、气质结构以及性别结构等，达到群体结构的合理性和功能的全面性，提高整体执行能力。再次，要完善干部管理制度。建立以德为先的公务员录用制度，完善定量和定性相结合的公务员绩效评估体系，建立公开监督制度以及加强对公务员内部监督的保护机制等。

2. 完善中央和地方政府的利益整合机制

从本质上讲，公共政策执行就是通过一系列手段和方式对社会利益或资源的重新配置来实现一定的公共利益，以弥补市场缺陷或失灵，促进经济社会的协调发展。而现实社会中存在着不同阶级、阶层、集团和群体，他们对公共政策有着不同的利益诉求和收益预期，可能会存在与政策目标有诸多差异甚至矛盾冲突的一面。因此，整合各主体间的利益关系，化解矛盾，保持利益关系的和谐均衡，是保证公共政策执行契合政策目标的必要手段。

所谓利益整合，就是在利益分化的社会条件下通过多种方式，在保证各群体利益的基础上，建立以利益关系为基本原则的社会机制，协调并解决社会的各种利益冲突和矛盾，维护社会的正常秩序，推进社会的可持续性发展。公共政策执行过程中利益主体的非合作博弈，既是公共政策出现偏差的利益诱因，也是各利益主体在政策执行过程中追求自身利益最大化的外在表现。因此，整合各利益主体的利益诉求，寻求公共政策执行的利益合作博弈，就成为消解公共政策执行偏差的必然选择。整合各级政府间利益关系，首先要承认各利益主体之间的利益差别，在此基础上寻找双方利益的均衡点，使之成为促进公共利益最大化的内在动力，并以此为基础做出合理的制度设计和制度安排，促成各级政府之间的利益合作博弈，最终达成政策目标。

在中央政府和地方政府的利益整合层面，总的原则是既体现全局利益的统一性，又兼顾局部利益的灵活性。不允许存在损害国家整体利益的地方利益，但整体利益也应适当照顾地方利益，只有地方政府行为规范、中央政府决策合理，才有可能使双方的利益诉求达成一致，在政策执行过程中实现合作博弈，最终形成整体利益与地方利益双赢的局面。

（1）完善中央与地方的行政职权配置制度。从制度上解决合理划分中央与地方事权、财权和决策权的问题。同时，中央和地方应做到职、责、权相对应，做到中央权力和地方权力对称。这样有利于理清中央和地方的利益界限，减少投机行为，形成良性博弈。

（2）制定科学合理的绩效考评制度。制定考评制度时应将"显项"和"潜项"有机结合，眼前和长远有机结合，地方与中央利益有机结合。引导地方政府积极竞争、合理博弈、奋发创新。抵制其互相攀比、盲目投资、经济封锁、割据市场等不正常的竞争。

（3）强化监督制度。建立行之有效的风险预警机制和政策监督机制；落实和完善各项社会监督制度，实现依法监督；加大责任追究和惩罚力度，提升执行者的责任意识和效率意识。总之，制定合理制度，优化博弈规则，把博弈控制在一定范围之内，使制度"缓和冲突，把冲突保持在'秩序'的范围之内"。

3. 完善地方政府之间的利益整合机制

（1）加快行政管理体制改革，积极推进地方政府的职能转变。分权化的改革使中央政府的合法性资源出现流失，对于地方政府的无序竞争缺乏有效和得力的干预手段。为了保证地方政府合理有效地运行，中央政府应当加强对不同区域经济要素流动的管理，减少和调整以获得优惠政策为内容的利益诱导，并且制定有利于发挥市场机制作用的规制，建立强有力的统一监管机制，以防止地方保护主义的出现。合理规制不同等级政府提供公共产品的范围，减少对市场竞争领域的不合理干预。在全国性公共产品由中央政府提供的基础上，地方政府应该逐渐退出私人产品供给的领域，逐渐削弱部门利益。

（2）改革地方官员的考核和任免机制。地方政府的激励机制是影响地方政府竞争策略的关键因素。由于一直以来中央和地方的政治逻辑就是以经济逻辑为实现形式，这种逻辑的直接后果加剧了地方政府之间的不规范的竞争。所以，要改革对地方政府的考核方式，以全面综合的考核指标来代替单纯的经济指标的考核。

（3）建立和完善地方政府之间的协商机制，增强地方政府之间的相互信任，提高府际治理效率。完善府际关系协调机制，促进各个参与组织主体的协商沟通，以期提高解决共同社会问题的能力。在府际治理框架下，各地方政府应积极促进以信任和妥协为核心价值的共识累积，以保证跨地区公共事务问题的有效解决，从而避免政府间的恶性竞争，诱导政府间的合作博弈。

4. 政策执行主体与目标群体的利益整合

在政策执行主体和政策目标群体间的利益整合层面，关键是做好公利与私利的合理界定。因此，在合理界定公利和私利边界的基础上，明确政策执行主体和政策目标群体的行为规则，无疑是一种有利于双方利益的整合方式。

（1）强化公共政策执行主体的伦理建设。通过伦理建设力避违规博弈，激发正义博弈。保证制度完善的同时更应注重伦理的建设，强化执行者的道德建设，保证个体品德的向善。一是要尽快实现道德规范的法制化；二是构筑完善的官员行政道德的规范监督机制；三是建立官员行政道德的有效实施机制。使行政人员真正地坚持实事求是的原则；坚持公平、正义的理念；具有强烈的忠诚意识、奉献意识、公仆意识与强烈的使命感和责任感。如此，才能形成正确的利益观、权力观，在追求自利的同时注重他利、注重集体利益和国家利益，才能形成各利益主体间的良性博弈态势，使政策目标得到有效的贯彻落实。

（2）加强目标群体的政治社会化建设。美国学者托马斯·史密斯认为，目标团体的组织和制度化程度，接受领导的情形以及先前的政策经验、文化、社会经济与政策环境等，是公共政策执行过程中的四个至关重要的因素之一，是政策执行过程中影响其成败所需考虑和认定的因素。目标团体的影响力来源于政策的合法化程度、对政策的认同程度、对政策调节的成本—收益预期和政策承受力等。提高政策目标群体的政治社会化水平，提升目标群体的文化素质，加大政策的宣传力度，使目标群体充分了解政策内容，增加群众的政治参与和对合理、合法的政策的认同感，增强接受程度，从而激发其合理的利益博弈，弱化其不合理博弈。

（三）优化政策执行机制

1. 健全政策执行信息沟通机制

（1）推进和深化政务公开。加强政务公开，把关系公民切身利益的政策及其执行情况向社会及时公布说明，落实公民的知情权。"公开原则是制止自由裁量权专横行使的最有效的武器"。通过政务公开，从政府内部的信息交流和共享扩大到政府信息资源社会化，由政府向社会公众提供政府信息和信息服务，增加政策执行的透明度，提高政策执行过程中的沟通与反馈机会，便于社会公众对政府工作的参与和监督。

（2）加强政策信息网络化建设。如果说政务公开是单向的一元化的信息传播形式，那么信息网络化建设则可以通过纵横交错的信息传播网络增进政府内部各层级信息的互动，使得公共政策执行的信息传播更为有效。这不仅可以避免层级过多导致的政策传递失真，而且使层级信息传输速度大大加快，提高政策执行的时效。在政策执行指令信息传递中，政策执行主体除了通过政府公报、政府网站、新闻发布会有效地发布政策信息外，还应加大政策宣传力度，通过网络、电视、广播、报纸、杂志等媒介将政策信息真实高效地向全社会进行宣传、报道和解读，增强政策执行主体和社会公众对政策的认识和理解，增进政策认同，减少政策执行中的阻力，促进公共政策的顺利执行。在政策反馈信息的传递中，还要建立健全群体上访、社会协商对话、市长电话、市长信箱等制度，确保信息全方位沟通的顺畅。

（3）健全政府信息公开的法律法规。健全政策执行信息沟通的相关法律法规，有利于减少信息公开的随意性。我国于 2008 年 5 月 1 日施行的《政府信息公开条例》（以下简称《条例》），作为第一部全国统一的规范政府信息公开的法规，强调政府信息公开，以公开为原则、不公开为例外，对信息公开的范围、内容、责任、监督等做出了明确而又详细的规定，表明政府信息公开制度在我国全国范围内由政策走向了法律。然而，《条例》本身以及我国的政府信息公开制度还存在许多有待完善之处。比如，《条例》存在着概括性政策性用语较多、操作性不强以及对于信息公开的准确性、真实性规定不够全面等缺憾。应在此基础上加快《政府信息公开法》的制定，统一、协调相关法律并健全相配套的信息收集、传递、贮存、加工、使用等规章制度，建立健全我国的信息公开制度体系，为政府信息公开工作提供指导和法律保障，确保我国政府政策执行的科学性和公开性。

2. 完善公共政策执行监督体系

（1）形成监督合力，加大监管力度。各监督主体协同不足，是导致公共政策执行活动监督不力并造成政策执行偏差的重要原因。因此，要有效实施对公共政策执行的监督，必须强化各监督主体的监督力度，增进其协作，从而形成监督合力。

要协调各类监督主体，发挥整体效能。各类监督主体间应建立起有效的合作机制，从而形成监督合力。为了更好地发挥整体效能，必须建立一个具有权威性、能够独立行使职权的综合性协调机构来负责对各监督主体的监督目标和活动过程进行总体把握、具体指导和整合协调，从而实现有效监督公共政策执行，控制并减少公共政策执行偏差的出现。

（2）加强执行过程监督，完善监督预防作用。目前，我国公共政策执行的监督偏重于追惩性质的事后监督，过程监督环节比较薄弱，这直接导致了许多公共政策执行不力或政策弱化、变形、扭曲等偏差现象的产生，浪费了大量资源，损害了社会公众的利益。为了避免政策实施过程中的走样、变形，必须对政策实施全过程进行实时监督。这就要求政令畅通，经常性地检查政策执行情况，并及时对有偏差迹象的政策执行主体给予提醒，并了解他们关于政策执行的意见及政策执行的进展情况，从而及时控制并纠正可能出现的偏差。因此，必须对公共政策的执行过程及其各个相关方面，如投入资源的配置、执行计划等进行监督，随时掌握公共政策执行效果的阶段性信息资料，使政策执行按照既定的轨道进行，充分发挥政策执行监督的预防性作用，从而最大程度地降低政策失真的可能性。

3. 完善监督法律法规，保障监督效力

行政监督立法是建立和完善行政监督机制的前提和保证，因此要加强行政监督的力度，必须加快立法进程，确保监督权力落到实处。我国在1997年就颁布了《中华人民共和国行政监察法》，确立了我国行政监督制度的法制框架；2006年8月，第十届全国人民代表大会常务委员会第二十三次会议通过了《中华人民共和国各级人民代表大会常务委员会监督法》，进一步完善相关的法律体系，为强化人大的监督力量，完善人大监督的程序规范，有效履行其监督职责监督政府政策执行，提供了更为完善的法律保障。要持续不断地完善监督制度的法律法规体系，也要加强对舆论监督的法律保障，尽快制定关于舆论监督的法律，在舆论监督领域做到有法可依。

4. 健全政策执行问责制度

公共政策执行的行政问责制度，是特定的问责主体通过一定的程序，要求政策执行机关及其人员为其不作为、乱作为及不当作为承担否定性后果的一种追究制度。公共政策执行的行政问责制度旨在增强政策执行者的责任感、使命感和危机意识，防止公共政策执行偏差。

（1）问责对象从不当作为向不作为人员深化。根据权力与责任相对应的原则，政策执行人员不作为和乱作为造成不良后果应和不当作为一样被严厉问责。行政问责不仅要对负有一般责任或直接责任的官员问责，同时要对一级政府、一个部门的行政首长问责。这有助于促使广大领导干部平时认真履行职责，切实加强对下级的管理和监督制约，防患于未然。

（2）问责范围从重大事故向日常管理领域推进。行政问责不应仅停留在重大安全事故上，也应该包括环境政策、教育政策、社会保障政策执行等；行政问责不应仅局限于执行环节，也要包括监督环节；行政问责不应只是针对积极行政作为而导致的执行偏差，也要包括因消极不作为导致的偏差，杜绝"不求有功，但求无过"的思想。政策执行行政问责要抓住根本，突出重点，尽可能缩小问责面，扩大教育面。

（3）问责形式从政治问责向纪律问责、法律问责深入。我国行政问责应强化法律问责和纪律问责，不能用政治和道义问责代替已有的法律和纪律追究制度。领导干部因某一问题或事件受到政治和道义问责处理后，如果经查实其有违纪违法行为，还应该进一步追究其纪律或法律责任。

（4）问责实现由"上级问责"向"制度问责"转变。问责制的真正实行，还需要健全相关制度予以支持，实现问责的制度化。全面推行绩效管理，科学确定政府绩效评估的内容和指标体系，建立科学、客观的领导干部考核评价制度，从而为问责制的实施提供科学依据。同时，贯彻落实《国务院办公厅关于推行行政执法责任制的若干意见》，本着与时俱进的原则对过时的规定进行剔除，并加强配套法律法规对行政问责规定的统一、细化。加大法律法规的执行力度，确保所有问责规定都能够得到有效的运用和执行。通过制度化的问责改变过去突击式的"问责风暴"，实现常年问责，从而形成对政策执行者的刚性约束，促进政策执行效能的提高。

（四）构建合理的政府行政体系

1. 推进政府权力的合理配置

（1）实现从全能政府走向有限政府的转变。合理划分中央和地方事权的基础是明确政府职能，根据有限政府的要求，实现政府与社会组织的合理分权。即权力要纵向转移、垂直转移，适当将一些权力放给地方，转交给中介组织或社会。理顺政府和市场的关系，市场机制能够解决的，就让市场解决，政府对市场的调控主要用来弥补市场调节的不足、纠正市场调节的缺陷。处理好政府和社会的关系，改变过去政府包办一切社会事务的做法，培育和促进社会中介组织的发展，加快社会保障体系的建立，实现管理模式上的"小政府、大社会"。

（2）理顺纵向政府各层级之间的事权关系。科学划分中央和地方的事权，并力求规范化、法制化。根据中央政府和地方政府在国家管理中的不同地位和作用，从法律上规定中央政府和地方政府的事务管理范围和相应拥有的权力。凡涉及国家整体利益、全局性的事务，应由中央处理；凡是关于地方局部利益、地方自主发展的事务归地方处理。中央和地方在划分提供公共物品和服务这类事务的权限时应遵循以下原则：必须由地方承担的，一律下放；必须由中央承担的，中央不能推卸责任。地方分权的限度是：在政治上，不得危及国家的统一、主权和领土完整，不得损害中央的合法权益，不得侵犯和剥夺公民的合法权益；在经济上，不得妨碍社会主义统一市场体系的建立、形成和发展，不得干预企业经营管理自主权；在社会领域，不得侵犯和损害事业单位、社会团体、社会中介组织的合法权益。各级政府之间合理分权，做到权、责、利一致，既维护国家政令统一，防止地方主义、分散主义，又保证地方、基层能够因地制宜，调动地方和基层的积极性。

（3）健全政府各层级间关系的法律法规。我国规范中央政府和地方政府之间权力关系的法律主要有《宪法》《国务院组织法》和《地方各级人民代表大会和地方各级人民政府组织法》，但是这些法律对于操作层面上的协调关系规定得过于原则和笼统，这在公共政策执行实践中必然导致不同层级政府之间的摩擦和冲突，以致政策执行出现偏差。健全中央和地方之间关系方面的法律法规，目的在于规范政府纵向权力分配，改变权力体系由于一些原因而频繁变动的局面。因此，中央政府与地方政府事权的划分和调整，都要以法律的形式确认和固定，防止权力和利益的互侵，实现中央与地方关系的法制化和制度化。

在保证全国法律和政令统一的原则下，加快中央政府与地方政府间权力关系的立法进度。研究制定《中央与地方关系法》，明确界定中央政府与地方政府的权限划分、职权变更程序等。通过专门法的出台减少权力关系变更的随意性和主观性，从而稳定中央政府和地方政府之间的权力分配体系，促进公共政策执行的顺畅进行。

2. 规范职能部门间的职权分配

（1）理顺部门关系，严格责任制。政策执行过程中职能不清、人浮于事、政出多门、多头领导以及有权无责和有责无权的权责分离现象都是行政权力横向结构不合理性的表现。应在职能分解和职责分析的基础上，明确各自的职责分工，建立起严格的工作责任制、岗位责任制及相应的考核制度，使其责、权、利相结合，从而解决政策执行中出现的弊端。

（2）推动大部制改革。所谓"大部制"，是指把政府相同及相近的职能进行整合，归入一个部门管理，其他相关部门协调配合，形成"宽职能，大部门"的政府组织结构和体制机制。简而言之，大部制"一般是指将同级政府关联密切的职能，集中归一个大的部门统一行使"。大部制改革有助于改善政府职能的配置上条块分割、职能交叉等组织结构不合理问题。但是大部制的重点应该是职能的整合，而不仅仅是机构和人员的精简，从而真正解决部门之间的职能交叉问题，防止公共政策执行过程中扯皮、推诿现象的出现。

（3）加快机构职能及编制法定化。就中央政府层面而言，应加快制定国务院组成部门、直属机构和办事机构的组织法规，依法规范各部门的任务、职责权限、内部机构设置和人员配备等。构建与《宪法》《国务院组织法》中原则性规定相配套的机构编制管理的法律体系，依法设置行政机关机构、人员编制以及编制管理权限、程序等，加快此类基础性法律的健全工作。就地方政府层面而言，要适时修改地方组织法，对地方各级政府的职责权限、组织机构做出更为明确的设定。关注横向结构调整的合法性和合理性的问题，确保只有在法定情况下才能调整行政权力的横向结构。通过法定化固定政府的机构职能及编制，按职设人，少设副职，不设虚职，从根本上改变机构设置超限、部门职能范围交叉重叠、编制失控等状况，实现政府组织机构及人员编制的科学化、规范化和法制化，实现权力横向配置的科学化、合理化，促进公共政策的有效执行。

3. 建立有效的利益平衡机制

（1）财权中的税基安排和配置的制度化。明确各级政府可以获得什么样的税源、可以有哪些收费等，并以收税为主，辅之收费，在各级政府以制度的形式做出配置。中央应该给予地方政府一定的设税权、税种选择权和税率调整权，并通过法律形式确立，最终把中央政府与地方政府的分配关系纳入制度化、法制化的轨道。

（2）完善纵向财政转移制度。地方政府应压缩其支出结构中行政公务开支的比率和行政事业单位开支的比例，加大教育、卫生、社保等公共服务支出比例以及社会管理等支出比例，保证必要的政策执行经费。增加政府公共服务支出，逐渐实现由生产投资型向公共服务型财政体制转变，同时进一步完善纵向转移支付制度，特别是要在省以下建立规范的转移支付制度，科学核定各地方政府的标准收入和标准支出以及转移支付数量，逐步建立转移支付与税收返还有机结合的、规范的转移支付制度。

（3）根据事权确定政府支出。中央政府和地方政府之间的事权划分，按照责、权、利对等的原则调整地方财政支出的范围，中央政府负责的宏观调控、收入再分配、社会安全公用物品的供给的支出由中央政府负担；地方政府承担的基本建设投资项目、固定资产改造更新及新建项目等，则应由地方财政支出负担。中央政府要取消不应由地方政府负担的支出项目，合并各级政府间的重复支出项目。另外，还需要调节地方与地方之间的利益平衡。这不仅需要地方政府间的有效合作，也需要中央发挥其调节作用。即兼顾不同层级政策执行主体合理的利益需求，调整、缩小他们的利益差距和利益关系，通过利益协调促进利益上的共识和融合，提高各方政策执行主体高效执行政策的积极性，提升配合参与并支持政策执行的积极性。

（五）培育积极的政府行政文化

政府行政文化对政府的工作效率和政策执行工作都发挥着巨大的作用。培育积极的行政文化有利于规范公共政策执行主体的行为，促进公共政策的有效进行，防止政策执行偏差。培育新型行政文化需要在对传统政治文化中的负面因素批判性剥离的同时，引入积极的成分，促进有利于公共政策执行的行政文化氛围的形成。

1. 树立服务理念，实现从管制型向服务型政府转变

新型的行政服务文化意味着政府和行政人员要实现"用权"观念向"服务"观念的转变。首先，服务的理念要求政府及其工作人员要有主动服务的意识，在政策执行的过程中必须心为民所想、权为民所用。积极关心群众，了解公众的需求，寻求政策执行更为有效的方法和手段，通过政策的快捷、高效执行实现公共政策的目标和公众的利益。其次，除对公众的需求做出积极敏感的回应外，还要积极地对权力机关负责，对权力机关制定的法律负责，对人民群众的利益负责，积极承担起政府的社会责任、政治责任、行政责任和法律责任。最后，服务的理念要求政府行政人员要有服务大局的意识。政策执行过程中不以影响全局、国家发展为代价谋取部门利益、地方利益，确保公共政策的有效实施，从而实现公共政策利益。

2. 强化法治观念，实现从人治行政向法治行政转变

现代公共行政是法治化的行政，公共政策执行者依法行政意识的强与弱，直接影响着政策执行效果。只有公共政策执行者真正做到不唯权、不唯上、不唯情，只唯法，严格遵循依法行政，才能确保政令畅通，促进政策有效进行。行政文化建设应该以法律至上为原则，公共行政系统及其运行机制应该制度化、规范化、法治化，实现依法行政；行政管理系统的一切权力与行政人员的行政行为都应得到法律的明确规定与制约，并对其运行依法监督，严格控制。市场经济本质上是一种法治经济，从某种程度上说，其各个环节的协调互动均需法治相伴。

3. 增强效率意识，实现从低效行政向高效行政转变

效率是行政管理的出发点和落脚点。行政效率的高低，是衡量行政活动成功与否的一个重要标准，也是检验行政管理现代化、科学化水平的一个重要标准。政府机关及其执行人员要着力解决拖沓、迟作为的问题，克服办事推诿拖拉、敷衍塞责的官僚主义习气，保证如期实现政策目标。政府各部门应当明确

责任，化繁为简，减少内耗，力求以最少的人力、物力、财力，在最短的时间内获得最佳的政策执行效果，为社会公众提供高效快捷的公共服务。为此，要通过培训和教育等方式提高行政人员的素质，并建立科学有效的激励机制，提高他们的工作热情和积极性，从而自觉、高效地开展公共政策执行活动。此外，培育积极的行政文化将有助于加快实现由人治到法治、官本位向以人民为中心、服务型政府的思想转变，并积极作用于政府的行为，推动公共政策执行的有效开展。

第五章

政策听证和公众参与

公共政策具有显著的公共性特征，涉及众多利益相关群体，直接影响社会公共利益的实现，对政策制定和实施中的信息公开、程序公正和公众参与提出了很高的要求。本章阐述政策制定和实施中的政策听证制度及其理论依据，我国实施政策听证会的现状及存在问题，完善政策听证制度的对策措施，公共政策制定中的专家参与和公众参与的现状、问题及改进措施，以及建立政府、公民与专家良性互动的公共决策模式的实现路径。

第一节　政　策　听　证

一、政策听证会的产生及其特征

听证会起源于英国"自然公正"原则，美国最早在法律上对其加以确立，各国纷纷效仿。中国也在 20 世纪 90 年代初引入听证会。

（一）政策听证会的产生及演进

听证制度最早起源于英美国家，起初用于司法权的行使。之后，美国为了加强行政和立法的民主化，把听证会制度引入行政和立法权的行使。随着听证制度的不断发展完善，政府部门逐步将其引入政府决策过程，以促进政府决策民主化、科学化。根据政策听证会的发展历程，可以将其分为萌芽时期、确立时期以及拓展时期。

1. 萌芽时期

通常把美国《联邦行政程序法》颁布之前的时期视为政策听证会的萌芽时期，这段时期主要是确立了政策听证会的听证原则。美国将"自然公正"原则上升为宪法原则，以此形成"正当法律程序"原则。此后，"自然公正"原则和"正当法律程序"原则成为听证制度的基本原则。

2. 确立时期

从美国制定《联邦行政程序法》（1946）到 20 世纪 70 年代中期，听证制度逐步在美国等西方国家确立并完善，这一时期可以视作听证会制度的确立时期。美国的《联邦行政程序法》第一次将听证程序确立为行政程序的核心，其基本要义是以"程序公正保证结果公正"。在 20 世纪 60 年代以前，美国政府的决策过程通常不向社会公众和媒体公开，其中包括联邦和州的规章制定程序。1965—1975 年间，美国的一项运动要求政府必须依据法律向公众和媒体公开决策程序，接受公众和媒体的监督。在这一时期，美国的听证制度除了大部分集中在行政领域外，还会涉及行政上的抽象行为和立法行为，听证制度不再仅限于行政领域。在 20 世纪中期，美国确立了国会听证制度，国会下设的各个委员会经常举行听证会。国会听证是美国政府制定政策过程中收集和分析信息的主要方法，也是政策制定过程中的基本程序。

3. 拓展时期

从 20 世纪 70 年代中期至今，是听证制度的拓展时期。这一时期，有很多国家从美国引进听证制度，并结合本国的实际进行发展完善，比如德国的《行政程序法》（1976）、韩国的《行政程序法》（1987）、日本的《行政程序法》（1993）等，全都包括听证程序的内容。中国在 20 世纪 90 年代初，处于改革开放前沿的沿海城市也逐步尝试在行政过程中引入听证会。此后，听证制度被不断引入国家和地方的政策过程中。

（二）政策听证会的概念及其理论基础

1. 政策听证会的概念

国内外关于听证会的专门研究成果不多，更多的只是关于听证会的媒体报道，很多时候人们在使用听证、听证会以及听证制度这些概念时，并没有严格地加以区分。一般认为听证是指行政机关在做出影响相对人权益的行政决定时，就与该行政决定有关的事实及基于此的法律适用问题提供申述意见、提供证据的机会的程序。广义的听证一般是指在国家机关做出决定之前，给有利害关系的人发表意见的机会，对特定事项进行质证、辩驳的程序。听证的内涵是听取当事人的意见，听证的外延则涉及立法、执法和司法三大领域。狭义的听证是指行政机关为了合理、有效地制定和实施行政决定，公开举行的由利害关系人参加的听证，以广泛听取各方面意见，保证行政机关的行政决定的适用。

在实践中，听证一般只是作为一种程序，类似于听证会的含义。听证会是整个听证制度活动的最终指向，是听证制度的具体表现形式。因此，对于听证会的概念，可以将其作为听证制度的表现形式进行理解和运用。

政策听证会作为政策听证制度的具体表现形式，可以理解为政府在公共政策制定过程中或者政策实施之后，听取相关各方关于公共政策方面的意见，并在公共政策中进行回应的一种程序。政府是指广义上的政府，包括立法、行政和司法机关，即政策听证制度的实施范围涉及制定和实施公共政策的立法、行政和司法机关，具体包括立法机关制定和实施的各种法规，行政机关制定和实施的关系到公民、法人以及相关社会组织利益的条例、规划等。相关各方是指政府方面的人员、公共政策直接或者间接影响到的利益相关者以及有关领域的专家、学者等，参加听证会的代表应当尽可能涵盖政策影响的群体。对政策听证会上出现的不合理的意见应加以解释，对于合理的意见要注意吸收。总之，不能让政策听证会流于形式，要能够真正发挥出政策听证会的作用。

2. 政策听证会的理论基础

（1）"自然公正"原则。"自然公正"原则源自英国，起初是司法程序中的规则，后来逐步移植到了行政和立法领域。"自然公正"原则包括两个具体的程序规则：一是任何人或任何团体在行使权力时，对于权力可能影响到的人，必须听取其意见，任何人都有为自己进行辩护和防卫的权利；二是任何人或任何团体都不能作为自己案件的法官。"自然公正"原则是现代听证制度的理论基础之一，其要旨在于强调听证会是一个听取各方意见的过程，各方包括政府方和公众、利益群体等非政府方，听取各方意见是政策科学化、民主化的必然要求。

（2）"正当法律程序"原则。美国宪法吸纳"自然公正"原则的要求，并形成"正当法律程序"原则，美国宪法修正案的第五条规定，"未经正当法律程序不得剥夺任何人的生命、自由和财产"；第十四条规定，"任何一州不得未经正当法律程序而剥夺任何人的生命、自由和财产"。宪法上的正当法律程序就是要求行政机关正当行使权力，在做出对当事人不利的决定时，必须听取当事人的意见。"正当法律程序"原则要求权力的行使必须听取当事人的意见，给予当事人陈述和申辩的机会。政府出台的公共政策广泛地影响着社会公众，为此需要社会公众参与到政策制定中来。政策听证会为公共政策的制定和实施提供了收集各方意见的有效途径。

（3）参与民主理论。Democracy（民主）源于古希腊语，"demo"指人口，"cracy"指"由谁统治"，"democracy"是"人民统治"的意思。西方近现代民主源自雅典民主，城邦是以城市为中心的自治国家，城邦孕育了直接民主制。经过文艺复兴和启蒙运动，西方近现代民主由此而产生，开始否定中世纪专制主义，更强调自由、天赋人权等。现代民主观念有新自由主义的民主观、新保守主义的民主观、社会民主主义的民主观、精英主义以及多元主义的民主观。民主理论从古典民主发展到近现代民主理论，再到当代民主思想，其本质和核心都是公众的政治参与权利。

美国学者卡罗尔·佩特曼（Carole Pateman）在《参与和民主理论》中指出，"真正的民主应当是所有公民直接地、充分地参与公共事务的决策的民主，从政策议程的设定到政策的执行，都应该有公民的参与"。民主要求公民广泛参与到公共政策制定中来，发挥公民的作用。政策制定也只有广泛地吸纳公民的参与，才能更容易被公众认可、接受和遵从，从而取得政策合法性，而听证会则为公众参与政策制定提供了一种很好的途径。

（4）有限理性决策理论。赫伯特·西蒙是"有限理性"的代表人物，"有限理性"的基本思想是"人们信息加工的能力是有限的。因此，人们无法按照充分理性的模式去行动，即人们没有能力同时考虑所面临的所有选择，无法总是在决策中实现效率最大化。人们试图按照理性去行动，但由于理性本身的有限性，人们只能在有限理性的范围内行为"。

正是由于"管理者"的有限理性，知识、信息、经验和能力有限，所以，在现实中公共政策制定者制定公共政策备选方案时也是有限的，不可能同时充分考虑到各方面的情况，为此公共政策咨询就必不可少。通过政策听证会能够吸收专家学者、组织以及公民的智慧，制定出更符合实际和公众需求的公共政策。

（三）政策听证会的特征

政策听证会作为政策制定过程中的一种程序和公众参与政策制定的一种形式，有其独特的特征。

1. 阶段性

政策听证会是在公共政策过程中的某个特定阶段发生的，通常不会贯穿整个政策制定的过程。政策听证会可以是在政策出台之前就政策方案召开，也可以是在政策实施之后就政策的实施效果召开。

2. 选择性

在现实生活中，政府制定的公共政策有很多，不可能所有的公共政策都举行政策听证会，政府主要是依据相关的法律法规和政府自身的裁量权决定政策听证会的召开与否，例如美国的政府政策往往在国会中进行表决，而各种委员会决定是否举行相关听证会。我国《政府制定价格听证办法》第三条规定，"制定关系群众切身利益的公用事业价格、公益性服务价格和自然垄断经营的商品价格等政府指导价、政府定价，应当实行定价听证"，"制定定价听证目录以外的政府指导价、政府定价，定价机关认为有必要的，也可以实行定价听证"。

3. 公开性

政策听证会的意义在于广泛收集各种与政策相关的信息，听取各方关于政策的观点和意见，为公共政策的制定和实施提供"信息"支持。因此，原则上除了涉及国家秘密、商业秘密及个人隐私的，政策听证会应当向全社会进行公开。政策听证会的公开性表现在：召开的时间和地点向社会公开，与会代表在全社会筛选，会议过程向社会公开，允许媒体和其他公众参与旁听等。这种公开性在政府的各种法规中都有提及，如《立法法》第三十六条规定，"列入常务委员会会议议程的法律案，法律委员会、有关的专门委员会和常务委员会工作机构应当听取各方面的意见。听取意见可以采取座谈会、论证会、听证会等多种形式"。

二、政策听证会的运行机制

(一) 政策听证会的类型

政策听证会根据不同的标准可以分为不同的类型，具体分类如下。

1. 内生型政策听证会和外推型政策听证会

根据政策听证会启动机制的不同，可以将政策听证会分为内生型政策听证会和外推型政策听证会。内生型政策听证会是指政府根据决策需要和有关法律法规的要求，主动召开的政策听证会，如政府为了充分了解公众对政策的需求及反应等召开的听证会。外推型政策听证会是指政府受外界力量的推动，被迫召开的政策听证会，如政府迫于社会舆论压力而召开的政策听证会。

2. 国家政策听证会、地方政策听证会、基层政策听证会

根据国家权力机关职责的不同和公共政策影响范围的大小，可以把政策听证会分为国家政策听证会、地方政策听证会和基层政策听证会。国家政策听证会是指对影响到全体公民、法人及社会组织的公共政策举行的听证会；地方政策听证会是指对影响本地公民、法人及社会组织的公共政策举行的听证会，"地方"包括省、自治区、直辖市和地级市；基层政策听证会是指对影响本基层公民、法人及社会组织的公共政策举行的听证会，"基层"是指县、自治县或县级市以及乡镇。

3. 法定政策听证会和非法定政策听证会

根据有无法律法规依据，将政策听证会分为法定政策听证会和非法定政策听证会。法定政策听证会是指依据法律法规的要求召开的听证会，如《价格法》第二十三条规定："制定关系群众切身利益的公用事业价格、公益性服务价格、自然垄断经营的商品价格等政府指导价、政府定价，应当建立听证会制度，由政府价格主管部门主持，征求消费者、经营者和有关方面的意见，论证其必要性、可行性。"非法定政策听证会是指在没有相关的法律法规依据下，政府就某项公共政策召开的听证会，目的是为了收集信息，了解公众的意见。

4. 公开的政策听证会和非公开的政策听证会

根据是否公开，将政策听证会分为公开的政策听证会和非公开的政策听证

会。公开的政策听证会是指政府将与政策听证会相关的信息、资料、过程及结果等向与会人员及其他社会公众进行公开。一般情况下，政策听证会都应公开，有关的法律法规也有规定，如《政府价格决策听证办法》第五条规定，"政府价格决策听证应当遵循公正、公开、客观和效率的原则。政府价格决策要充分听取各方面的意见。除涉及国家秘密和商业秘密外，听证会应当公开举行"。非公开的政策听证会主要包括涉及商业秘密或者国家秘密的听证会。

（二）政策听证会的人员构成

政策听证会的人员构成包括听证会主持人、听证人、听证代表、旁听人员和记录人员等。

1. 听证会主持人

听证会主持人是在政策听证会召开过程中负责听证活动的组织工作和调控工作，使政策听证会按照法定程序顺利完成的人员。听证会的顺利进行在很大程度上取决于听证会主持人，听证会主持人客观公正地主持听证会是听证活动达到预期效果的重要保证。

2. 听证人

听证人由政府部门指定的工作人员或者聘请的社会人士担当，政策听证会的听证人是代表政府专门听取听证会意见的人员。

3. 听证代表

听证代表是受政策影响的直接相关人和社会代表，他们在政策听证会上阐述自己的观点。在一定程度上听证代表阐述的观点和意见也代表了广泛的受政策影响的相关人的意见。因此，听证代表的选择必须体现出代表性和广泛性，代表的遴选按照公正程序进行。

4. 旁听人员

旁听人员是参加政策听证会但不发表意见和阐述观点的人员。设置旁听人员参加政策听证会能够起到宣传和教育作用。旁听人员包括社会公众、媒体人员等。

5. 记录人员

记录人员在政策听证会的召开过程中记录听证会的出席情况、进行情况以及各方发言情况，为听证笔录的制定做好准备。

（三）政策听证会的启动机制

在西方发达国家，政策听证会一般都是依据相关法律法规要求召开的，法律法规对需要召开政策听证会的情况有明文规定。我国随着依法治国进程的不断推进、法律制度的不断完善，对于政策听证会的启动机制也逐步有明确的规定。从具体实践来看，政策听证会的启动机制通常有政府主动和被动两种方式，政府主动启动应该成为现代社会的常态，这是法治社会的必然要求。

此外，还应探索建立符合实际需要的政策听证会启动机制，即公民、法人及社会组织有权提请政府部门召开政策听证会。在现实生活中，政府部门出台的很多公共政策没有召开相应的听证会，公民缺少参与公共政策制定过程的有效途径，这样的公共政策出台之后，很难被公众理解和认可。

（四）政策听证会的过程

政策听证会的过程是政策听证会从准备阶段开始一直到结束所要历经的不同阶段。政策听证会的过程分为准备阶段、举行阶段和结束阶段。在每一阶段都有不同的任务。

1. 政策听证会的准备阶段

政策听证会的准备阶段工作，包括决定是否召开听证会、发布听证会的公告、拟订方案及确定与会人员名单。

（1）决定是否召开听证会。对于法定政策听证会，政策听证会的组织机构根据有关法律法规的规定举行。对于涉及国家秘密和商业秘密的情况，有关机构应该做出是否公开举行的决定。对于在法律法规上没有明文规定的要举行政策听证会的情况，商讨是否举行政策听证会。

（2）发布政策听证会的公告。政府在决定召开政策听证会之后，需要拟定听证会公告并采取合适的渠道进行发布。公布内容包括听证会的时间、地点、内容、参会方式及与会代表产生方式等。需要强调的是，从公告发布到与会代表产生的时间间隔，应该足够公众熟悉听证信息，保证公众有充足的时间做好相关准备工作。公告的发布，应尽可能采取公众容易获知的媒介，通常采用报纸、电视、广播及网络等方式。

（3）拟订听证会的听证方案。政策听证会召开之前，政府部门应当准备好相关议题的听证方案，方便与会代表就方案进行讨论和发表意见，做到有的放矢，以便尽可能提高听证会的效率。

（4）确定政策听证会的参与人员名单。公告发布后，政府部门根据相关规则，对申请参与听证会的人员名单进行筛选，确定参会代表及旁听人员的名单，并明确听证会主持人及工作人员的名单。确定名单后，向有关人员发出邀请，并通过一定的媒介向社会进行公布。

2. 政策听证会的举行阶段

在经过一系列的准备工作后，政策听证会进入举行阶段。

（1）宣布规则、纪律。为了保证政策听证会的顺利召开，需要明确有关听证会的规则和纪律，包括听证会是否公开，是否允许录音、录像及采访，参会代表的发言时间和次数，参会代表需要履行的义务等。

（2）政策制定有关人员介绍政策内容和制定依据。政府部门与政策制定相关人员应在听证会上向参会人员简要介绍政策的内容和有关的法律法规依据，以便参会代表快速了解政策制定的相关信息。

（3）听证代表发表意见。政策听证会代表是公共政策直接或间接影响到的利害关系人，他们应为自己和其他社会公众阐述对公共政策的意见，如对公共政策的某些方面提出意见建议，并陈述相应的理由。

（4）代表辩论。在政府相关人员介绍政策内容和制定依据后，参会代表有权阐述对政策的意见，之后对于仍有分歧的地方需要进行辩论。辩论过程是政策听证会的重要内容，参会代表可以就政策分歧的地方进行辩论，目的是为了达到一个尽可能让各方都较为满意的结果。

（5）总结陈述。主持人在听证会结束时，需要对听证会做最后的陈述，对本次听证会各方达成的共识、存在的分歧进行总结。

3. 政策听证会的结束阶段

政策听证会结束之前，应该对政策听证会的相关情况进行记录，包括听证会的时间、地点、参会人员、达成的共识、存在的分歧及各方主要观点等。这些听证会的记录将为政策制定提供参考信息，也是日后查询和向社会公众进行回应的依据。当形成政策听证会的笔录，听证会主持人总结陈述后，实质上宣告听证会的结束。

（五）政策听证会的作用和效力

政策听证会在政策制定中能够起到重要作用。不同的国家对于听证会的效力存在不同的看法。

1. 政策听证会的作用

（1）有利于公共政策制定的科学性。现代社会一方面因为社会分工更加专业化，决策者不可能掌握所有领域的知识；另一方面随着社会信息化程度的提高，决策者面临的信息量巨大，很难掌握所有的信息，同时受制于"有限理性"的影响，传统的单纯依赖决策者的政策制定方式很难制定出比较科学的公共政策。政策听证会很大程度上可以为政策制定提供各种渠道的信息、各个领域的知识，可以帮助决策者完善思考，提高政策制定的科学化水平。

（2）有利于公共政策制定的民主化。民主是现代社会公共行政的核心价值之一，民主意味着公众的政治参与权，政策听证会为公众参与政治、表达诉求提供了很好的途径。政策听证会可以帮助政府广泛收集各方信息，把公众对公共政策的合理意见吸纳到政策内容中，以保证政策内容能够尽可能充分地反映公众的利益和诉求。因此，政策听证会有助于改变传统的决策主体单一状况，有利于提高政策的民主化水平。

（3）有利于增强公共政策制定的合法性。政府的权力理论上是由社会公众授予的，因此，一项政策如果能够为公众接受、遵从和执行，这项政策才能具有真正意义上的合法性。随着社会公众公民意识的逐步提高，今后对于参与公共政策制定、表达自己诉求和意见的愿望会越来越强烈，所以以政策听证会的方式制定出来的公共政策也更容易被公众接受。政策听证会为社会公众和政府之间架起了一座有效的表达利益诉求和意见的桥梁，使公众能够与政府进行沟通。当公众的意见在公共政策中得到回应时，可以充分提高公众对政策的认可度和满意度，从而可以加强公共政策的合法性。

（4）有利于公共政策的完善。政府在制定公共政策时，不可能考虑到所有的情况。同时，政策实施后面临的环境可能与当初的设想存在差距，这些因素都可能导致政策偏离预期的效果。因此，需要对政策进行调整和完善。社会公众对公共政策有着切身的体会，对政策存在的问题会有比较清晰具体的认知。政策听证会为公众提供了反映政策存在问题的平台，有助于政府收集完善政策的相关信息。

2. 政策听证会的效力

政策听证会的效力是指听证会代表形成的意见对政策制定或修订所起到的作用和影响力。在行政领域，各国的行政程序法通常都对听证笔录的效力进行了明确规定，如美国的"案卷排他性"原则，即行政机关的决定不能以案卷之外当事人不知道或者没有论证的事实为依据，行政机关的决定必须依据听证会形成的案卷作为依据；再如德国、日本等国家明确界定听证笔录对政策决定的约束力，但政策决定并非必须以听证笔录为依据。国外的立法听证会结束后，工作人员需要将听证会概要分送给委员会的委员和有关媒体，听证会笔录文本会公开印刷，听证会形成的意见将会成为法案起草的基础，或者是立法辩论的重要依据。同时，听证笔录也是形成法案、决定法案命运和修改法案的重要依据。

三、完善政策听证会的对策

政策听证会为政策制定提供"信息"支持，也为公众参与政策制定提供了一条重要途径。政策听证会在中国运用的时间较短，还存在许多问题，应在实践中不断完善相关机制。

（一）完善政策听证会相关制度

1. 完善政策听证会的启动机制

现有政策听证会的法规只是规定了政府有关机构组织相关政策听证会，而没有明确政府机关之外的个人或者社会组织的政策听证会的启动权。在实践中，虽然有关政府机构会因迫于公众舆论压力而就某项政策召开听证会，但这种迫于公众舆论召开听证会的形式并不等于公众或者社会组织拥有政策听证会的启动权。

现代社会日益呈现利益多元化，公众更加关注涉及自身利益的公共政策，公众和媒体不断表达对某项政策的观点和意见，表明政策听证会的外部启动机制无疑有着广泛的社会需求和发生的可能性。因此，除了政府主动启动政策听证会之外，还应从法律上赋予社会组织和公民提出举行政策听证会的权利，完善政策听证会的启动机制。

2. 建立听证代表的科学选择机制

公共政策往往涉及不同群体的重大利益，而听证代表具有发言权，其观点和意见将最终在听证笔录中加以体现。政策听证会的组织者确定听证代表的名额和比例时，在考虑听证代表广泛性的同时，也应该充分考虑到利益相关群体的数量，提高他们在听证代表总数中的比例，使政策听证会成为受政策影响群体表达自己观点和意见的平台，倾听来自民间的呼声，从而制定出更加符合民意的政策。

要从法律上明确政策听证会听证代表的产生方式，为听证代表的产生提供刚性约束。现行有关对听证代表产生方式的规定具有很大的随意性，只是规定听证代表可以通过社会招聘或者政府部门委托推荐的方式产生，而在政策听证会中应该加大社会招聘的比例，使听证代表更多地产生于民间。

3. 提高听证笔录的法律效力

听证笔录是记录听证会意见总结的文书，听证笔录的效力最终决定了政策听证会对政府决策的影响程度。现在政策听证会的听证意见和最终出台的政策经常存在不一致的情况。只有从法律上确定了听证笔录的效力，才能使政策制定受到听证笔录的真正约束，才能从根本上使政府有效采纳社会公众的意见，而不只是把政策听证会当作一种形式。

4. 公开听证过程，完善听证意见的回应机制

现实中，举行政策听证会时有的允许媒体参加，而有的则不允许参加，而对于政策听证会的听证结果往往更是不公开。不公开听证结果不利于全社会对落实听证代表意见的监督，听证代表的意见就有可能在政策制定的过程中被忽视，这也加深了听证代表和社会公众对政策听证会的不信任，给公众造成了政策听证会"走过场"的印象。

社会公众了解听证结果，能够使政府有关部门加强对听证意见的反馈，提高听证代表的意见在政策制定中的约束力。政府不但要公开政策听证会的听证

结果，还应通过各种媒介向社会公众说明听证结果在政策制定中的采纳情况。对于采纳的意见要加以列举，没有采纳的意见要说明理由，使公众不仅知道政策制定部门在制定具体政策时考虑了听证代表的哪些具体意见，还要使公众知道有哪些意见没被采纳以及没被采纳的理由，对听证代表的意见加以回应，这样才能使听证代表信服、社会公众满意。

（二）提高听证代表的利益表达能力

1. 加强政府信息公开

政策制定者在制定政策方案时收集了大量的资料，对政策方案的相关资料相当熟悉，而听证代表由于在政策听证会之前的准备时间较短和对涉及特定行业领域的专业知识不够熟悉，导致对听证会方案的资料掌握较少且不够专业，影响了听证代表的利益表达。因此，在政策听证会举行之前，组织者应该将涉及政策方案的相关资料提供给听证代表，避免由于听证代表和政策制定者之间的信息不对称，致使听证代表在政策听证会上提不出实质性意见的情况出现，影响利益表达。

2. 创建听证代理人制度

专家学者的能力高于一般社会公众，而政策听证会的听证代表大部分是从社会公众中进行选聘的，他们的专业知识和语言表达能力明显低于各种专家学者，影响了他们的利益表达。为更好地发挥专家学者在政策听证会中的作用、增强听证代表的利益表达能力，可以创建听证代理人制度，即听证代表通过聘请专家学者等作为自己的代表人出席政策听证会，表达自己的意见和观点，借专家之口表达自己的利益诉求，间接提高听证代表的利益表达能力。

（三）增强政策制定者的听证意愿

端正政策制定者的听证动机，才能获得政策制定所需的真实信息，进而制定出符合公众需求的公共政策。

政策听证会不仅为社会公众提供了通过辩论、协商和妥协等博弈活动就即将出台和已经实施的政策表达各自的意见的机会，更为政策制定者提供了倾听受政策影响的社会公众的"声音"的机会，进而为政策制定者提供了政策制定所需的信息。为此，政策制定者应该端正听证动机，把政策听证会视为了解政策制定信息的有效途径，广泛征求消费者、经营者、政府部门及有关方面的意见，制定出反映公众呼声的政策。

（四）发挥媒体的舆论监督作用

垄断行业凭借垄断地位获得高额利润，损害了社会公众的利益，而这些行业又与政府有着千丝万缕的关系，政策制定者在政策制定过程中难免要照顾这些行业的利益；同时，政策听证会还存在透明度不高等问题。因此，政策听证会要成为社会利益群体表达利益诉求的途径，在出台公共政策中体现出听证代表的利益呼声，需要加强对政策听证会的监督，特别是发挥媒体的舆论监督作用。

现代信息社会，公众越来越依赖媒体获得各种信息，媒体是公众获取信息的主要渠道。媒体在政策制定和实施过程中具有制约与监督作用，这种功能的发挥，能够很好地保证政策方案的公共性。为此，要通过媒体对政策听证会的报道、监督政策听证会的过程，促进政策听证会的透明化，保证出台的公共政策反映政策听证笔录的内容。

第二节　公共政策制定中的专家参与

一、我国公共决策中专家参与的历程及现状

梳理我国公共决策专家参与的历程，了解我国公共决策专家参与的现状，有助于加强我国公共决策专家参与的价值和意义。

（一）我国公共决策专家参与的历程

1. 我国古代政府决策的专家参与

从历史起源来看，中国的幕僚制度可以视为历代公共决策咨询制度的雏形。早在公元前 16 世纪，商朝的统治者就建立了向幕僚咨询，与大臣讨论，由帝王决定的决策程序，可以看作是近代决策的雏形。随着社会形势的演变，幕僚的活动舞台日益扩大，在公共决策中的影响也越来越大。士人为幕，"校之以史籍，俯拾皆是"成为普遍现象则是出现在唐代。经过宋、元、明数朝漫长的发展之后，这种决策体制延续至清朝，整整有 2500 年。清朝时期基本完

成了幕僚职业化、制度化进程，开府设幕已成为国家制度的一项重要规定。和原始的决策方式相比，这种决策体制有如下特征：第一，这种决策不再像原始决策那样乞求神灵，拈香卜卦，而是开始重视知识在决策中的作用；第二，这种决策不再是根据某个人的经验和思考得出的，而是以君王为主召集文臣武将、谋士高参集思广益得出的一个相对有利的选择，拥有渊博知识者有机会参与到决策中；第三，这种决策主要取决于君王的意志，基本上是一言堂，其他人处于从属地位，其发挥着怎样的作用及作用发挥的程度，不是取决于参与决策者的知识渊博与否、意见正确与否，而是取决于君王的知识水平和开明程度，参与决策者基本没有能力影响决策。因此，在生产发展水平较低、人类知识较少的情况下，这种决策体制能做出较原始决策正确得多的决策，这也正是中国古代政治、经济、文化发展程度较高的重要原因之一。

2. 我国近代的公共决策专家参与

（1）20世纪前半叶到改革开放以前我国的公共决策专家参与。我国古代的幕僚制度，虽然可以视作现代公众决策专家参与的雏形，但由于这种制度无法摆脱对决策者的政治依附，同时受制于幕僚自身智慧和知识的局限，使得这种咨询很难客观公正地分析问题，决策的随意性较大。随着科学技术的发展，现代社会决策环境更加复杂，这种幕僚制度的咨询方式存在的问题会更加突出，必然会被历史淘汰。20世纪前半叶，随着清王朝被推翻，一人独断的决策体制在形式上宣告结束，但实质上没有根本的改变，现代决策体制只是停留在表面上。这一时期，决策者做决策时，基本无视现代技术飞速发展对公共政策的影响，忽视现代自然科学、技术和社会科学的知识作用，只有少部分政策专家能够在决策中发挥非常有限的作用。

1949年新中国成立之后，我国的公共决策体制发生了根本性的变化，现代决策体制逐步建立和完善。在20世纪50年代，政府在进行公共决策时，广泛听取社会各界和各阶层的意见，比较重视自然科学、技术和社会科学知识在公共决策中的作用，国家领导人经常与科学家、技术专家进行交流，形成了决策科学化的局面。但是，当时这种咨询和交流主要发生在政府和自然科学领域专家之间，而对人文社科领域如社会学、经济学、心理学等领域的专家不够重视，一定程度上影响了公共政策的科学性。

（2）改革开放以来我国的公共决策专家参与。实行改革开放政策以来，党和政府逐步重视专家在公共决策中的作用，国家一些大政方针的出台，是在广泛征求专家学者、民主人士、政府官员及人民群众意见的基础上，经过认真地调查研究、反复地科学论证，才形成最终决定，表明我国在决策科学化、民主化方面有了可喜的进步。

党的十一届三中全会以后，为适应以经济建设为中心和改革开放的新形势要求，我国成立了很多的公共政策咨询机构。20 世纪 80 年代，我国各级政府部门及其所属部门基本都成立了政策研究机构，职能定位是为政府决策者提供信息收集、咨询建议、调查研究及方案论证等服务，辅助决策者制定政策。这一时期，涌现了许多知名的咨询机构，如原国务院农村发展研究中心，为中央推进农村改革、制定农业和农村发展政策提供了很大的帮助。

我国真正在决策过程中重视专家的作用，是在 20 世纪 90 年代以后。随着信息技术的迅猛发展和互联网应用的普及，信息在各级政府间的传播越来越顺畅，对于决策起到的帮助作用也越来越明显。同时，社会上出现了很多信息、调查及咨询方面的机构，加入到辅助政府决策的行列。咨询机构围绕改革开放和经济社会发展中的热点和难点问题，进行深入的调查和研究，取得了很多研究成果，为政府决策部门提供了大量的建议和政策方案，由此受到了社会各界的肯定和重视。

（二）我国政策咨询专业机构的发展

现代社会中的专家学者对于经济社会发展的促进作用，越来越受到政府决策者和社会公众的重视，专家参与公共决策，可以有效提高政府决策的科学化水平。专家学者参与公共政策过程的方式，除了传统的在体制内工作的方式之外，还有通过社会专业性咨询机构或者直接以个人身份参与咨询的方式，提供客观、公正、独立的政策意见。具体来讲，专家参与政策咨询的方式主要有以下几种。

一是通过政策咨询机构参与。这种方式是专家参与政策咨询的主要方式。专家通常是对特定的政策问题进行调查研究，为决策者提供建议、方案，对政策进行论证和评价。

二是专家直接向决策者提供建议。如专家被聘请为决策者的智囊，参加各种项目的可行性、有效性论证，为决策者提供智力支持。

三是通过学术会议的形式。专家学者通过论坛式的学术会议，对特定政策议题进行广泛讨论，形成一定的共识，通过各种渠道对公共政策决策产生影响。

四是社团活动的方式。专家可以通过参加各种专业性、学术性的社团活动，如各类专业协会，以社团活动的成果对公共决策产生影响。

五是舆论参与的形式。这里的舆论主要指公众舆论。信息时代，公众舆论对公共政策的影响是巨大的，其主要手段是通过大众传播媒介。专家可以通过发表观点、呼吁等形式成为大众媒介的关注对象，引起政府决策者的注意，从而对公共政策产生影响。

上述参与方式，拓宽了专家学者参与公共决策过程的渠道，为专家学者及时发表对特定政策问题的观点和意见提供了便利，也有利于政府及时获取相关的咨询意见。

二、专家参与制度的建立和完善

遵循科学精神是科学决策的前提和基础，相信科学、依靠专家是科学精神的具体体现，科学决策是科学治理的前提。加强党的治理能力建设，实现决策科学化，必然要求政府和社会按客观规律办事，遵循科学精神。因此，发展和完善专家参与制度是科学治理的保障，建立与完善公共决策专家参与制度关键在于树立科学治理与重视专家参与决策的观念，重点在于加强公共决策专家参与的制度化、法制化建设。

（一）树立科学治理与重视专家参与决策的理念

政府在对公共政策进行决策之前，必须向专家咨询，已成为世界各国的共识，同时也是完善公共政策决策程序和规则的重要内容。20 世纪 70 年代，美国政府率先提出"咨询先行"的口号，并产生了一批颇具影响力的咨询公司，如兰德公司、胡佛研究所及斯坦福研究所等；日本政府提出"咨询信息意识超前发展"的口号，政府与咨询业建立密切联系的同时，将企业咨询业纳入政府管理范围，形成了一批称为国家"智库"的咨询公司，如野村综合研究所、社会工学研究所、三菱综合研究所以及未来工学研究所等；英国政府为了支持咨询行业的发展，免费向咨询行业提供信息；德国政府对咨询企业开展业务进行专款资助，并实现咨询服务的分类财政补贴。

强化决策者重视公共决策专家参与的理念，需要从制度上进行设计，将专家咨询程序和专家意见的效力等进行制度化，逐步转变决策者的决策理念，真正实现由经验决策向科学化、民主化决策的转变。在公共决策过程中，决策者应当坚持科学态度，发扬科学精神，自觉遵守经济社会发展的客观规律，用科学的决策程序解决政策问题，同时，要善于借助"外脑"的力量，自觉吸纳专家参与公共决策过程，与咨询业形成良性互动，既要保证"谋"和"断"相独立，又要做到以"谋"助"断"，以充分提高决策的质量。

（二）加强公共决策专家参与的制度化、法制化建设

公共决策专家参与可以有效提高政策制定的科学化、民主化水平，专家效力的发挥依赖于制度建设。从发达国家的实践来看，专家咨询已经成为一种制度，公共决策专家参与是公共决策的必要环节，从法律上规定政府制定重大决策时必须要有专家的参与。

1. 立法规范公共决策专家参与

很多发达国家都在法律上对咨询机构的地位、职能及活动范围等进行明确规定，主要有三类：一类是从宪法层面进行规范，如《意大利共和国宪法》（1947 年 12 月 22 日）第 99 条对全国性的决策咨询机构——国家经济与劳动会议的职能、组成等进行了规定。《法兰西共和国宪法》（1976 年 6 月 18 日）第 7 章第 56 条至第 63 条规定了作为第五共和国最重要的决策咨询机构——宪法委员会的权力、组织、任命办法等。第二类是从法律、法规等层面进行规范，如美国的《联邦咨询委员会法》（1972 年 10 月 6 日）对咨询委员会的必要性、成立宗旨、工作原则、工作程序，咨询委员会与总统、国会及其他行政机构的关系等进行了明确的界定。美国政府明确咨询作为决策过程的法定程序，人口超过 100 万的大型城市都要建立区域发展的综合咨询机构。日本国会通过的《综合研究开发机构法》（1974）从法律法规层面规范了决策咨询。

第三类是从国家行政组织法层面进行规范，如日本的《国家行政组织法（总则）》规定各行政机关应当设立审议会、协议会等咨询机构，瑞士的《联邦委员会与联邦行政机构组织管理法》对瑞士中央政府的研究咨询机构的任务、组织架构及人员组成等进行明确的规定。

2. 促进公共决策咨询机构的发展

（1）高度重视决策咨询，大力发展咨询产业。西方国家普遍重视咨询行业的发展，通常会从立法、财税政策、资金等方面予以扶持，如美国的政策咨询已成为决策过程的法定程序，美国政府项目的前期论证、投资、运营及完成等主要环节，必须有咨询机构出具的咨询报告，美国政府规定咨询机构的咨询费用可列为成本核算，不计征所得税；日本政府通常会吸收专家作为政府派遣的调查团，起到智囊机构的作用，对相关咨询机构的外出调查费用，政府会给予补助；德国政府对官方、半官方的咨询机构给予政策扶持、经费补助等，在政府的支持下，咨询产业已成为德国发展最快的现代产业部门，形成了一批大的综合咨询机构。

从发达国家咨询行业的成功经验来看，第一，政府的重视是关键，政府应该对政策咨询的范围进行明确，同时从制度层面将政策咨询确定为决策的必要环节。第二，政策扶持和财政资金补助是保障，可以有效促进咨询行业的发展。政策咨询机构具有一定的公益性特征，这种行业的发展离不开政策上的支持。

（2）强调研究工作的独立性，崇尚客观、公开、中立。独立性是政策咨询业健康发展的基础，咨询机构人员只有不受人为的约束，才能取得科学、合理的研究成果。如美国的兰德公司，即使与政府关系非常密切，但其研究工作也非常独立。兰德公司的研究工作几乎不受任何特定政策或计划的影响，对于每一项课题，公司都要独立地进行调查研究、实验、辩论，最终给出自己的结论，不会依附其他单位或个人的意见。这种独立的研究理念，取得了非常显著的效果。西方国家的咨询公司，通常只要研究成果不涉密，都可以向社会公开，充分体现了咨询业的公益性特征。

一是不干预政策咨询机构的工作。研究人员提出方案与政府部门做决策是不同职责范围的活动。研究人员的任务是对特定政策问题进行调查研究、论证，提出解决的方案、设想、计划等；政府的任务是对研究人员提供的方案、计划进行抉择，做出决策，两者的任务和责任不同。政府和咨询机构的分工不同，各自履行自身的职能，政府只有不干预咨询机构的工作，才能得到比较独立客观的专家意见。

二是鼓励咨询机构提供不同的方案。现代社会的公共事务管理非常复杂，咨询机构提供多角度的不同咨询方案，有助于决策者更加全面地了解问题的利弊，以便做出更好的决策。

三是加强咨询机构之间的竞争。咨询市场的充分竞争，可以促使咨询机构努力加强自身能力建设，提高研究水平，确保咨询成果的质量，为政府决策者提供高质量的研究成果。

（三）充分发挥专家在公共决策中的有效作用

理想的公共决策专家参与要求专家在对决策提供知识支持时，保持其价值判断的"无涉"和利益偏好的"中立"。只有地位中立、知识占有全面、在适当范围内发挥作用的专家参与制度才能够最大限度地强化决策的科学性，实现专家在公共决策中的有效作用。

1. 保障专家独立性

专家作用的充分发挥，前提是其意见应该保持中立、客观、公正，专家应当保证自己的独立性，不能无原则地依附政府或利益集团的观点。如果专家出具一些不负责任的意见，可能会导致公共决策失误、政绩工程上马、公众利益受到损害等。因此，专家的独立性非常重要。

（1）建立专家库。政府可以利用现代信息技术，建立公共政策专家库，对专家信息进行规范化管理，提高专家资源的使用效率。为防止政府"挑选"专家，公共决策专家参与可以采用随机抽选的方式从专家库中抽选专家，以尽可能地降低政府对专家意见的干扰，保证专家意见的客观公正。

（2）建立公共政策专家咨询的信息公开制度。对专家参与公共政策咨询的相关信息进行公开，通过社会公众的民主监督，尽可能避免专家因个人利益或迫于压力出具违背其专业知识的咨询意见。这种信息公开，应该视具体政策问题而定，如果事前不方便公开，事后就一定要公开，让社会公众判断专家的权威性和公众性。社会公众的监督和制约能够对专家形成一定的压力和约束，可以促使专家尽可能提供客观公正的意见。

（3）建立专家参与公共决策的激励与约束机制。专家参与公共决策作用的发挥，不能仅依靠专家个人的自我道德约束。建立一定的专家参与激励与约束机制，可以更加有效地促使专家尽心尽职，提出客观中立的政策方案。

建立专家参与的激励机制，可以激发专家的社会认同感、荣誉感，发挥他们的创造潜力。对在咨询工作中贡献突出的专家学者，应当给予表彰和奖励，可以在"突出贡献专家""学术带头人"的选聘机制中增加"重大咨询成果应用"的评价指标，设立"公共决策咨询特殊贡献奖"或"社会科学成果应用奖"。除此之外，应为开展咨询研究提供必要的物质保障条件，努力创造民主、平等、宽松的研究环境和浓厚的学术气氛等。

建立专家参与的约束机制，可以有效避免专家出具意见的随意性。如要求专家必须遵守行业操守规范，专家不能替代决策者做出决策，不能收受利害关系人的财物，不能无原则地干扰决策者做出决策，不能用过时的信息、陈腐的观点、虚假的陈述、经不住推敲的假说等误导决策者。

2. 整合专家资源

引入专家参与公共决策，旨在借助专家的专业优势强化公共决策的科学性，专家专业优势的发挥是专家参与公共决策发挥有效作用不可或缺的环节，优化专家的群体结构配置及更好地收集专家意见是解决专家知识限度和专家意见存在冲突问题的有效途径。

（1）优化参与公共决策专家的群体结构配置。公共政策是一项复杂的系统工程，通常涉及政治、经济、社会、科技、文化及生态等各个领域，如一项经济政策涉及的不仅仅是经济增长，还会影响到就业、社会福利、医疗卫生、政治稳定、文化、社会价值观等领域，不能只听取经济专家的咨询意见，决策者应注重优化专家参与的群体结构，尽可能吸收多领域的专家参与公共政策咨询，包括经济学家、社会学家、人文学者、心理学家等，博采众家之长，才能有效避免专家知识领域的局限性。同时，不同领域内的专家可以实现优势互补，激发各自的灵感，使得政策的讨论和分析更加深入，不断吸收和整合专家的意见。

（2）综合运用集成专家知识的方法。公共政策专家咨询通常有多学科领域的专家参与，为了使专家论证更加充分、高效，可以运用一些集成专家知识的方法，如"头脑风暴法""德尔斐法"等。在具体的实施过程中，应根据不同的情况选择不同的方法，决策者应尽可能参加总体框架的制定和方案选择的讨论，在研究过程中与专家交换意见，尽量使各方面专家的意见得到集成。

3. 保护专家权益

专家咨询能否起到一定的作用，不仅取决于专家自身，更取决于政府决策者。保护专家的权益，主要是保护专家意见效力的权益，对专家角色进行改造，将专家角色由信息"输入者"转换为"对话者""讨论者"。专家角色改造的关键在于：一是保障专家的参与权，从制度层面、法律层面明确公共决策的专家参与；二是保障专家的话语权，提供充分的背景信息，营造民主的参与氛围，让专家畅所欲言；三是强化专家意见的回应机制，政府决策者应当对专家提供的咨询意见进行回应，以提高最终决策的理性程度。

第三节　公共政策制定中的公众参与

一、公众参与的主要特征与发展历程

（一）公共政策制定过程中公众参与的特征

1. 公共政策制定过程中公众参与的界定及内涵

公众进入公共领域、参与与他们生活质量和切身利益相关的公共政策，是国家走向政治民主和政治文明不可分割的部分，公众参与公共政策过程在国内外的学术界和社会生活中逐步占据了重要地位。公共政策的民主化，就是要在公共政策过程中采取各种民主化措施，以实现公众对公共政策的直接参与和间接参与，确保公共政策行为更好地实现、维护和发展公共利益，最大限度地反映民意和社会需求。公共政策的目的是为了解决涉及大多数人的利益、引起社会普遍关注的社会问题，而公共政策制定作为政策过程中的一个环节，对于政

策执行前的可行性分析和执行后的归纳总结，不仅有利于节约行政成本，而且有利于总结经验，防止今后造成更大的资源浪费。公共政策制定过程中的公众参与，可以理解为个人或团体通过一定的方式、途径和程序，在政府做出与公众利益相关的政策之后，直接进入政府的评估进程，了解相关的政策信息，并对政策发表意见和看法来影响政策结果的行为过程。

2. 政策过程中公众参与的一般特征

（1）政治性。虽燃公众参与政策过程中讨论的内容更多地集中在公共政策领域，范围相对狭窄，但是公众通过参与公共政策，可以间接参与管理国家、社会、经济和文化事务等，属于政治参与的范畴。因此，公众参与根植在现代社会的民主政治参与之中，并转而成为现代公共政策发展的一项表征。

（2）自主性。公众的参与动机、影响公共事务的行为必须建立在自愿的基础上，而不是非自愿、被迫由他人以各种方式控制着的。"在行政程序中，当事人是否参与是其权利，应由其自主决定是否参与以及参与的程度，而不得强迫其参加，当事人不能作为强迫参与的受体而存在。"被动地参与并不能构成真正意义上的公众参与。

（3）利益性。公众为了表达自己的利益愿望、实现自身的利益需求或者维护公共利益的需要，可能通过各种合法途径参与公共政策制定过程。因此，公众参与是一种利益化的行为。

3. 公共政策制定过程中公众参与的特征

在公共政策制定过程中，公众之间、公众与政府之间的沟通与对话是最重要的活动，公众之间的对话为参与到公共政策制定过程中去创造了一个公共领域空间，能够使公众达成一个拥有共识的公共利益目标。通过与政府对话，公众与政府共同采取积极的行动，不仅维护了公众的利益，还能避免政策资源的浪费。

（1）有序、直接的对话机制。所谓有序、直接的公众参与是指普通公民通过合法的途径与方式去直接地参与政府公共政策制定，从而影响政策结果的行为。公众与政府的互动必须依照程序或制度规范而进行，不能破坏或违背现有程式的政策参与，因此建立一个良性互动、秩序井然的参与对话机制是保证公众参与公共政策制定的手段。

（2）信息的开放性。信息的公开是公众参与公共政策制定的基础，政策信息对公众开放的程度，在某种意义上决定了公众参与的程度，决定了政策是否符合社会的需要。政府对公共政策的信息只有做到公开、透明，才能保障公众的知情权，才能保证公众参与政策评估的有效，通过推行政务公开，为公众参与公共政策制定营造良好的环境。通过对政策背景和资料的公开、政策评估相关信息的公开、政策所依据的法律法规的公开、政策决策理由的公开，使公众充分参与到公共政策制定过程中来，以提高公共政策过程的透明度。

（3）多元参与的渠道。美国政治学家亨廷顿（Huntington）指出："所谓制度，是指稳定的、受到尊重的和不断重现的行为模式，制度化是组织与程序获得价值和稳定性的过程。"公众参与公共政策制定的实现仅仅依靠基本制度的建立是不够的，还必须通过规范公众参与行为、畅通公众参与渠道、建立公众参与的机制来实现。畅通、多元化的参与渠道是实现公众有序参与的关键所在。公众参与公共政策制定只有在渠道变多了、路径变宽了、运行畅通了之后，才能保证公众对政策评估施加的影响有效，使公众的利益在政策中得到均衡体现。

（4）自主的公民意识。阿尔蒙德认为，"政治文化在几个方面对利益表达都是重要的"，在公众参与公共政策制定的过程中，公众具有高度的参与意识。为了对政府进行监督，个人可以通过组成各种团体向政府提出自己的利益要求，进而影响政府的政策结果，以实现自己的意志和利益。"如果有机会的话，参与型文化更易于动员人民"。因此，加强对公众的政治教育、增强公众的主体意识，是推进和完善公众政策评估、塑造全新的参与型政策文化的必由之路。

（二）完善公众参与制度建设

1. 健全听证制度

政府组织在做出直接涉及公众利益的公共决策时，应当听取利害关系人、社会各方及有关专家的意见。一方面，公众可以通过听证反映个人的利益和要求，对未拟定的政策方案充分地发表自己的意见和建议；另一方面，政府决策部门可以通过听证会制度吸纳民意，以尊重民意的姿态和彰显决策的民主性来赢得公共政策的正当性，进而获得公众的支持及遵从。同时，听证还可以实现政府与公众之间"双赢"的局面，并且消除两者间的"信息不对称"现象。因此，听证制度已成为我国公众参与公共政策过程的一个重要制度安排。

2. 规范参与程序

对公众参与的公共政策制定过程进行严格的要求，是保证公共政策制定达到预期目标的重要手段。

第一，确立公众成为公共政策制定主体的程序规则。精细的程序设计需要政府的支持，通过确定公众参与公共政策制定的程序，使公众真正获取公共政策制定的主体地位。第二，完善公众参与公共政策制定活动的程序规则。公众参与公共政策制定活动仅有宪法的原则性规定是不够的，还需要具体的、明确的程序规则来保障。公众参与公共政策制定活动的程序规则，应当有利于公众参照评估指标体系和评估标准，利用各种有效手段收集公共政策制定的有关信息；有利于将公众评估的信息整理、加工和处理，去粗取精，去伪存真，由此及彼、由表及里，做出评估结论；有利于通过适当的方法和渠道将评估结论反馈给政府，并向公众公开。第三，建立公众监督公共政策制定的程序规则。公共政策制定如果仅靠有关领导的自我监督，难以达到有效的监督效果。

二、构建公众参与政策决策的运行机制

公众参与政策决策的良好运行机制，是指公众在参与政策决策过程中，有关主体包括政府、公众、第三部门等在各个环节中根据客观规律，利用各种有效手段或方法，权衡利弊并做出抉择，以求获得最佳的总体效果。公众参与政策决策的运行机制主要由"政策议程—决策过程—政策绩效的逻辑预设"三个环节形成一个有机整体，缺一不可，各个主体相互合作，各种手段相互作用。

（一）构建公众参与决策的权利保障

1. 公众参与决策的权利保障

公共政策视角中的公民权利是所有公民能够完全参与社会所有领域活动的一种平等机会，公民权利既是一种需要，也是一种利益。任何鼓励真正参与的尝试都必须从公民被授予真正而有意义的权利开始。公民在一个政治社会中的成员地位本身也使得他认为有义务参与民主政治。因此，未来的政策制定者需要在决策过程中引入更多的公众参与和公众讨论，通过政策设计和制度安排使公民明确自己具体的权利以及具备表达自我所需要的能力，同时在政府管理层面还要能够将公众的意愿吸纳进政策制定过程，并及时做出回应。

健全法规制度，是保证公众参与决策权利的基础。我国公众政治参与的基本制度框架已经形成，但由于各方面的原因，体制的配套制度不完善，在具体落实环节存在不足。因此，要将公众政治参与的形式、内容用制度化的形态予以明确规范，同时对原有的参与制度提供一些配套措施，使公众的政治参与得以具体贯彻实施。有序的政治参与必须建立在合法的政治参与制度之上，应成为公众在宪法和法律所赋予公众民主权利的范围内进行的政治活动。对于政治参与要健全立法，强化公众的法律意识，强化制度化管理。

2. 公众参与决策的程序保障

要增强行政过程中的公众参与，完善行政程序，切实保障公众参与决策的程序公正，就应当提升行政程序的立法层次。各国对行政程序的规定主要通过制定统一的《行政程序法》，并由议会在个别的授权法中提出特殊的程序要求来实现。要将行政立法程序、行政执法程序和公共行政决策程序吸纳到《行政程序法》中，从法制的角度明确规定公众参与的基本权利。应明确行政行为应该采用公开原则。行政公开既是过程的公开，同时也是结果的公开。公共政策决策的过程应向社会公开，行政立法的立项、草案、送审稿也应当向社会公布，同时欢迎社会各界群众的监督与参与。

3. 公众参与决策的知情权保障

公众参与的深度与广度，某种程度上取决于政府对公众信息公开的程度。在相对成熟的公民社会中，政府应该主动向公众发布各种各样有用的信息，保证公众的知情权，进而为公众参与提供有力保障。与此同时，公众知情权的扩大又可以极大地促进公众参与主动性的提高。

首先，应进一步扩大信息公开。政府要尽可能将与社会公众权益相关的行政信息及时向社会公开，不但政策内容要公开，决策程序也要公开。加快构建数字政府，推广和完善电子政务，实现政务公开，开放更多的行政信息，以便公众在第一时间里获得信息。其次，要健全有关知情权的法律规范，实行政事公开和政务公开等的制度化、法制化，使公众在知政的情况下有效地参政。特别是在重大公共决策上应该加强听证制度建设，确保公众能更多地了解相关信息，使得决策更具科学性。与此同时，地方各级政府应该不断完善相关法律法规，以法律的形式规定社会各界在公共决策中的地位、作用以及应有的责任，形成一整套的法律制度来保障公众的合法权益，推动我国公共决策的民主化、科学化进程。

（二）构建公众参与政策决策的沟通机制

1. 加强政府与公众的双向沟通

公众参与政策决策的结果将直接影响公众再次参与的热情。要明确公众在公共政策执行中的主体地位，加强政府与公众之间的双向沟通，有利于提高公众对政府的信任程度，进一步强化公众与政府之间的信任，从而提高公共政策的合法性及其执行效率。首先，应加强相关法制建设。在立法的过程中要强调公众在政策执行中主体地位的应然性，同时也必须强调其必然性。既要加强公众参与公共政策执行的权利法律基础，又要加强保障公众参与公共政策执行权利实现的法律建设。其次，应当增进对话沟通和协商机制。加强政府与民众的沟通，通过广告、宣传、通报等形式，增进双方的互相了解，进而相互配合。最后，政府应该逐步建立有效的反馈评价机制。一方面需要促使政府积极关注民众的意愿，降低政策执行的阻力，提升公共政策执行的绩效；另一方面，要加强公众对政府的理解，增强政府与公众的相互信任，增强政府与公众需求之间的相互适应性，从而形成良好的双向沟通。

2. 加强公众与第三部门的双向互动

没有一个健全和发达的公民社会，就难以实现政府良好的治理。西方国家把公众通过第三部门参与公共事务视为一种创造信任和形成社会资本的重要基础。故此，要弥补"市场失灵"和"政府失灵"而造成的公共产品提供不足的缺陷，就必须大力发展第三部门。加速第三部门的发展与成长，已成为公众参与的重要依托和途径。

一是要健全第三部门的立法。要逐步制定和完善相互配套的第三部门的法律法规，将第三部门的发展纳入制度化、规范化和法治化的轨道，立足于公共服务意识的培养和相关法律法规的建设，通过完善的法律法规对第三部门的政策参与进行法律赋权，明确其在公共政策过程中的权利和义务。二是政府加大对第三部门的扶持力度。在资金方面给予一定支持的同时，对于涉及不同行业、不同社会利益集团的公共事务，应在政府的引导、协调下改进其管理体制，促进其能力的提高。三是政府应努力与第三部门建立一种良性的合作伙伴关系，努力改变其独立决策、垄断决策的做法，不断提高决策研究过程的开放度，充分利用体制外相关咨询组织所具有的独立性和广泛性优势，与体制内的决策研究组织形成相辅相成、优势互补的决策咨询机制，逐步建立起互动的决策模式和开放的决策评价体系。

3. 加强政府与新闻部门的互相促进

公共政策问题的确定，会伴随着政策主体和政策客体的确立。政策主体可以被理解为直接或间接地参与政策制定过程的个人或团体。我国的新闻部门之所以能够成为我国社会中政策主体的一个重要因素，是由它的特点所决定的：新闻部门是社会舆论的引导者，新闻部门能帮助政府有效、快捷地传递其意图，有效跟踪和反馈社会舆论。在媒体化程度越来越高的现代社会，一项重大公共政策的出台，除了政府在组织层面上政务公开，通过公告、文件、网络等形式传播外，新闻部门必须成为政府部门进行组织外传递政策决策的主要渠道之一。新闻媒体与行政系统相比是一个开放的系统，扩大了广大人民群众参与的平台，改变了行政系统内部信息传递渠道自上而下的单向性特点。因此，应该加强政府与新闻部门的相互促进，从而实现信息在政府和公众之间的互动。

（三）构建公众参与政策决策的行政参与机制

1. 扩大政府公共决策的政务公开范围

社会公众的知情权是实现参政的基本前提，满足公众的知情权，为其提供足够有用的信息，是保证公众参与的一个重要前提条件。因此，要进一步加大政务信息的开放程度，以增强公共政策执行活动的透明度和公开化程度，保障公众对政策执行内容的知情权，争取得到公众的认可和配合。

第一，明确知情权在宪法中的地位。我国现有宪法缺乏对公众知情权的明文规定，这就使得在我国政务公开的实践中政府一直处于主动地位而公众则处于被动地位。要想改变这种局面，创造一种和谐的参与局面，必须修改宪法，尽快建立起一整套法律保障体系，用法律、法规来规范政府的政务公开行为。

第二，扩大公共政策执行中的政务公开范围。在现行法律法规允许的范围内，政府部门应当主动公布公众最关心的、涉及其自身利益的政策内容和计划，使公众能够明确自己在相关政策中的权利和义务，同时让自身利益和意见得到及时的表达。

第三，构建适应信息现代化要求的政府信息公开模式。就现实情况而言，首先是完善保障信息公开的法律规定。只有通过立法规范，才能使政府信息公开成为政府法定的义务，使公众评价和影响行政得以真正实现。其次，要积极建设"数字政府"，改变传统的行政机关与公众的沟通方式，努力构建覆盖全国的政府信息网络。最后，要不断增加电子政务的"政务"含量。凡是可以在网上公开办理的公务、政务，都要放到网上办理，向公众发布信息，公众也可以通过网站向政府查询相关信息，从而实现政府与社会间的交流。

2. 实现政府公共决策的程序公开

公众对政策执行过程的参与，不仅仅要求公众知道公共政策执行的结果，更重要的是清楚公共政策执行的程序，只有公众了解政策的执行程序，才能更有效地监督政府和维护自身的合法权益。权力机关公开公共政策执行的程序，一方面可以使公众全面和客观地了解政策执行方案，进而加强对政策执行过程的监督；另一方面，政策执行是一个复杂的过程，当政策执行发生变化时，公众能及时认识到政策执行变化的原因并积极做出反应，进而减少政策执行变化可能带来的利益损失。因此，要加强政府公共决策的程序公开。只有在民主权利保障制度健全的情况下，公众才有可能真正行使参与权利。还要完善一系列制度来保障公众参与的程序化建设，如建立征集公众建议制度、完善社会听证制度、完善公众参与方式、完善社会公示制度、完善政策监督机制等。完善公众参与的程序，将极大地激发公众的政治热情，提升公众参政议政的能力，还可以加强政府与公众的双向沟通，消除两者间的误会，使政府制定出的公共政策更有利于广大民众的利益，也可以降低公共政策在后期的实施过程中所受到的阻力。要保证公共政策的程序公开，防止和减少公共政策的失误，就应有一套较为完善的法律体系，对公众参与的方式、途径进行明确的规定，进而为公众参与公共政策过程提供法律保障。

3. 健全公众参与决策的制度化渠道

现代社会中，公众的政治参与主要是一种意见的参与，民意表达是社会中最为普遍的政治参与形式。我国的基本社会制度为公众参与政策过程提供了根本保证。人大、政协会议是我国公众参与政策过程的主要渠道，是有法律保障的最高层次的参与方式，也是最为有效的间接参与途径。社团和政策咨询机构是我国公众制度性参与政策过程的辅助途径，也是法律法规规范下的参与活动。另外，还可以通过信访、听证、公示、市长接待日、政务信息网等搜集、征求有关政策相关人意见的活动，给政策相关人直接充分表达意见的机会，为公众提供一个近距离参与政策过程的机会。

公众参与的制度建设最重要的问题是使现有的政治参与制度法制化、规范化、程序化，避免现有各种合理制度被曲解，得不到执行而流于形式。在此基础上，再进行制度创新和制度建设，尤其是增设弱势群体，如农民、下岗失业工人、打工族的制度化的利益表达渠道。公众参与的运行机制必须有相应的制度安排，包括要有明确的法律依据，需要有程序制度来保证。第一，加强公众参与法制体系建设。为增强政策制定中公众参与的合法性基础，必须将公众参与以制度化、法律化的形式确立下来。明确公众的各项权利与义务，特别是知情权、结社权、集会权、听证权等涉及参与的权利，在明确公众权利的基础之上，还必须将公众参与作为政策制定的必经程序。第二，完善我国的决策听证制度。决策听证制度是现代民主社会普遍推行的制度，用于保证各方利益主体平等参与公共政策过程，其能够增强公共决策的透明度，降低公共政策宣传的成本与交易的费用，体现民主的价值与内涵，是公众参与的制度创新。第三，完善已有的信访、公示、市长接待日等制度，让制度充分发挥作用，根除形式主义顽疾。

4. 培育和发展非政府组织，并鼓励他们参与政策决策

各种公众社会组织是实现公众参与的重要载体。公众参与公共政策，通常是以集体的方式进行的，而不是个人，如非营利组织等。非营利组织可以将公

众由追求个人利益最大化上升到追求社会利益最大化，从而提高公众参与公共政策的质量。

推动公民社会组织的健康稳步发展，需要提供良好的法律政策环境，使公民社会组织的基本权利能够得到法律保障，注册登记和监管能做到有法可依。改革现行法律法规，建立较为完备的法制体系是促进公民社会组织发展的重要要求。非政府组织是公众社会的核心要素，必须大力发展并发挥其利益综合与利益凝聚的枢纽作用，鼓励他们参与公共政策决策。首先为非政府组织的登记管理建立较为完善的法律制度框架，打破原有的限制、烦琐的手续规定及其制度性的框架，使非政府组织获得行政合法性。其次，以立法的形式肯定非政府组织的社会地位，明确界定其与政府、市场之间的关系，明确政府与非政府组织的合作关系，加快非政府组织的自治化进程，培育政治上自主、经济上自由，同时又不会偏离国家政治方向的社会力量。最后，政府应积极扶持非政府组织，并在适当的时候提供资金支持，在税收上要通过优惠税制等方式激励非政府组织的发展，拓宽制度参与渠道之外的非正式参与渠道，提高非政府组织参与政策决策的积极性。

5. 培育公民角色意识，建立规范的政策参与的教育和培训制度

公众是参与公共政策制定和执行的基础，增强公民意识是公众参与公共政策过程的关键。作为一个理性的公民，必须有个性、理性和自我定位。所谓个性就是指具备公众参与的智慧和能力；理性是指具有成熟的思想和公民意识；自我定位即知道作为公民应担负的责任和履行的义务。这就是说，能够积极主动地参与公共政策的公民是具有参与能力与智慧，具有成熟的思想与公民意识，知道承担责任和履行义务的公众。

公众参与影响政策决策行为，其主体的民主意识和参与能力的培养需要有良好的社会环境支撑。首先要加强党的民主建设，以自身的模范带头作用带动整个国家的民主政治建设。其次，要不断发展完善社会主义市场经济体制，为公众参与能力和民主意识的提高创造良好的经济环境。最后，应大力发展科技文化教育事业，加大教育所需的基本服务经费，提高公众的受教育程度，为公众民主意识和参与能力的提高创造良好的人文环境。

第六章

工程咨询行业政策咨询智库建设

　　智库建设是政策研究咨询业务开展的重要载体。党的十八大以来，我国工程咨询行业积极推动传统咨询业务向中国特色新型智库研究转型，探索构建统分结合、合作共赢的智库发展新格局，打造首席引领、支撑有力的智库聚才新机制，形成面向决策、资政启民的智库建言新模式，探索分类改革、协同高效的智库运行新体制，并取得重要成效。本章阐述智库运作的基本特征和发展趋势，以及我国工程咨询行业推动智库高质量发展的对策措施。

第一节　智库及其在政府决策中的应用

一、智库的基本特征

（一）智库的功能及运行机制

1. 智库的概念

　　智库（Think Tank）又称为脑库、智囊团、思想库，一般指独立于政府和企业之外，从事公共政策研究的非营利性学术机构。实践中，只要是从事政策性研究、为政府提供决策咨询的研究机构都可被称为智库，智库是国家政策的重要参与者。该词最早出现在第二次世界大战期间的美国军方，意思类似"作战参谋部"。关于"智库"的定义，国内外的学者有不同的理解，如迪克逊（Dickson）从社会职能角度对智库进行定义：智库是一种稳定的相对独立的政策研究机构，其研究人员运用科学的研究方法对广泛的政策问题进行跨学科的研究，在与政府、企业及大众密切相关的政策问题上提出咨询意见。安德鲁·里奇（Andrew Rich）给智库的定义为：独立的、无利益诉求的非营利性组织，其产品是专业知识和思想，也主要依靠这些获得支持并影响政策制定过程。而我国出版的《简明政治学辞典》中，"智库"的定义是：一种特殊的研究咨询机构。其功能是：为政府、国会、企业公司和社团就外交、国防、战略、经济、社会等方面的问题进行专题研究，为决策机构估计形势、制定政策、确定目标提供依据。其工作方式是：或根据决策机关的要求对某一问题进行专门研究，或主动就某一重大问题进行研究，向有关决策机构献策。这里对我国智库的定义为一种相对独立的政策研究和决策咨询机构，其概念比较广泛，既包括官方和半官方机构，也包括学术型和企业型政策研究机构。

一般认为智库具有以下突出特点：一是独立性，智库不是政府部门，也非政党机构，更不是利益团体，其独立于地区、行业和社会集团的利益，对这些利益持客观态度。超脱的地位，确保了智库研究工作的独立性与客观性，避免了私人利益与公众利益无论是表面还是事实上的冲突。二是非营利性，它不以营利为目的，同时它的产品也不直接转化为财富。这一特点相对保证了研究成果的客观性和公正性，也是智库能够蓬勃发展的重要原因。三是现实性，智库从事的是研究工作，但它们所研究的不是纯理论，而是现实问题，是针对当前的重大战略决策，现实中各种力量、利益、观念之间的博弈问题，这种研究以影响政府决策为最大目标。智库从事的政策研究大到国家安全战略、对外战略、政府改革纲领，小到导弹技术、对某国家或地区的援助。智库不做纯学术研究，而是做实用性、实效性、对策性强的经世致用的研究，并且以影响政府决策为最大目标。

智库是经济、社会发展到一定程度的产物，是现代政治文明的重要标志之一。生产力和科学技术的迅猛发展，使现代社会日益多样化和复杂化。这种变化，让决策特别是高层重大问题的决策遇到了空前的挑战，其表现为：决策的领域日益扩大，已从传统的内政、外交、军事扩展到经济、科技、教育、文化、人口、资源、太空、生态环境等许多新领域；决策的内容日益复杂，已由单一目标决策发展到多目标决策，由单项决策发展到多学科、跨领域、超国界的综合性决策；决策的数量不断增多；决策的方式已由经验决策向科学决策转变，个人决策向集体决策转变；决策的不确定因素增多，风险逐步加大；决策的速度和频率加快，要求决策者和决策机关迅速做出反应。在这种情况下，政府决策成为对技术和专业要求越来越高的活动。为弥补决策者和决策机构在能力方面的不足，使决策得到全社会的认同并得以实施，必须设法把社会中的各种利益、愿望和要求整合在一起，由此必须充分利用专家经过研究得出的知识、信息、技术及思想观念，实现政府决策的多样化、民主化、科学化和合理化，"智库"在世界各国陆续应运而生。

国内外的经验表明，"智库"不仅仅是参谋，也是创造思想、创新未来的原动力，在某种程度上决定着一个国家、一个民族的未来走向。建立智库和智囊团，充分发挥政策研究专业机构在社会经济发展中应担当的职责，提高决策的科学化和民主化水平，是社会发展的必然要求。

2. 智库的功能

（1）战略思想研究功能。智库的主要功能之一是为社会提出新的思想观点和价值目标，这些思想虽然短期内在政治上未必可行，但有可能逐渐为决策者所接受，最终获得足够的拥护者，以至立法成规。美国布鲁金斯学会的专家认为，智库对下一届政府的影响大于对现届政府的影响。智库一般是长期反复地倡导某种思想主张，通过其引导公众舆论和社会走向，以期成为政府决策者政策理念的来源，进而成为政策或得以立法。

（2）政府决策咨询功能。智库能够为政府政策制定者提供有关问题的各种信息及政策的成本和收益，协助决策机构分析公共问题，并根据决策者的目标和要求，把专家的研究成果转化为政府的政策产品，为决策者提供理性政策的备选方案库，从而为政府决策提供参考。同时，智库还对政策执行情况进行跟踪、评估，对发展趋势做出科学预测，并提出相关改进建议。

（3）公众传播教育作用。智库通过举行各种公开的会议活动，在社会公众与专家、政府官员之间构建一个面对面沟通的平台，借助媒体公开辩论、宣扬观点、监督政府行为和批评政策，引起社会的关注，培养公众的政治参与热情，让公众了解复杂政策文件和条款背后的利益分配格局。同时，智库还通过在媒体上发表见解、文章的方式，解读国内、国际热点问题和公共政策，客观上承担了舆论领袖责任，发挥了引导、影响舆论的功能。此外，智库还通过为公共或私人机构的部门领导培训、进修的机会传播专业知识和思想。

（4）人才输送培养功能。智库作为人才、知识及信息汇聚的场所，本身能够储备、培养和提供人才，通过为决策层输送人才来实现参与和影响政府决策。"旋转门"机制是美国智库最具特色的现象，即学者和官员之间的相互流通。在美国换届大选的时候，卸任的官员纷纷进入早已密切联系的各类智库任职，从事理论研究，通过韬光养晦，以图东山再起。

（5）利益关系协调作用。智库能够及时反映和汇集社会各种意见和需求，通过各种渠道将各种利益群体和社会边缘阶层的诉求客观公正地反映给决策官员，促进政府做出相应的决策部署，同时将决策者的意图传达给相关群体，使社会公众更清楚地了解政府的做法，最终理解、支持政府的决策行为。

（6）国际交流与合作作用。随着经济全球化和信息革命的发展，各国的政治和经济越来越相互依存，同时，气候、能源、环保、核扩散等全球性生存安全问题都需要加强国际合作，智库作为各国有影响力的团体，能够通过国际交流宣传本国的真实情况，增进了解，增强话语权，通过国际性、全球性课题研究促进政府间合作，提升本国软实力。

3. 智库影响决策的方式

智库以影响政府的政策决策作为其机构存在和发展的主要目标。智库的研究成果能够最终转化为政府的政策，一方面取决于智库的研究成果是否科学合理，并且是否符合政府的政策思路；另一方面，智库影响政府决策的方式与途径也在其中发挥着相当大的作用。一项政策从最初的决策意图形成到最后的政策出台实施，通常要经过决策信息的输入、政策方案选择转换、政策决策形成与政策效果反馈等不同的过程。在这些过程中，智库都会对政策的形成产生一定的影响。

（1）提供备选方案直接参与政府决策。智库最根本的任务就是根据所服务机构的要求，提供各种不同内容的咨询报告，主要有专项调查报告（信息汇集），专题研究报告（信息分析），政策行为、行政行为或经济行为的预测报告（前瞻性研究），政策建议报告，战略决策的建议报告，政策框架设计报告等。这些服务的实质，就是提供真实信息和有参考价值的思想资料供决策者参考以形成能够反映客观实际的思路。

（2）通过智库研究影响决策理念。智库可以通过影响核心权力层、社会精英层（包括大企业财团、传媒、大学、智库）、社会大众三种权力层次对决策产生影响。其中对国家核心权力层的影响是智库发挥决策影响力最直接、最有效的方式。通常，智库通过与决策机构建立各种正式和非正式的沟通渠道，把自己的政策方案和政策观点提供给政策决策者，游说决策者采纳自己的政策主张，让自己的研究方案最终成为政策现实。

智库除了提供可供决策者参考的政策方案直接影响政府的政策行为之外，很重要的一点在于智库通过自己的长期研究，对政策相关问题形成一种理论框架或政策决策模式，为政府的决策形成一种政策氛围，进而间接影响政策决策。

通过承接政府课题，代替政府进行某些工作，是智库发挥决策影响的重要途径。美国兰德公司就是通过承担美国军方大量的研究课题，并且与政府部门人员一起从事研究、分享研究成果、共同发表演讲等，实现与决策层的对接。一些从事国际战略问题研究的智库，在国际事务中发挥"二轨外交"的作用，是其与政府保持特殊联系渠道的重要方面。智库把政府与民间、官员及专家的力量融合提升到一个新的层面上来，能做官方不便做的事情，起到官方渠道难以起到的作用，又可以避免纯民间交往中常会出现的偏执情绪，有助于双方了解彼此的观念和深入建立私交等。

（3）通过人员参与影响政府决策。国外智库与政府之间的联系是多渠道的。除了研究人员定期与决策部门接触或邀请政府官员到智库做报告和介绍情况外，更多的是人员之间的流动和渗透。智库不仅吸收有丰富经验、了解决策过程的政府卸任官员到智库担任董事或高级研究员，同时还积极派员到各届政府中任职。美国智库的"旋转门"使得知识与权力得到了最有效的结合，不但使得美国政治保持了活力和有效性，而且也使得智库成为为政府培养和储备人才的港湾。长远来看，这种机制使得美国智库的影响力直接渗入美国政治决策的核心，成为决策过程必不可少的一部分。这种人员的交流与渗透，大大提高了智库的权威性和知名度，研究工作也更能取得实效。但是，智库又规定，原则上不接受现任官员参与研究，并强调"必须避免介入与分析研究本身无关的政治性辩论"，这就维护了其"不为任何个人或权势集团服务"的宗旨。

原美国著名智库兰德公司总裁赖斯认为："咨询研究不仅需要一个能胜任的'生产者'（指咨询研究组织），同时也需要一个有远见卓识、能很好地理解智库研究工作的'消费者'（指接受智库咨询的决策部门）。发现、找出什么是需要加以研究和咨询的问题，是研究过程中的一个极为困难和关键的部分，这需要委托者与研究组织之间自一开始就建立一种宽容的、熟悉的联系。理解和做到这一点，对于研究工作的成功是十分重要的。"国外智库的经验表明，保持研究工作的客观性和独立性与保持政府的密切联系这两者之间是相辅相成的。一方面，与决策部门保持密切联系无疑能使智库的工作更切合实际，更能得到决策部门的理解和支持，从而保持研究成果的高质量和赢得良好的声誉。只有智库获得了良好的声誉，才能进一步保持其工作的客观性和独立性。另一方面，智库如果没有客观、独立的见解，其工作对于决策者来说就毫无价值，因而这种密切的联系也就无法存在。缺乏决策者与智库两者之间的相互理解、沟通和密切联系，就会出现决策者认为智库的报告不切合实际、无关痛痒，无助于解决实际问题，而智库则抱怨决策者缺乏远见和胆略去采纳他们的意见这种互相埋怨的情况。决策咨询研究往往不能取得实效的原因之一，就在于决策与咨询的脱节。因此，寻求沟通与理解，建立起有效的合作程序与方法，是决策和咨询部门中亟待解决的问题。

4. 通过营造社会舆论环境影响政府决策

智库对于社会舆论的影响渠道众多，一般来说主要包括以下几种。

（1）出版书刊。主要的智库每年都出版大量专著、期刊、研究报告、简报，有些是政府官员和研究人员的必读刊物。

（2）在主流媒体上接受采访、发表评论，举办媒体吹风会。

（3）举办各种讲座、报告会和培训班，对访问学者提供资助。这些项目通常面对社会各阶层和各行业，尤为重视国会议员、政府官员和军官。这些活动既带有"启蒙"作用，也有助于同政府和各界建立关系网。

（4）出席国会听证会，参与政府政策咨询。智库成员凭借对某些领域的深入研究，在这些场合的发言往往具有一言九鼎的分量。

智库与媒体之间是一种双向依赖的互利关系，智库要"借船出海"，媒体要"借力而行"，其结果是智库的思想以理论形态的舆论向社会扩散。

5. 跟踪政策实施效果，提供决策信息反馈

智库作为政策的评价者和"社会医师"，对于诊断社会问题，寻找原因，预测后果，开设药方，使社会问题得到研究，具有积极意义。首先，智库对政策效果的评估可以超越少数政策制定者的有限见识，独立、客观而且更为广泛地对政策进行评价和鉴定，综合社会各个方面对于政策的态度、倾向，及时提出对政策的修正和补充，有效地改进政策制定目标，促进政策科学化和社会改进。其次，智库参与政策的后续完善有利于化解政策利益相关方的矛盾，体现政策的公平公正性，促进政府决策行为更加民主化。

6. 智库影响决策的机制

智库的影响力是智库赖以生存的根本和核心竞争力，因此，提升影响力是智库孜孜以求的关键目标。影响力是指行动主体通过自己与其他主体的交互活动过程影响和改变他人的思想和行动的能力。智库的影响力也就是智库在其社会交往过程中影响和改变其他主体思考、判断、决策和行动的能力。加拿大政治学家埃布尔森（Abelson）指出，智库的所有行为都围绕着推广其知识产品从而实现影响力的最大化而展开。在智库的各种行为过程中，核心就是通过各种途径向政策的制定者、决策者、资助者、媒体、精英阶层和社会公众宣传自己的观点、主张和制度设计等。朱旭峰和苏钰基于社会结构理论，从西方智库影响公共政策机理的层次结构入手，把智库影响力分为决策影响力、精英影响力和大众影响力三个层次。李安方等也指出，智库影响力的形成是其决策影响力、学术影响力、社会影响力（舆论引导）的综合体现，智库的营销能力也是智库影响力形成的关键因素。王莉丽从传播学的视角研究了美国智库舆论影响力的产生机制，重点分析了人际传播的直接影响、组织传播的品牌塑造和大众传播的舆论扩散问题。孙志茹和张志强则从知识运用和信息流入手，构建了一个分析智库政策影响力的综合性框架，阐述了智库、学术群、决策者群和环境之间的信息流及其相互作用，并指出智库的政策影响力包括直接性影响力和渗

透性影响力两类。

从欧美等国际智库的发展实践来看，智库已经成为政策网络的重要参与主体。政策网络是指在公共政策制定和执行过程中，政府和其他行动者围绕共同的问题，基于不断协商的信念和利益而结成的正式的和非正式的联系网络。20世纪90年代以来，政策网络已经成为欧美等国家协调社会利益的一种公共治理模式。政策网络通过相互影响，在各行动主体的交互作用过程中对所面临的问题逐步达成共识，并提出可能的解决方案。近年来，政策网络研究的理论成果主要集中在政策制定、政策执行、政策后果预测与政策变迁等方面。李瑞昌指出，政策网络范式一方面重视正式与非正式制度和结构对政策制定和治理的作用，另一方面注重分析政策行动者的利益表达对政策制定和治理有效性的影响，行动者之间的关系强弱对政策制定和治理具有深远意义。在西方的政策网络中，智库处在关键位置。西方智库具有很强的非营利性和独立性，借助其在信息、知识等方面的专业优势，可以协调社会各阶层、政府部门在信息、目标和资源上相互交换的互动，在重大公共决策和政策制定、评估、调整过程中发挥着不可替代的重要作用。例如，美国的公共决策过程的一般顺序是：智库—媒体—国会—政府（行政当局）—政策出台。在这个过程中，西方智库往往扮演着决策源头的政策倡议和舆论引导的功能，从而促进了公共决策的科学化、民主化和开放化。同时，在公共政策网络的形成过程中，智库通过创新思想引领机制、舆论引导机制和"旋转门"的人才交流机制，采用多种手段和渠道向决策者、社会公众、学术圈和媒体、网络宣传推介其思想、观点和策略，逐步树立自己的学术影响力、社会影响力和政策决策执行影响力。

（1）创新思想引领机制与学术影响力。智库是由专家学者和知识分子组成的研究机构，其创新能力的高低直接决定着智库成果的质量及其影响力。智库成功的基础是要持续不断地生产出符合社会发展趋势、能够解决经济社会中重大战略问题的新思想、新观点、新理论和新知识。新思想和新观点是成为一流智库的第一要素。国际上著名的智库如布鲁金斯学会、兰德公司、斯坦福研究所、罗马俱乐部、野村综合研究所等，都是凭借着新思想、新观点、新理论成为国际一流智库的。这些智库还善于发现现实中存在的影响经济社会发展的战略问题和关键问题，并且能够运用新思想、新观点、新理论和新知识对这些战略问题做出令人信服的深刻分析，并找到产生这些问题的深层原因。新思想、新理论所产生的学术影响力对社会的影响比具体的制度设计和政策建议更为长久和深刻。例如罗马俱乐部的宗旨是通过对人口、粮食、工业化、污染、资源、贫困、教育等全球性问题的系统研究，提高公众的全球意识，敦促国际组织和各国有关部门改革社会和政治制度，并采取必要的社会和政治行动，以改善全球管理，使人类摆脱所面临的困境。1972 年，罗马俱乐部凭借其发表的第一个研究报告《增长的极限》而声名鹊起。由于石油等自然资源供给的有限性，罗马俱乐部预言经济增长不可能无限持续下去，做出了世界性灾难即将来临的预测，并设计了"零增长"的对策性方案，在全世界挑起了一场持续多年的大辩论。

智库的学术影响力主要通过成果发表、人才培养等途径培育而成。美国兰德公司以高水平的研究成果和独创的见解著称于世，被称为"兰德学派"。成立以来，兰德公司已发表研究报告 18000 多篇，在期刊上发表论文 3100 多篇，出版了近 200 部书。在每年 300 多篇的研究报告中，95％是公开的，剩余 5％的保密报告也会随着时间的推移而不断解密。这些研究成果是其成为一流智库学术影响力的根基和重要载体。兰德公司为美国政府、军队及企业界提供了广泛的决策咨询服务，并以问题诊断的准确性、权威性而享誉全球。

（2）舆论引导机制和社会影响力。智库社会影响力的获得主要是通过对其创新成果的传播和推广来形成。随着智库的新思想、新观点、新理论和新知识逐步被学术圈所认可和接受，智库和学术界还会通过各路媒体和网络把这些创新成果介绍给社会普通民众和政府官员，这将会对整个社会产生潜移默化的巨大影响。自 20 世纪 90 年代以来，随着信息传播的全球化、网络化发展和智库之间竞争的日趋激烈，欧美智库逐渐加强传播其研究成果的力度，采取多种方式和渠道影响社会舆论，从而引导社会思潮，以此对政府部门的公共决策施加影响。美国智库采取的主要传播方式有人际传播、组织传播和大众传播三种，其中人际传播有助于智库的研究成果直接影响决策者，组织传播和大众传播担负着议程设置和塑造公共舆论的作用，从而间接影响决策者。这三种传播方式大都同时被采用，相互补充，相互促进。

其中，借助议程设置充分利用新闻传媒来引导社会舆论是欧美智库发挥社会影响力的重要途径。议程设置是指新闻传媒经过精心策划，突出报道某些包含深意的事实、事件，使之成为公众议论的焦点。1972 年，麦克姆斯（Mc-Combs）和唐纳德·肖（Donald Shaw）最早提出了"议程设置"理论，认为可通过反复播出某类新闻报道，强化该议题在公众心目中的重要程度。大众传播只要对某些问题予以重视，为公众安排议事日程，那么就能影响公众舆论。传媒的新闻报道和信息传达活动以赋予各种议题不同程度的显著性的方式，影响着人们对周围世界的大事及其重要性的判断。虽然大众传播媒介不能直接决定人们怎样思考，也不能决定人们对某一事件或意见的具体看法，但可以通过提供信息和安排相关的议题来有效地左右人们关注某些事实和意见，以及他们议论的先后顺序，帮助人们确定哪些问题是最重要的。当大众传播媒介大量、集中报道某个问题或事件时，受众也就会关注、谈论这些问题或事件。智库基于自己的专业权威和价值中立的特质，就社会发展的重大现实问题或战略问题提出自己的立场和见解，其政策思路或选择方案就成为媒体和社会关注的重点议题。智库学者通过在媒体上发表见解、文章，解读自己对重点议题的看法，回应社会公众的质疑。同时，欧美智库还会及时召开例行新闻发布会和定期的媒体吹风会。在智库观点、见解和社会舆论交流沟通的互动过程中，实现了社会民意的利益表达和传递，纠正了社会舆论中存在的短视、片面或偏激的观点，经过进一步修正的政策方案会更容易得到社会一致的认同，形成有利于其政策被决策者采纳的社会舆论，从而间接影响政府的公共决策。智库的创新成果在得到社会认同的同时，还有助于政府部门公共政策出台后的执行。

此外，召开各种形式的会议、讲座和举办研究班也是欧美智库发挥社会影响力的重要渠道。欧美智库会经常召开大大小小的各种讨论会、专题研讨会、工作坊、纪念会、报告会、培训班、讲座和答谢午宴等活动，邀请相关专家、政府官员、新闻记者、工商界人士、社会公众等参加。例如，世界顶级智库布鲁金斯学会每年在各地召开 100 多次研讨会，加强与各界、各领域专家的联系，并经常邀请政府首脑来参加，共同探讨国际国内发展形势和相关的问题，由此影响政府的政策制定。这些活动使智库和政界人士达到了互通信息、交流思想的目的，更宣传了自己的政策主张。

　　随着互联网的飞跃发展，网络媒体正在越来越深刻地影响着经济社会活动和政治生态。内容丰富、参与便捷、强互动性、虚拟性、隐蔽性、发散性、渗透性和随意性是互联网的特点，这就使网络传播从根本上改变了"以传播者为中心"的传统媒体传播模式，打破了传统新闻媒体对舆论的控制和对信息的垄断，使传播过程中的传受双方变得更加自由和平等，具有非常独特的双向沟通特征，既有点对面的传播，又有点对点、面对点、多点对多点的传播。发布各种信息和参与传播的主体规模大，自由且分散。由于不受个人真实信息和身份认证的约束，每个人都可以在网上发布信息、展开讨论、表达意见，在总体上形成了一种散布型网状传播结构，在这种传播结构中，任何一个网络节点都能够生产、发布信息，所有网络节点生产、发布的信息都能够以非线性方式流入网络之中。同时，随着互联网技术的日益提高，网站提供给网民发表意见的渠道也越来越多，论坛、BBS、贴吧、新闻评论、微信、微博、短视频等，同时基于网络的即时通信工具也越来越多（如 QQ、微信、Skype、MSN 等），再加上智能手机 4G、5G 网络的普及，信息网络传播已经呈现出多种渠道共生的特征。在这种背景下，欧美智库纷纷借助网络新媒介，向全球网络用户推广其思想和观点，从而潜移默化地在全球范围内构建自己的影响力。

　　（3）"旋转门"机制与政策决策执行影响力。美国是世界各国智库中起源最早、数量最多、影响力最大的国家，其中"旋转门"的人才交流机制是美国智库成熟、发达的关键因素。所谓"旋转门"是指智库成员的身份在政要与学者之间变换，有人甚至"旋转"两三次。智库的学者到政府部门担任要职，从研究者转变为决策者和执政者。同时，许多卸任的官员也会到智库从事政策研究。这种学者和官员之间的旋转机制使智库的影响力渗透到公共政策决策、制定和执行的方方面面。"旋转门"机制的重要功能体现在三个方面。一是构建人际关系网络，如在政府中直接任职、保持与政府官员、国会议员的密切关系等。二是搭建知识与权力的桥梁。智库为学者们提供了与政策决策者进行紧密接触的舞台，使他们不但了解政策研究，还了解政治现实。三是推进"二轨外交"，这是介于官方外交"第一轨道"与纯民间交流"第三轨道"之间的一种特殊渠道。

7. 智库的运行机制

（1）组织机构管理体制。智库一般注册为非营利性机构，智库出资者不拥有所出资产的所有权，也不能从资产经营中获得利益，机构人员中以高级研究人员为主体，同时配备一定比例的辅助人员。智库的经费主要用于课题研究和对外宣传推销成果，财务政策的基本目的是收支平衡，不谋求利润。

（2）资金支持机制。智库的经费来源包括出版研究成果收入、承接政府或其他机构课题收入、基金会的赠款、企业和个人的捐助等。但为保持独立性，一般不接受捐助者对智库的具体研究活动进行干预的款项。

（3）成果运用推销机制。智库一般通过以下渠道来推销自己的研究成果：通过承担政府委托课题、发表著作或快报、研究报告，定期出版物，出席政府、议会听证会对政府决策施加影响；通过为企业提供咨询、媒体公众传播、参与会议演讲、直接发表声明等引导公众舆论。

（4）人才培养机制。智库具备一定的人才培养、储备和交流机制，智库往往极力推荐其精英人员到政府机构任职培养，同时吸收离任官员做研究员或管理人员作为人才储备，智库也经常与企业或学术机构保持人员交流，维持与政界、企业界、学术界之间的紧密联系。

（二）智库的主要特点

国外智库已经有数十年的发展历史，无论规模、领域还是经验，它们的发展都相对比较成熟。尽管它们的成立背景、研究领域、所在国家的体制不尽相同，但是这些著名智库在目标确立、信息来源、研究方法、技术手段、信息交流、专家咨询、成果推广等方面都有着较为一致的特点。

1. 制订周密和实际的研究计划

如英国伦敦国际战略研究所的研究计划中既有长期计划，又有保证每年课题相互衔接和交错的中短期计划，这样既能尽早抓住那些崭露头角但影响深远的新问题，又能循序渐进，保证基础研究的扎实进行，不断推进研究工作的深化。又如，美国斯坦福国际咨询研究所的研究计划都是根据当时的社会需要制订出来的，即首先从工业界和社会上进行广泛的调查，在发现和确定研究主题后才拟定出来，因此其研究计划总是很有现实性。

2. 确立广泛而可靠的信息数据来源

智库开展咨询研究工作的关键是能够获得准确且全面的信息。国外智库都有各自可靠的信息数据来源，它们一般都有自己的图书馆和情报信息网络，政府也很重视而会给予智库以信息上的扶持。例如欧盟委员会联合研究中心（JRC），其使命是在欧盟制定政策的过程中提供独立的依据支持，是世界范围内规模最大的"政策科技咨询机构"之一，其组织内的协调知识服务（知识和能力中心），以处理基于科学的证据，为决策者提供信息，并为所有欧盟政策领域提供工具和服务。

3. 积极探索新的研究方法和手段

从全球经济社会发展趋势看，政府决策部门对智库决策咨询服务的需求日益增加，要求也越来越高，这就促使研究机构不断开发和采用新的研究方法，例如系统分析、预测技术、调查方法、定性和定量分析等。国外著名的智库非常注重研究方法和手段的创新，比如美国兰德公司发明的一系列研究方法和预测技术"德尔斐法""线性和非线性规划""成本效用分析"以及被美国政府广泛用于军事预算和联邦政府预算编制的规划方法等。此外，还建立了一套"兰德式理性程序"的思考模式，并开发出一系列可操作的结构化、程序化的研究分析工具和方法，被政府用于预算编制。

4. 配备现代化的技术手段

信息技术的快速发展，为决策咨询提供了很多新的研究方法和手段，利用信息技术建立的数据库及网络为决策研究提供了现代信息技术手段。从传统的数据分析到利用计算机进行数据处理和分析研究，利用现代信息技术建立起来的各种数据库及网络使智库有了强大的技术支持。国外智库非常重视对信息分析和预测软件、数据库技术的使用，如美国兰德公司为研究人员提供了一系列的公用数据库，并且兰德公司还配备有众多程序编制人员、系统分析专家、工程师以及操作员组成的技术队伍，大量运用计算机处理各种复杂问题，从而极大地提高了研究质量和工作效率。

5. 重视内部和外部的信息交流活动

国外智库非常注重采取各种措施进行内部和外部的信息交流活动，如伦敦国际战略研究所，该所每周举行一次"研究员会议"，由每个研究员报告其研究工作的主要论点，其他人则对此展开讨论。此外，会议还会对当时的国际热点问题、研究领域出现的新问题、新概念等展开讨论。该所每月还会举行2～3次的"内部会议"，邀请各国政府首脑、专家、记者等人员做报告，内容涉及世界各地区、各个领域的问题，这样可以帮助研究人员结合自身的研究领域，不断开拓思路，激发灵感，深化自己的研究成果。

6. 建立强大的专家咨询团队

专家咨询可以帮助研究人员解决能力有限性的问题。国外著名的智库通常都配备有庞大的专家咨询团队，如日本科学技术政策研究所，该所的技术预测已形成了包括组织系统和专家系统的组织体系，其中专家系统内的咨询专家是由各领域委员会聘请和组织，主要来自大学、科研机构、企业和政府部门的高层技术专家和管理专家。经过多年的积累和发展，专家系统已经形成由多学科专家组成的庞大专家网，这些专家通常具有很强的专业背景，并且都积极地参加技术预测行动，从而能够有效提高技术预测的质量。

7. 多样化的研究经费资助机制

欧美智库的资金来源已形成多样化格局，有些还明确规定各资金所占的比例份额。基金会是智库获取资金的主要来源，智库通常会成立专业核心研究团队去吸引基金会的支持。政府直接支付是智库经费的又一重要来源。大多数情况下，政府提供资金以合同为基础。如美国兰德公司的很多合同是与美国联邦政府签订的，每年的合同数额在数千万美元左右。此外，智库还通过个人捐赠、公司赞助、销售出版物、提供课程培训以及提供咨询服务等方式来获取资金。

8. 采取多种渠道进行成果推广

国外智库十分重视研究成果的宣传和推广，通过研究成果的广泛传播，可以加强智库与学术界、实业界及政府的联系，从而扩大智库的影响力，提升智库的声誉。比如布鲁金斯学会除了向决策者提供咨询成果之外，还会通过国会听证会、政策评述、媒体采访、报纸社论、国际会议等方式将研究成果向社会公布。

(三) 智库的发展趋势

1. 研究活动国际化

智库的国际化趋势与科技经济全球化发展密不可分。随着各国的交流合作不断加强，各国之间相互依赖的程度会逐渐加深，研究人员面临的形势更加复杂，仅仅依靠智库自身条件很难把握问题的关键，需要综合考虑各种因素，对问题进行全面探索和研究。因此，只有采取更为开放的工作路线，使智库的研究活动国际化，才能更好地发挥智库在战略决策中的作用。未来智库的国际化趋势主要表现在组织形式、业务范围、学术交流和人员流动等方面。许多智库在成立时已经考虑到建立一种适合与国外智库交流合作的机制，包括设置专门的国际合作部门或在海外设立分支机构，通过这些部门和机构能方便地开展研究活动，同时也有机会扩大业务范围，甚至有条件进行国际性问题的研究。随着业务的不断发展，智库在国际间的学术交流和人员流动也是必不可少的，这是保持智库稳定发展的条件之一。

2. 研究领域多样化

每个智库建立初期都有特定的研究领域，这是战略研究机构自身定位的基础。但是智库的发展与社会是紧密联系在一起的，由于社会的发展导致决策者对战略情报的需求范围逐渐扩大，这也要求战略研究机构应根据形势适当调整和拓宽研究领域，以满足决策者的需要。纵观目前国外著名的智库，开展单一领域专项研究的确实比较少，很多机构都进行多个领域的战略课题研究，内容涉及政治、经济、军事、科技、社会、文化、教育等许多方面。可以预见的是，研究领域多样化的趋势在智库未来的发展过程中还将继续延续。

3. 研究手段信息化

智库是信息化社会发展的产物，信息技术也为智库进行战略研究提供了许多新的方法和手段。由信息技术构建的网络和建立的各种数据库，使研究人员获取最有用的信息成为可能。以计算机人工智能为基础的智能信息检索系统和专家系统，有效支撑了战略智库研究。利用信息网络平台进行规范化的流程管理，也是当今智库进行研究项目管理的一个趋势。这些信息化的研究手段提高了战略智库研究的效率，是当今智库研究发展的潮流。

4. 注重定量分析

智库承担着决策咨询使命，在进行重大决策时必须考虑各种因素之间的相关性、系统性和综合性，不仅要采用定性的分析方法，还需要适时引入定量的分析方法，包括层次分析法、回归分析法、时间序列分析法等。定量分析已经充分显示其重要性，它符合智库研究方法发展的趋势，为战略智库研究提供了必要的依据，能够进一步提高智库研究成果的精度和可信度，以确保战略决策的准确可靠。

5. 长期系统研究

当前决策面临的都是一些困难而复杂的问题，如果没有对其进行长期跟踪和系统研究，将很难挖掘相关问题的规律，也就不可能为决策者提供完整而准确的信息。战略课题研究是一个不断积累的过程，需要长期的广泛深入调查和持续滚动研究，智库研究产品的周期会因此而相对延长，发布形式也会有一定的变化。未来智库将更加尊重战略问题研究本身的规律，越来越多地开展长期系统的研究，以提高战略智库研究的质量。

此外，智库一方面帮助政府了解各种复杂的内政外交问题，另一方面为政府提出新的思想和可供选择的具体政策方案。智库不仅关注当前紧迫性的问题，也关注未来的发展趋势；不但提出新的政策，也对已有的政策提出批评和改进方案。

二、我国政府决策中的智库运用

（一）我国智库的类型

智库已经成为一个数量众多、组成复杂的系统。国外的一些学者曾经对智库进行了不同维度的分类，如根据它们的党派背景或政治主张流派等进行分类，但这些分类方式都是基于西方的智库特点，不适用于对中国智库分类。有的则是根据智库的职能分，如肯特·威佛（Kent Weaver）认为智库应分为三类：以研究为导向的机构；以接受合同（委托）研究为主的研究机构，又称之为政府合同的研究组织；倡导型智库。但是，此分类方法的问题是，通常一个智库可能同时履行多个职能。

中国的学者一般根据组织形式对智库进行分类，而且分类的对象也仅限于西方智库。如丁煌把智库分为官方的咨询研究机构、半官方的咨询研究机构、民间的咨询研究机构、大学的咨询机构等四类。汪廷炯将智库分为四类：合同制研究机构、单一课题组、大学的研究机构、倡导式智库。负杰把政策研究组织分为行政型政策研究组织、半行政型政策研究组织和学术型政策研究组织三类。王晓民等将智库分为两类：以兰德公司为代表的公司类研究机构和以传统基金会为代表的社团类研究机构。总结国内学者对智库的分类，可以发现其内涵和智库在定义上有所差别，而且类别之间也可能存在交集。研究认为，以组织形式作为分类依据，我国的智库可以划分为以下几类。

1. 党政军智库

党政军智库是指依据法规或者行政组织条例组建的存在于党、政、军系列内部，为各级领导层提供决策服务的智库机构，其主要存在身份是党政机关和军队内部直属的决策咨询机构。可以分为中央政策研究组织和地方性政策研究组织。前者是中共中央、全国人大、国务院及其各部委直接领导下的政策研究机构，如中共中央政策研究室、全国人大政策研究室、国务院研究室，以及各部委的内设调研室等。后者隶属于地方各级党委、人大、政府及其各部门，包括地方各级党委、人大和政府下设的政策研究室，以及党委和政府各部门下设的政策研究机构等，有的尚不具备法人资格。

2. 事业单位法人型智库

这是中国智库的最普遍形式。根据《事业单位登记管理暂行条例》(1998) 规定，事业单位是指国家为了社会公益目的，由国家机关举办或者其他组织利用国有资产举办的，从事教育、科技、文化、卫生等活动的社会服务组织。事业单位法人是指经国务院机构编制管理机关和县级以上地方各级人民政府机构编制管理机关核准登记或备案，具备法人条件的事业单位。专门从事政策研究和咨询工作的机构即事业单位法人型智库。我国比较典型的事业单位法人型智库是中国社科院。其鲜明特征是独立于政府，但又和政府保持着紧密的联系，其经费来源主要是财政资助或者政府委托项目等，服务对象除了政府机构外，还接受企业、行业协会、社会方面等的委托。

3. 高校智库

高校智库是指隶属于大学的从事政策研究和咨询的组织，存在于属于事业单位的大学中，它们除了承担一定的理论研究和教学任务外，在许多情况下，中国的大学型智库从事的某些工作和法人型智库几乎相同，如研究政策问题、向政府部门汇报研究成果、公开发表文章和出版著作等。高校智库是由大学单独或者联合其他机构、团体等共同创建，经费来源主要是校方拨款或接受基金会、机构的捐赠，研究人员主要是校内学者以及从其他机构聘用的研究员，这类智库的服务对象和研究课题非常广泛。

4. 企业型智库

企业型智库是指根据与企业相关的法律条例注册成立的智库，这类智库是营利性的咨询机构，它们接受政府或其他机构的委托对一些社会和政策问题进行调查和研究，是专门从事政策研究和咨询工作的企业法人。经费来源主要是接受政府、企业或其他团体机构的项目委托。如中国（海南）改革发展研究院，主要从事改革发展政策的研究、咨询和培训等业务。

5. 民间智库

民间智库大多是由民间人士、机构或者团体创设，其宗旨主要是表达公众的政策诉求，研究人员组成包括专家、学者以及前政府官员等。主要目的是把中国各个不同领域的专家、学者联系起来，共同研究中国在走向世界大国的过程中面临的各种复杂关系，为中国政府和企业选择正确的国内外长期发展战略提供思路和框架。

（二）智库的发展历程

改革开放以来，我国智库的发展大致可以划分为五个阶段。

1. 1977—1987 年：智库的初步建立时期

改革开放初期，政府在制定改革方案时，需要大量的政策研究人员为改革献计献策。同时，我国也开始逐步引入国外的政策研究方法和思路等。这一时期，主要是政府研究机构取得了快速的发展，大量的知识分子进入国家政策部门参与政策的制定和咨询。比如，中央层面建立的智库有国务院发展研究中心、中国社会科学院、中国现代国际关系研究院等。

2.1988—1993 年：智库的多元发展时期

20 世纪 80 年代后期，在改革开放政策的影响下，有很多专家学者从政府部门走向市场，建立了中国第一批民间智库，成为知识分子关注国家发展的重要渠道。比如，1988 年 3 月成立的我国第一家民办经济研究所，即北京四通社会发展研究所；1989 年由一些社会活动家、企业家及经济学家联合发起成立的深圳综合开发研究所；1991 年 4 月成立的中国国际公共关系协会，为全国性涉外专业组织；1991 年 11 月成立的中国（海南）改革发展研究院，是由政府和企业共同投资兴办，以转轨经济理论和政策研究为主，培训、咨询和会议产业并举的网络型、专业化、独立性改革发展研究机构；1992 年零点研究咨询集团成立等，标志着我国民间智库取得了进一步的发展。

3.1994—2002 年：智库的基本形成时期

20 世纪 90 年代中后期，高校智库实现快速发展，标志着我国智库体系多元化时代的到来。比如，1994 年，北京大学成立了中国经济研究中心；1999 年，清华大学公共管理学院创立国情研究中心；2000 年，复旦大学重建中国经济研究中心，后更名为中国社会主义经济研究中心。

4.2003—2012 年：智库的转型发展时期

面对中国经济社会转型发展的巨大现实需求，各类智库以影响政策决策为目标，以繁荣哲学社会科学为己任，开始了新一轮经济高速发展和社会需求多元化背景下的创新与转型。比较突出的是地方社科院相继明确向智库转型发展，积极探索地方智库创建路径，尤其是通过管理体制创新和信息化手段，围绕地方经济社会发展过程中遇到的紧迫和重大现实问题，提供高质量的决策咨询服务，推进决策的科学化和民主化进程。同时，民间智库数量大幅增加，新型智库开始出现，专业性分工逐步加强，如中国国际经济交流中心、中欧陆家嘴国家金融研究院、中国能源经济研究院、生态经济战略研究所等智库机构，都是在这一时期成立和创办的。

5.2013 年至今：智库的创新发展时期

党的十八大以来，我国改革发展进入以利益关系协调为重点的攻坚阶段。

深化改革既需要"顶层设计"，又需要民间智慧，智库以其汇聚不同领域专业化研究的协同创新能力，在影响决策、拓展公众思维及开阔眼界、提供多元化思想及研究成果等方面，越发深刻地改变和影响到公众、企业、社会和国家的思想和决策。智库的多元化发展趋势，加速了智库体系走向完备，推动了我国政策决策的科学化和民主化进程。同时，智库的社会影响力也日益扩大化，在政治、经济、社会、文化、生态文明，以及城镇化建设、法治建设和国际关系等领域，形成了专业风格迥异及专家介入模式多变的智库运行模式。在此背景下，党的十八届三中全会明确提出，要加强中国特色新型智库建设，建立健全决策咨询制度。

（三）智库在我国政府决策中的功能

1. 促进政府科学化、民主化决策的功能

精英理论将社会精英划分为两个阶层，一个阶层是掌握重大政治决策权的政治精英，另一个阶层是统治阶级中的其他精英成员。智库专家属于第二类精英，他们具有一定的影响政策制定的能力，但是没有制定政策的权力。在当前我国的政治制度下，智库作为社会精英的一部分，主要功能是为促进党委、政府民主化、科学化决策服务，同时我国传统文化中知识分子的爱国报国情怀，使得我国的智库在政治方向上与中国共产党保持一致，其功能作用具有明确的国家倾向。智库作为知识精英会集的机构，其职责就是运用专家知识和超然地位帮助政府了解政策问题的各种信息及政策的成本和收益，协助政府分析公共问题，并把自身的研究成果转化为政府的政策产品，为政府提供科学理性政策的备选方案，为政府决策提供咨询参谋，同时对政策执行情况进行跟踪、评估，对发展趋势做出科学预测，提出相关改进建议。智库在政府决策中的功能主要是提供具有科学理性和专业化知识和思想的外脑。

2. 民主监督、社会公众利益表达的功能

在我国目前普通大众的利益表达方式和渠道尚不完善的情况下，智库的产生与发展是对精英主义的一个制约工具。由于民主要求主权在民，人人平等地参与国家政治生活，而只有通过建立相对均衡的利益民主表达机制，才能合理维护社会公众的正当利益，促进社会和谐。而智库就可以反映和汇集社会各种意见和需求，通过各种渠道将各种利益群体和社会边缘阶层的诉求客观公正地反映给决策官员或向社会传达，促进政府做出相应的决策部署，在某种程度上成为社会边缘利益群体的代言人，达到促使政府实现社会公平正义的目的。智库还通过公开辩论、宣传观点、智库专家利用其专业知识监督和批评政府政策行为，获得社会公众的关注和支持。

3. 国际交流合作和外交宣传的功能

随着我国国际化程度越来越高，我国智库通过对外宣传和交流合作，阐述中国政府的政策立场或中国研究机构的观点、看法，增加中国政府及其政策的透明度、亲和力、感染力与说服力，也有助于增加外界对中国的了解与尊重，塑造与不断改善中国的国际形象，提升国家软实力。在全球政治和经济越来越相互依存的背景下，智库应积极吸收借鉴国外的经验和方法，为国家内政外交政策制定提供智力支持，利用国际性、全球性课题研究促进政府间合作，服务我国的总体外交战略。

（四）智库在我国政府决策中的作用机制

1. 行政体制网络

我国绝大多数智库都有主管机构或挂靠单位，智库的行政级别及在政府中的身份地位与其主管部门的行政级别及业务范围有很大关系，智库不但能通过其获得行政拨款及其他资源，还能获得制度化的与主管机构沟通的渠道。智库的作用主要通过其所属主管机构的行政体制网络获得实现，比如中央党校等可以获得党中央认可参与党代会报告的起草和调研，国务院发展研究中心可以获得国务院认可参加政府工作报告的起草和调研，国家发展改革委宏观经济研究院可获得认可参与国家五年规划的研究编制工作等。

2. 政府官员网络

智库的另一个作用机制主要是其认识和交往的政府官员网络，这些官员包括其主管机构及其他政府机构官员，智库与这些有政府决策资源和权力的官员关系远近是其发挥作用大小的关键，这些官员可以为智库提供项目资助和课题研究经费，并提供相应的信息资源，而智库通过内部书面报告或口头报告等方式提交研究成果，通过长期合作，智库可以与这些官员所在的政府部门形成相对封闭和固定的作用网络。

3. 社会精英网络

社会精英是指那些在政策过程中的间接参与者，包括其他智库人员、社会团体负责人、学术专家、科研专家、企业管理人员等。智库专家通过参加各类组织或会议活动可以认识并形成相关网络，这些网络可以使其获得课题信息与机会、最新研究成果、社会相关领域发展状况及观点，并且人际传播可以使自身观点得到更多认同，提升自身观点的影响力，进而提升对政府决策的影响力。

4. 媒体会议网络

智库还通过会议活动发表观点，获得出席的政府官员关注，从而为影响政府决策提供了便利。由于媒体不具备对政策事件独立分析的能力，而智库自身没有足够的传播平台，智库可通过接受采访、发表文章等借助各种媒体网络向公众传播政策观点，以提升自己的知名度和影响力，并使自身观点得到传播。随着信息社会的发展，许多智库也注意通过建立官方网站、微信公众号等发布成果。

（五）智库辅助决策的实际成效

在我国智库中，中国社会科学院作为中央直接领导的全国哲学社会科学最高研究机构，为我国在改革开放各个重要时期提供了许多有重要意义的研究成果。如 1978 年 10 月，社科院胡乔木院长发表了《按照经济规律办事，加快实现四个现代化》，对人们冲破"左"的思想束缚，认识改革高度集中的经济管理体制的必要性具有重要启迪意义。1979 年，于祖尧在《试论社会主义市场经济》一文中率先提出了"社会主义市场经济"的概念。1982 年，刘国光在《坚持经济体制改革的具体方向》中提出，社会主义商品具有商品经济条件下商品的属性。20 世纪 80 年代初期，中科院社会学所第一任所长费孝通教授带领他主持的"江苏省小城镇研究"课题组，深入开展调查研究，相继发表了《小城镇，大问题》《小城镇，再探索》《小城镇区域分析》等成果，受到中央领导同志的高度重视，发展小城镇也随之成为中央的一个"带战略性"的"大政策"。该院每年都向中央和国家有关部门报送上百篇对策建议。许多学者参加了中央重要文件的起草，参与了中央经济形势的分析咨询等。

2015 年以来，随着中央《关于加强中国特色新型智库建设的意见》的发布，我国智库迎来了蓬勃发展的繁荣时期。十九大报告明确提出要加强中国特色新型智库建设。以国家高端智库试点的 25 家单位为代表，各个智库紧密围绕新时代党中央的决策需求，进一步提升战略研究能力，深入分析经济发展中出现的难点热点问题，以强烈的使命感、责任感，为党中央、国务院出谋划策，形成了一批高质量的智库产品，为推动中国特色社会主义事业发展做出了重大贡献。

第二节　我国智库的发展问题及改进措施

一、我国智库存在的问题及原因分析

（一）我国智库建设运行中存在的问题

1. 官方或半官方智库独立性不强

西方智库，无论体制内还是体制外的都具有相对独立性，我国的智库建设还处在初级阶段，公共决策的民主化、科学化水平还比较低。依附性成为中国智库的最大弊病。目前，我国智库中事业单位法人型占绝大多数，而且研究咨询功能最强，但由于其在人事、财务等许多方面受其主管部门左右，研究成果就不一定是其考虑的重点，更多是承担了对其所在领域的官方政策维护和解释功能。并且该类型智库人员一般无绩效考核压力，只要完成上级部门交办的任务即可，无追求其社会公信力和影响力的动力，因此其研究问题往往偏离科学性，无法达到凝聚社会共识的作用。即便是一些无主管部门的官方智库，由于其人员和研究经费由财政拨款，研究结果的全面性、客观性也受到公众质疑。我国体制内智库主要包括中国科学院、中国社科院和各地社科院系统以及各级政府和职能部门的政策研究室。由于它们与政府机关合二为一，在项目课题的选择和拟定备选方案中都缺少必要的独立性。另外，许多隶属于各级党政部门的体制内智库，它们作为一般的党政职能部门设置，不仅进行政策研究，还承担了大量行政事务工作，如从事文秘、宣传等工作，这种职能的多样化也势必

导致咨询功能的弱化。

2. 民间智库发展滞缓

我国主要是发展了体制内的政策咨询机构和中科院、社科院等官方和半官方的智库，而体制外的智库发育迟缓，民间智库处于单打独斗的状况，而大学附属型智库也多数属于闭门造车型，应用性研究较少。这就使得"咨询与决策相分离"的问题未能从根本上解决。我国智库组织结构单一的状况，已经严重影响了政策咨询质量的提高，并且影响到智库的进一步发展。我国民间智库发展迟缓，首先是民间智库的资金严重不足，由于无政府拨款或支持，并且也难拿到政府项目的课题，同时我国企业和社会对该项事业捐赠很少，民间智库往往被迫放弃一些研究计划；其次，政府部门对民间智库的不信任和排斥也导致民间智库在调研获得信息方面存在许多障碍，导致民间智库的研究成果不佳，影响其功能的发挥；最后，我国民间智库在法律上和政策上缺乏支持，如许多民间智库由于没有官方挂靠单位，被迫在工商部门进行企业登记，在资金缺乏的情况下还须缴纳税金等。

3. 功能作用被弱化

首先，政府部门无健全的咨询制度，很多时候是临时有需要才找智库进行咨询，并且偏好于寻找官方权威机构的著名专家来进行咨询，使得大多数智库经常无用武之地，并且智库与政府部门是一种间接的、非正式的和信息不对称的沟通，智库对政府行为的计划、过程和结果知之甚少或者一无所知，提出的意见和建议往往不合实际，不具备可行性，直接导致了智库对政府行为无足够的影响力；其次，官方往往只接受智库积极的、建设性的谏言献策，一般不接受带有批评性、公众监督性质的建议和意见，削弱了智库的功能作用。

4. 缺乏领军人物和专业人才

智库的人才缺乏表现在两个方面，一方面是研究人才缺乏，由于我国存在的官本位思想，许多官方研究人员是由在政府部门不胜任其他岗位的人员安排来的，许多人员学历较低、无研究潜质，影响了智库作用的发挥，而民间智库由于受资金、体制等制约很难请到有影响力的研究人员，而大学智库专家虽然理论功底强，但许多人员无政府部门及社会工作经验，很难把握问题的实际需要；另一方面，智库中既懂研究又会管理的领导人才缺乏，导致内部管理混乱、效率低下，难以整合力量，形成科学、有效的研究团队，而对外交往又不活跃开放，导致研究成果应用效果不佳。

5. 体制机制不规范

与国外智库完善的体制和运行机制相比，中国智库的研究取向与社会需求一直存在差距，缺乏与政府、社会的互动机制，缺乏与大学之间的双向人员流动，缺乏成果传播机制，也没有建立起筹款机制。机构设置上不是按照现实问题设置而是按照学科设置的；不是以改进公共政策为科研目标，而是以学术探索与知识积累为首要目标；研究偏重基础理论研究而忽视应用对策研究。

6. 信息系统不健全

能否得到准确、全面的信息是智库能否生存的前提。我国智库的信息系统发展水平低，对网络缺乏有效的利用，且各地智库的信息系统条块分割无法形成共享的信息大系统，加之信息处理技术落后，导致信息管理混乱，反映情况不够及时、准确。

7. 人员结构不合理

我国个别体制内智库一度沦为上级安置离退休人员和容纳社会名流的名誉性组织，平均年龄偏大，缺少创新与活力。在文化水平上总体偏低，除了中央和省级一些智库由于内外环境优势吸引了部分高学历人才外，其他基层智库构成人员学历明显偏低，甚至有些人没有受过正规教育。此外，我国智库还存在专业结构不合理问题，不仅人员文科类毕业生偏多、自然和工程技术类专业较少，而且从业范围过度集中于某个狭窄领域，如工程咨询、科技咨询和金融咨询，智库这种"专家型"而非"复合型"的特征，使得很多咨询报告偏重于罗列数据，缺乏跨学科的综合分析。

8. 成果营销机制较弱

官方智库往往只注重利用体制内网络对政府部门官员推销研究成果，出于保密或故意表现神秘等方面的考虑，对社会进行传播宣传的积极性不高，导致许多研究成果不为外界所知，社会效用得不到体现；而民间或大学智库由于无官方渠道，只能借助媒体或内部期刊等渠道进行传播，往往不能被政府官员关注或关注的时效性不佳。同时国内智库人员跨届流动性差,人际传播网络也不顺畅。另外,各类智库利用论坛、研讨会等形式推销成果还不够活跃。

此外,我国智库的发展还存在意识形态制约、缺乏相关的知识积累和理性的分析工具、缺少智库品牌等问题,这些因素共同制约着我国智库的进一步发展。

(二)制约智库作用发挥的原因剖析

1. 决策者现代管理理念不强

由于我国实行党委集中领导下的政府行政首长负责制,政府部门领导尤其是一把手权力很大,决策过程实行内部封闭进行且缺乏外部监督,缺乏专家和社会公众参与的决策机制。虽然目前我国政府领导者的素质和能力不断增强,但很多领导者缺乏现代管理理念,往往只注重经验和主观决策,对决策民主化和科学化的认识不高,对听取专家决策咨询看作是可有可无,更不善于听取公众利益诉求,即使听取专家和民众意见也有选择性,专家咨询是在"为论证而论证",为政府决策的合理性"背书",对批评和建设性意见往往过滤掉,使得专家咨询流于形式。

2. 决策咨询制度尚不完善

在我国政府运作体制中,政府领导人在决策中依赖于相关部门,所要决策的议题也往往由部门上报,其他机构和人员缺少建议手段,使得政府决策变成部门决策,而部门往往只关注扩充自身权力并尽量推卸责任,造成政府职能越位与缺位。而在政策制定过程中,决策咨询也往往由政府部门实施,难以真正听取专家和公众的意见,相反更容易被相关利益集团左右,使得决策咨询流于形式。由于人大等机构监督职能未能得到充分体现,在政府决策执行评估环节也由政府部门自查自纠,缺乏智库等外在客观公正机构的参与,政策效果不能真正被观察到。此外,对于哪些政策必须经过专家咨询,哪些咨询机构有资格承担政府政策咨询,哪些咨询机构可以享受国家的税收优惠待遇,都还没有制度规定。

3. 智库运作管理机制有待完善

目前,我国智库普遍研究方法和手段相对单一,由于缺乏系统数据的积累和信息来源渠道，临时调查获取数据的成本过高，许多智库采用定性研究方法多，定量研究方法少，导致研究成果多停留在表面，或给人以似是而非或"人云亦云"的印象，缺少研究的深度和说服力。智库主要靠专家个人研究，很少进行团队研究，难以发挥整体合力，同时智库在打造自己的优势特长领域创立品牌形象上意识也不强。同时，由于智库的行业规范和内部管理措施不到位，许多专家偏离职业道德，不做调查研究，所提的政策建议质量不高，影响了智库的公信力。

二、加强工程咨询行业智库建设的建议

当前，智库已经成为我国推进决策科学化、民主化的重要手段，是国家进行治国理政，实现国家治理体系和治理能力现代化的重要抓手。推进决策咨询的智库建设，不仅有利于决策研究机构进行独立自主的决策研究，保证公共决策的科学性，同时也有利于公民通过决策咨询机构有序地参与到公共决策当中来。同时，决策咨询智库研究还有利于降低行政成本，在整个社会范围内形成利益和意见的顺畅交流渠道，推动社会公共事业的发展。因此，当前亟需完善与智库相配套的财政、税收和就业等方面的政策与制度，使我国的各种智库在来自民间、政府和市场的三股力量的作用下快速生长和发展起来，更有效地承担起民主科学决策系统中的咨询任务。

（一）明确智库在政府决策过程中的地位和作用

1. 发挥科学理性特征，促进科学民主决策

目前我国政治经济体制正处于不断完善之中，很多改革都还处于不断探索之中，一些改革的目标并不清晰，随着经济社会的发展形成了不同的社会阶层，不同群体对改革有各种各样的诉求，对政府决策的知情权、参与权和发言权要求越来越多。在现有的政治格局和体制下，我国智库参与政府决策过程的重要功能之一，是将所代表的或是更广泛的社会阶层或群体的利益进行整合和表达，其表现形式就是信息的聚合。真实、准确的信息是形成政策问题的基本要素，也是制定政策的基本前提条件，公共政策过程本身就是对相关信息进行收集、加工、整理和利用的过程。在我国政府决策体制的信息系统还不够完善的情况下，智库所反映的社情民意就成为决策者很好的信息来源，通过一个重

要、有效的渠道，将一定范围内个体公民的意见转化为明确的、一致的组织意见，以清晰、凝练的形式输入决策系统。

在现代社会，分工精细，信息剧增，公共事务日渐庞杂，而政府机关编制有限，现代政府决策者所要解决的问题、所要承担的职责、所要行使的职权与他们的知识、信息、能力之间的差距越来越大。要弥补这一差距，就必须"政治求助于科学，官员求助于学者"，而智库就是基于这一需要而逐步发展起来的。由于我国现存的体制内政策研究机构的主要工作是为领导起草文稿，实际上履行领导理论秘书的职能，而真正提供政策分析、评估和预测等咨询服务的智库就尤为重要。智库中的专家、学者普遍具有较强的专业性，他们从多种学科、多种视角切入和展开的社会问题研究，天然地具有一定的深度和高度，并且智库专家与党委、政府部门不存在上下级关系或隶属关系，与政府决策没有直接的利益关系，这就在一定程度上确保了其政策研究工作的相对独立性和超脱性，保障了其参与公共政策制定的客观性、公正性。充分发挥智库的政策咨询优势，对于促进我国公共决策的科学化和民主化、提高社会公众政策参与能力都具有非常重要的现实意义。

2. 保持客观、独立、公正，发挥公共利益代言、民主协商监督作用

根据公共选择学派理性"经济人"的假设，政府中的个人和官僚机构都是有理性的个体，其政策决策必然会谋求自己以及家属和亲友的私人利益，而并非总与社会利益保持一致。由于政府在经济、社会生活中所处的特殊地位，使其在制定与执行政策时，往往会借社会利益之名行机构私利之实，从而影响公共政策的正当性和有效性。为减少政府决策对公共利益的损害，需要良好而有效的政策过程参与。

改革开放以来，我国公民进行利益表达的环境大为宽松，但总体来说群众参与渠道还是不太顺畅，公民政治参与制度化程度较低，公民意见对决策产生的影响还是比较有限。而且，公众的参与意识和参与能力、知识、技能等都影响到政策参与的有效性。随着互联网、移动通信等信息产业的迅速发展，不仅削弱了政府对信息的控制能力，甚至影响民意导向，孕育了公共管理民主化，网络民意对公共决策的影响在增大。另外，国家处于高速发展期，社会各个阶

层利益格局复杂，公众价值观念趋于多元化，使得政府决策既要给不同利益群体和价值观念群体依法表达利益诉求的机会，又要进行合理引导。在这种现状下，智库作为独立于执政党及其政府之外，拥有较高的参与能力，又具有可以通过多种参与渠道的政治参与主体，其监督和制衡作用的充分发挥显得尤其重要。智库必须坚持公平正义，为人民服务，为公共利益服务，不为特定利益集团服务，不为私人利益服务，坚守学者的良知、责任和道义。

3. 利用"第二轨道"外交，促进国际事务合作，提升国家软实力

改革开放40余年，我国政府决策环境发生了巨大的变化。首先，由于各种跨国公司、非政府组织、媒体等纷纷在我国设立分支机构，我国已全面融入全球化，使得经济、文化等各个领域都处于国际、国内同时竞争的格局下，政府决策需要同时兼顾两方面情况。而在当今世界，国家实力不仅表现在国家军事能力、经济实力等"硬实力"上，而且也越来越多地表现在国家科技、文化、教育、社会科学研究等"软实力"上。软实力的强大意味着一个国家在意识形态、发展模式、民族文化、外交方针等方面被国际社会的认可，而智库作为国家软实力的一个重要方面可以利用"第二轨道"外交，在双边和多边外交事务中为错综复杂的敏感问题和全球重大理论问题提供对话机会和场所，同时其灵活和非官方的宽松外交氛围，可以使各方更充分地了解对方的真正意图和背景，起到传达信息、消除误解、扩大互信、加强合作的功能。同时，智库通过开展国际业务和学术交流，可以传播我国经济、政治、社会和文化各方面的发展状况，有利于消除外国媒体和公众对我国的不当形象。智库还可以建立区域性智库网络，推动区域性公共问题在官方和学术界的共同研讨解决。

（二）不断完善有利于智库作用发挥的政策环境

1. 积极创造发挥智库影响力的政治环境

外部政治环境是我国智库实现影响力并保持独立性的关键。智库作为一种参与政策过程的机构，要真正发挥作用需要有很多具体的支持性条件。首先是执政党和政府要给予高度重视，要对智库的功能、作用及其地位有所认识，要认识到实行专家咨询制度，构建决策智力支持系统，发挥智库作用，对于增强决策透明度和公众参与度，推进决策的科学化、民主化具有重要意义；其次，

政府要营造宽松稳定、团结和谐的政治局面，将智库视为益友和诤友，为智库提供"知无不言，言无不尽"的政治环境，这是发挥智库作用的前提。

2. 拓宽智库所需的政府决策信息环境

政府是智库获得政策研究所必需的信息和数据的最主要渠道，政府决策信息的社会化、公开化，在很大程度上对智库的发展起着决定作用。参与政府决策过程是一种高水平的政治参与，它需要参与机构掌握大量的真实的信息资料来增加其价值和效率。但在目前阶段，政府决策信息的公开情况远不能满足智库研究需要。一些智库获得有价值的、有效性的信息往往来自其自身工作领域或个人人际网络渠道，而不是由专门政府信息机构提供，同时亦缺乏相关的具体制度保障，更多的智库由于信息的局限而不能有效地发挥作用。政府应该拓宽政策决策过程的开放度，法律上明确需要引入专家咨询和论证的情形，以保障专家参与权，将专家由单纯的信息输入者改变为对话者、讨论者。同时为专家咨询提供充分的背景信息，保障专家的话语权有效。还应当推进政府信息化建设，建立政策思想收集和筛选机制，搭建多种形式的政策思想的交流平台，在保密的前提下对智库开放其决策信息数据库等。

3. 完善智库发展所需的资金保障环境

资金来源上，为了维持智库正常运转并减少智库因资助者的利益诱导而丧失独立性，就需要通过各种措施逐渐保证智库研究经费来源的多元化。除了政府资金外，政府还应在政策上给予鼓励和支持，引进基金会、企业和个人资金，可以通过设立政府的政策研究基金并鼓励民间资本参与，对智库招标课题或委托研究给予项目经费，通过法律或政策鼓励社会公益捐助，建立社会非营利性公益基金等，但这些都需要防止资金来源不影响研究过程和结果，保持研究的相对独立性。

（三）持续深化体制改革，建设高水平特色新型智库

1. 健全政府决策责任追究制度

为了促使政府决策者的自我约束和自我完善，保障政策制定利益相关群众的利益诉求，保证智库专家对公共政策的智力支撑，在整个社会营造出政府决策的科学、民主氛围，需要建立政府决策过程中的责任追究机制。首先要明确

决策程序，在整个政府决策过程中的各个阶段要按照一定的程序进行，对不履行决策程序的决策者，不管决策结果如何都要进行责任追究。其次，要建立决策事后的责任追究制，对造成重大损失的决策，相关决策者或决策层就应承担相应的责任甚至是法律责任，并接受社会公众的监督。

2. 完善政府决策咨询制度

为了给智库的生存和成长提供良好的制度保障，需要改革与完善政府决策咨询机制，实行"谋"与"断"相对适度分工的决策过程。智库等咨询机构承担"谋"的任务，需要从专业化角度并根据政策利益相关者的意见制定相对比较客观、公正、科学、合理的政策方案；政府决策层主要承担"断"的任务，负责提供决策需求、主持方案论证、对决策方案进行最终修改裁定，在政策实施过程中再根据专家意见进行评估完善。决策咨询制度还应该在智库专家学者与决策者之间建立起畅通的对话机制，通过长期的政府合同关系、定期的协商机制、临时的对话、定期或不定期的研讨会等保持良好对话渠道的方式，将智库专家由单纯的信息输入者改变为对话者、讨论者。强化决策机构对智库咨询意见的回应机制，一方面可以使智库专家及时了解决策层的决策需求和有关情况，有针对性地进行研究和咨询；另一方面可以使决策层及时了解智库专家的研究成果和咨询建议，并把它们应用到决策过程中。

3. 完善全过程专家咨询程序

智库的功能和作用不仅仅体现在决策前为决策者献计献策，还体现在对决策实施方案进行跟踪研究以帮助决策者调整决策，在战略高度运用各种科学预测方法向决策者提出关于未来趋势的建议等。著名管理学家西蒙认为，组织的整个管理过程就是决策的过程。从这个意义上说，智库作为决策咨询机构，其咨询应当是贯穿于政府整个管理过程的。也正是由于这一点，我们在推动智库成长的社会化的同时，还应当从政府和公共部门层面入手，建立必要的、伴随决策全过程的专家咨询程序。一是在政府信息公开的条件下，设计具体行政程序，使学者将学术研究与现实政策制定联系起来，如政府的相关会议邀请专家列席等。二是建立相关决策采纳制度，例如做出在智库提供的决策方案不被政府决策者采纳的情况下，应由决策者提供书面说明等规定。三是建立决策实施反馈制度，由作为决策实施部门的政府机构和作为研究方的智库联合进行决策实施反馈调查，使决策实施的反馈客观化。四是建立决策实施评估机制，即在整个决策实施完成后，由智库和政府机构各自独立提供评估报告给最高决策者，并将各自的评估报告在符合法律规定的情况下向社会公众公开。只有这样，在政府层面建立的专家咨询程序才是全程的、全面的和制度化的。

4. 探索政府决策民主协商监督制度

从树立政府尊重、依靠科学和发扬民主的形象的角度，赋予智库参与公共政策的制定相应的民主协商和民主监督功能，特别是对事关民生和社会全局的重大问题，要将智库视为群众利益代表进行协商，同时应在制度上对协商的形式、内容、结果、反馈等方面进行详细的规定，积极拓展民主监督的形式，通过聘任智库专家担任各类政府特约人员，比如特约检查员、特约审计员、教育督导员、土地监察专员、税务监察专员、政府立法顾问等，参与行政和法律立法及政策执行监督工作，如参加民主评议、行风评议、执法检查、专题调研、提案跟踪，组织和参加知情问政的协商会、座谈会等，使智库成为政府的合作者、参谋者、批评者，达到社会公众代言，实现维护公众利益的作用。

5. 完善智库国际事务参与机制

随着中国综合国力的增强和对外交往的增多，智库可以作为国家重要的非官方组织在"第二轨道"外交中发挥更重要的作用。政府可以支持我国智库与国外智库就某一共同关心的问题组建区域性智库网络，选择一些智库配合国家总体外交政策，在"第二轨道"外交框架下参与一些双边或多边外交问题的对话、论坛；智库也可与国外智库建立定期交流机制、签订项目合作研究协议，举办国内外热点问题的研讨会，与国外媒体加强合作阐述我国政府的政策立场和观点看法等，同时与国外智库互派人员交流和培养，条件具备的智库还可以在国外建立分支机构，收集研究所需的信息资讯，传播自身研究成果等。

此外，我国智库的建设还有一些基础性的工作要做，如完善中国智库的登记管理制度、构建智库评价的指标体系，开展中国智库的统计工作、建立中国智库的资料库等。

（四）加强新时代中国特色智库治理及能力建设

1. 加强人才队伍建设

智库的关键在于拥有多少优秀人才以及这些人才的合理配置。目前，我国智库的内部人员主要是来自政府所属科研机构和高等院校的专家学者，这些专家一方面往往缺乏政府部门工作的经验，对政府决策需求和社情民意的把握并不十分清楚，另一方面受机构和专业背景的限制，观察和研究问题的视野不宽广，研究成果往往只具备专业性，而无针对性和可操作性。建议可以学习美国智库的"旋转门"机制，推动国内智库人员结构的多元化，一要充分吸收离职官员、高管等熟悉政府决策与运作、了解国际经济形势的管理精英充实智库研究队伍；二要充分发挥现有人大、政协及各民主党派和社会新阶层的人才智力和参政议政的优势，构筑更为广泛和多元的智库研究团队；三要充分利用驻外机构、驻外企业和留学生等其他资源，延伸国内智库收集、整理外部信息的能力，进一步提升智库研究成果水平。同时应注意吸收各个学科背景的专家组建综合研究团队，智库还可以与政府部门及企业、高校等互派人员交流、培养等来加强人才队伍建设。此外，还可借鉴美国等西方著名智库的人才激励机制，建立起固定人员和流动人员合理配置的用人制度，对高级研究人员实行长期聘任制，对作为助手的中初级研究人员实行短期聘用制；同时建立访问学者制度，吸收社会各界知名人士参与自己的课题研究，拓展课题研究的社会基础。

2. 建立开放互动的运行机制

智库必须与社会建立起广泛的联系与互动机制，才能形成广泛的社会影响。中国的研究机构务必要"开门办公"，与政府、企业和大学建立起一套成型的互动机制，广开渠道、广交朋友，吸收广大民众的建议，为政府部门解决难题，如此才能体现智库的社会价值。从目前我国的智库发展现状来看，可以考虑在每个机构设立科研工作咨询委员会，广泛吸收政府、企业和大学等知名人士为咨询委员，建立起一套社会知识联系体系。在运行机制上，智库应当通过策划活动培养、推出在某些专业领域著名的专家学者，通过其扩大智库的知名度和影响力。在内部机构设置上，要明确智库以研究人员为核心，其余人员做好服务，为研究人员创造良好的研究环境和提供有效的后勤保障。在研究方法上要减少对国家政策的阐释性、附和性、宣传性成分，跳出依靠经验的研究机制，而应以大量翔实的数据和充分的证据为基础，结合对问题的研判，在独立思考、独立研究基础上提出客观、科学的政策建议，以影响和说服决策层；并且，智库要利用自身优势，就某些有前瞻性又有现实性的重大课题做持续的系列研究，为政府决策和社会舆论提供持久而强有力的智力支持，创立自己的品牌成果，进而树立自身在专业上的特色和权威影响。在研究领域和服务对象上，智库研究不能再局限于对政府决策部门施加影响，而应该借助媒体传播引导公共舆论，经常与社会公众互动学习，培养创新意识，使之成为一个重要的理论创新平台，成为引领思想潮流的中坚力量。在对外交流上，要站在服务国家战略的高度，广泛研究关系全球发展的重大问题，如气候变化、环境保护、国际金融新秩序等更加深远的议题。要积极与国际上重要的智库机构开展交流与合作，扩大国内智库在国际舞台上的影响力。

3. 创新研究方法和手段

现代社会科技发展非常迅速，专业化分工越来越精细，信息量呈爆炸式增长，使得决策者面临的决策环境越来越复杂，对智库的要求也越来越高。国外著名的智库都非常重视对研究方法和手段的创新，如兰德公司创立的"德尔斐法""线性规划和非线性规划"等，为提高咨询工作的效率和质量发挥了重要的作用。因此，我国智库应紧跟经济社会发展的脚步，不断创新研究方法和手段，注重对信息技术的运用，加强量化分析能力，不断提高研究的质量。

4. 完善成果运用推销机制

智库存在的主要意义在于影响政府决策，强有力的政策推销机制和多元化推销渠道是发挥智库影响及推广其研究成果的重要前提。因此，智库不仅要进行客观、独立、公正的研究，还要进行研究成果的宣传推广，以扩大智库的社会影响力。可以考虑出版发行书刊，包括年度报告、科研快报、工作论文、著作等，及时全面地向政府和社会介绍应用对策和基础理论研究成果；有效利用新闻媒介，通过举办高层论坛、学术交流、专题访谈等，宣传智库的研究成果和政策思想；鼓励智库开展企业咨询，推销政策和管理思想；倡导智库与政府、企业间进行适当的人员交流，这样可以扩大智库的知名度，且便于推广其研究成果。此外，智库还可以通过合作举办培训班、发表评论、与报刊合作开展专栏，以及建立专门的网站和专家自媒体等方式宣传研究成果。总之，智库研究人员不应只埋头做研究，必须采取各种措施，特别是要注重现代信息技术手段的运用，以扩大自身的社会影响力，从而才能更加全面深远地影响到政府决策。

附件一：中咨公司政策研究咨询业务导则❶

1 总则

1.1 目的

（1）政策研究是政策制定过程中的重要环节，也是伴随政策实施全过程的重要专业活动。政策咨询是政策研究工作与政策决策相分离的产物，是政策决策民主化、科学化的重要体现，是咨询服务业的重要组成部分。为适应公司发展战略要求，推动公司政策研究咨询业务创新发展，提高公司政策研究咨询专业服务的质量和效率，根据公司业务管理相关规定，制定本导则。

（2）政策咨询作为专业性咨询活动，应成为党和政府政策决策工作不可或缺的重要工具，在确立和发展社会主义市场经济政策体系，立足新发展阶段，贯彻新发展理念，构建新发展格局，促进经济社会高质量发展中发挥重要作用。

（3）政策咨询业务是公司工程咨询业务的必要延伸；是公司不断提高咨询评估质量、在为政府决策部门发挥投资项目决策把关作用的同时，更好地发挥专业智库作用的必然要求；是公司走市场化道路，巩固政府业务渠道，实现可持续发展的重要基础。

（4）公司政策咨询业务主要指在公司开展项目咨询评估、规划咨询、后评价以及其他咨询服务工作的基础上，接受委托或自开专题进行研究，围绕经济建设、国防建设、一带一路、结构调整、可持续发展等领域，为国家和政府决策部门提出带有全局性、规律性政策性建议的研究咨询服务工作。政府宏观决策和管理部门是公司政策咨询的特定服务对象。

（5）公司开展政策研究咨询业务，应充分发挥跨行业、多学科的综合优

---

❶ 本导则供中咨公司内部使用，并根据情况变化适时进行修改完善。相关内容仅供参数。

势，发挥公司开展工程咨询评估优势，根据公司多元化咨询业务创新发展战略目标的要求，积极利用业内优秀资源，采用先进技术工具，在咨询业务的人员组成、业务流程、分析方法等方面进行研究和创新，逐步形成具有公司特色、内容完善的政策研究咨询业务流程和方法体系，以适应公司发展战略需要。

（6）公司秉承"敢言、多谋、慎断"的执业准则，"公正、科学、可靠"的行为规范，强化"品牌意识、前瞻意识、进取意识、廉洁意识、合作意识"，践行"求实、严谨、高效"的企业精神，按照 ISO 9001：2018 质量管理体系的要求、按照高端智库建设的要求提供高质量的政策研究咨询专业服务。

1.2　术语与定义

1.2.1　政策

政策包括三个方面的含义。一是治国之道，即"大政方针""总路线"，是政治学的范畴；二是政府为处理国家和社会公共事务而制定的行为规范，也称为"公共政策"，是行政学的范畴；三是精明行为，即"策略"，是管理学的范畴。本导则所指政策主要是公共政策，即体现政府对全社会公共利益进行的分配行为，以及社会公众和各种利益相关群体对政策制定与执行的参与、监督和反馈行为。具体表现形式主要有：

（1）行政法规。行政机关依据国家宪法规定和全国人大授予的权力制定行政法规，习惯上被称为政府立法活动或行政立法活动。行政法规常以总理令的形式加以发布，在公共政策中具有重要地位。

（2）行政措施、决定和命令。以国务院文件或国务院办公厅文件的形式发布。无论是行政法规，还是行政措施、决定和命令，都被称为国家政令，具有相同的法律效力。

（3）部门规章。是国家法律和行政法规的进一步具体化，呈现形式与国家法律和行政法规类似，同样具有较强的规范性，常以部长令的形式发布实施。

（4）地方性规章。由宪法和地方政权组织法等法律明确授权各省、自治区和直辖市政府，省会城市以及计划单列市政府等地方政府制定在其所辖地方实施的规章。

（5）地方性行政措施、决议和命令。根据宪法和地方政权组织法的规定，地方各级政府有权规定行政措施，发布决议和命令。

1.2.2　政策过程

政策的形成和作用过程，是各种利益群体将其自身利益诉求投入政策系统中，通过政策制定过程使其转变成为社会公众行为规范，通过政策执行过程对各方面利益关系进行调整的过程，一般包括政策制定、执行、评估、监控和终止等环节。政策咨询应在政策周期不同环节提供专业咨询服务。

1.2.3　政策系统

政策系统应由信息、咨询、决策、执行和监控等子系统构成。政策过程及其各项功能活动应由各子系统共同完成。各子系统应按照各自分工、相互独立、密切配合、协同一致，促使政策大系统得以顺利运行。

1.2.4　政策咨询

政策咨询也称公共政策咨询，由独立的咨询人员或咨询机构根据政策制定和决策的需要，以其专门的知识，运用现代分析方法和手段，进行调查、研究、分析、预测和评估，为政府部门制定各类公共政策进行分析论证与研究，并为重大问题决策提供依据和可供选择的执行方案。政策咨询应发挥连接政策研究者与政策制定者之间桥梁纽带的作用，针对综合性、战略性、全局性政策问题进行论证，提出建议和对策，为公共政策的科学决策提供专业智力服务。

1.3　适用范围

本导则主要针对公司以工程咨询服务为基础延伸的政策咨询业务，具体包括：

（1）结合项目咨询评估的政策咨询研究。

（2）结合规划和后评价咨询工作的政策咨询研究。

（3）有关行业发展的专题政策研究。

（4）有关区域发展的专题政策研究。

（5）其他政策性问题的专题研究。

1.4　指导思想

1.4.1　坚持贯彻新发展理念

公司政策咨询业务必须以习近平新时代中国特色社会主义思想为指导，坚持创新、绿色、协调、开放共享新发展理念，切实转变咨询理念，不断提高工程咨询服务把握政策、落实政策、完善政策的能力，既要通过工程咨询工作落实国家一系列方针政策，又要通过政策研究咨询提出相关政策建议，促进公司工程咨询服务质量和水平提升。

1.4.2　坚持以工程咨询为基础

公司政策咨询业务以工程咨询工作为基础，以在工程咨询评估工作中把握和贯彻国家一系列方针、政策为出发点，以帮助国家和政府不断完善投资领域及相关政策为落脚点，在工程咨询工作中总结分析有关政策制定和实施过程中存在的经验、教训、成绩和问题，为国家和政府管理部门完善已有政策和制定新的政策措施提供有价值的咨询意见。

1.4.3　坚持服务于公司智库建设目标

公司政策咨询必须聚焦于服务公司发展战略总体布局，服务于建设"国内有权威、国际有影响的中国特色新型高端智库"，以及建设世界一流咨询机构要求，积极开拓公司政策咨询业务。

1.5　基本原则

1.5.1　方向性

中国特色社会主义已经进入高质量发展的新时代，社会主要矛盾已经发生重大转化，立足"两个一百年"奋斗目标的历史交汇期，应对国际国内发展环境的深刻变化，公司政策咨询要立足于贯彻新发展理念，服务于构建新发展格局，为建设社会主义现代化强国服务。

1.5.2　科学性

运用马克思辩证唯物主义的哲学方法，把握规律性，研究特殊性，善于抓住事物发展变化的主要矛盾和矛盾的主要方面；坚持实践是检验真理的唯一标准，一切从实际出发，注重调查研究，用事实说话；充分依靠和利用自然科学、社会科学领域的科学原理、方法和最新研究成果，注重定性分析和定量研究相结合，用数据说话。

1.5.3　预见性

政策研究咨询工作要把握科学技术日新月异、经济全球化迅猛发展、世界和中国发生广泛而深刻变化的大潮流、大趋势，密切跟踪全球政治、经济、社会、科技发展的最新动态，前瞻性地研究新情况、新问题，在认识和实践上与时俱进，勇于创新。

1.5.4 针对性

紧密围绕工程咨询为投资建设服务的实践，从提高投资效益、规避投资风险的角度出发；从以人为本，全面关注投资建设对所涉及人群的生活、生产、教育、发展等方面所产生的影响的角度出发；从促进全面发展，发挥投资建设对转变经济发展方式、提高自主创新能力和促进社会全面进步等方面关键作用的角度出发；从促进协调发展，提高投资建设对城乡、区域、人与自然和谐发展等方面重要贡献的角度出发；从促进可持续发展，统筹考虑投资建设中资源、能源节约与综合利用以及生态环境承载力等因素，促进循环经济及碳达峰、碳中和、低碳发展的角度出发，研究相关政策制定和实施过程中的经验和问题，提出进一步完善和制定新政策的对策建议。

1.5.5 可操作性

政策咨询研究工作提出的政策建议要具有可操作性，一是要在政策决策中能够采纳，即满足决策者解决政策问题和平衡各方面利益关系的要求；二是要在政策实施中能够执行，即具备政策实施的各方面因素和条件，在政策实施过程中具有可操作性，确保政策咨询成果实现其真正价值。

2 公司政策研究咨询的重点内容

2.1 投资政策

投资政策是国家宏观经济管理政策的重要组成部分，是国家或特定经济部门运用各种调节手段和调节机制，控制或引导投资主体行为与投资运行过程，合理分配和运用投资资金，协调和促进投资运行过程有序健康发展，以保证社会总供给与总需求的平衡和宏观经济总目标的实现的政策总和。投资政策调整的对象主要是投资主体、投资资金和投资项目。

2.1.1 投资宏观调控政策

投资宏观调控的主要政策手段包括：①经济政策和经济杠杆，包括财政政策、金融政策、产业政策、地区政策等，运用利率、税率、汇率、价格等杠杆调控经济活动；②计划指导和信息引导，包括中长期规划、专项规划、重大项目建设计划等；③经济法规，包括投资法、土地法、招标投标法等与投资活动直接相关的法律法规以及财政、税务、金融、环保等各方面的法律法规；④必要的行政性手段，如项目审批、核准和备案审查政策。

公司政策咨询的研究重点是：根据国家一个时期宏观研究政策的导向，研究投资调控政策的贯彻落实情况、实际执行过程中存在的问题和偏差、其他相关政策与投资调控政策的配合情况，为政府完善投资调控政策体系提出操作性的建议，并对未来投资调控政策调整的方向、时机、力度等提出具体建议。

2.1.2　投资规制政策

投资规制是指政府通过法律法规对投资主体的市场准入、市场运营、市场退出，以及既定产品和服务的价格、质量、交易方式和条件等经济活动进行监督、管理和规范，以限制不公平竞争、纠正市场失灵、维护市场竞争秩序、提高市场效率、增进社会福利等的活动。主要政策手段有：①进入和退出规制政策；②价格规制政策；③质量标准和数量规制政策；④金融规制政策；⑤标准政策；⑥税费和补贴政策。

公司政策咨询的研究重点是：从建立和完善社会主义市场经济体制的总体要求出发，结合项目咨询评估工作，总结研究现有各类投资规制政策执行中的有效性和偏差，按照发挥市场配置资源的决定性作用，同时加强政府对各类要素市场、产品市场培育、规范、监管的原则，对各类投资规制政策的进一步调整和完善提出建议。

2.1.3　公共投资政策

公共投资主要表现为政府投资，以满足社会公共需要、弥补市场失灵为主要目标。公共投资是政府进行宏观调控的重要工具，是政府提供公共产品的基本手段，同时也是政府提供公共服务的前提和基础。公共投资政策包括投资方向、投资目标、投资的资金来源和投资的最终结果等四个方面的政策内容。

公司政策咨询的研究重点是：根据投资体制改革的要求，从加强公益性和公共基础设施建设，保护和改善生态环境，促进欠发达地区的经济和社会发展，推进科技进步和高新技术产业化等方面，研究未来政府投资的重点、方向、项目选择、实施和管理方式等，提出调整优化的政策建议。

2.1.4 投资管理政策

投资管理政策包括投资项目决策程序和投资建设实施管理两个方面的政策规定。投资项目的决策程序一般分为五个步骤，即提出项目建议书（即投资立项阶段）、可行性研究阶段、项目评估决策阶段、项目监测和反馈阶段及项目后评价阶段。在投资建设领域应重视发挥市场机制作用，落实项目法人责任制、招标投标制、工程监理制、合同管理制、政府项目代建制等政策制度。

公司政策咨询的研究重点是：根据投资体制改革确立企业投资主体地位，规范政府投资行为，培育投资中介服务，加强和改善投资宏观调控的总体要求，研究投资体制改革过程中出现的新情况、新问题，为进一步深化投资体制改革、完善我国投资管理体制提出政策建议。

2.2 产业政策研究

产业政策通常被解释为指导产业发展方向、规划产业发展目标、调整各个产业之间相互关系及其结构变化的措施和手段的总和，是整个经济政策体系的重要组成部分。产业政策通过干预一国的产业（部门）间的资源分配或产业（部门）内的产业组织，实现经济社会发展目标。产业政策覆盖面宽，调整范围广，内容主要包括产业技术政策、产业布局政策、产业结构政策、产业组织政策、产业金融政策、产业贸易政策等。

2.2.1 产业结构政策

产业结构政策是政府推动产业结构转换、促进产业结构优化的相关政策。产业结构政策作为产业政策的重要组成部分，其基本目标主要包括两个方面：一是促进产业结构的高级化，即根据本国具体情况和国际经济发展、产业结构演进趋势，规划产业发展顺序，选择主导产业、振兴支柱产业、保护幼稚产业、调整衰退产业，并从产业高度设计产业结构演进和产业发展的目标、途径以及应该采取的政策措施。二是促进产业结构的合理化，即在分析研究产业结构现状的基础上，发现结构不合理的问题，提出合理化方案及具体政策措施。

产业结构政策的内容主要包括确定产业发展优先序列、瓶颈产业的扶持政策、主导产业的培育政策、幼稚产业的保护政策、衰退产业的调整援助政策。

公司政策咨询的研究重点是：结合公司咨询评估工作，根据转变经济发展方式，缓解资源约束，减轻环境压力，提升国际分工地位，增强自主创新能力，构建现代产业体系，实现我国经济又好又快发展和社会和谐的总体要求，研究我国产业结构升级和调整的方向以及具体政策措施。

2.2.2　产业布局政策

产业布局是指产业资源在不同地区空间的配置，以及这种配置对经济增长和社会发展的影响。影响产业布局的基本因素有：自然因素，包括自然条件和自然资源；运输因素，即实现地区间联系的交通因素；人力资源因素，包括人力资源的数量、质量和空间分布；市场因素，包括市场销售场所、相对位置、规模和结构；集聚因素，即产业集中和分散的空间分布状况；社会因素，包括政治、社会、文化和国际关系等因素。

公司政策咨询的研究重点是：根据产业结构调整和区域经济协调发展的要求，从各产业的具体情况出发，研究各类产业的现有布局政策和调整方向，提出具体的政策建议。

2.2.3　产业组织政策

产业组织政策是产业政策中具有核心地位的政策内容，是针对经济运行中可能出现的市场失灵，政府为了达到维护有效的市场竞争目的而制定和采用的调整市场结构、规范市场行为的产业政策。按照政策目标导向，产业组织政策可分为两类：一类是鼓励竞争和限制垄断的政策，主要目标是促进产业组织的有效竞争和保护市场公平竞争环境，以获得良好的市场绩效，具体内容有反垄断政策、反不正当竞争政策等。另一类是发挥规模经济和专业化分工等经济功能的产业组织合理化政策，主要目标是限制过度竞争，具体有直接规制政策、企业兼并政策、中小企业发展政策等。

公司政策咨询的研究重点是：结合公司的咨询评估工作，从各产业的具体情况出发，根据国家宏观经济政策和产业政策指导，按照实现市场机制和产业政策的有机结合的原则，研究各类产业现有组织政策的有效性和偏差，提出具体的政策建议。

2.2.4　产业技术政策

产业技术政策是用以引导和促进产业技术进步的政策，其目的是服务于产业的总体优化，扶持和推进高科技产业的优先发展，并为经济发展技术基础的更新、改造和创新提供支持。在具体的实践中，产业技术政策包括技术引进、研究与开发援助、发展高技术产业等政策。

公司政策咨询的研究重点是：结合公司的咨询评估工作，从各产业的具体情况出发，根据国家宏观经济政策和产业政策的目标导向，按照提高自主创新能力，走新型工业化道路的原则，研究各类产业现有技术政策的有效性和偏差，提出进一步完善的政策建议。

2.2.5　产业金融政策

金融政策促进产业发展的主要政策措施包括：建立高效稳健的金融体系；设立政策性金融机构；培育资本市场；发展创业投资市场。

公司政策咨询的研究重点是：结合公司的咨询评估工作，从各产业的具体情况出发，根据国家宏观经济政策和产业政策的要求，充分发挥现代金融体系对产业发展的支撑作用，研究目前产业金融政策的有效性和偏差，提出进一步完善的政策建议。

2.3　区域经济协调发展政策

区域经济政策是政府运用政府干预手段，解决发展中出现的各类区域性问题，推动地区协调发展的政策及政策体系，是中央政府旨在改善一国范围经济活动地理分布的所有公共干预行为。区域经济政策的基本目标包括经济稳定增长、资源配置高效和收入分配公平。区域经济政策可分为超越国家层次的区域经济政策、国家层次的区域经济政策和国家内各地区层次的区域经济政策等三个层次。

区域经济协调发展是指在区域开放的前提下，各地区实现相互促进、相互适应、相互依存的状态和过程，包括各地区经济发展水平、速度的总量协调，区内外的产业发展合理化与协调。我国区域发展政策包括深入推进西部大开发、全面振兴东北等老工业基地、大力促进中部地区崛起、积极支持东部地区率先发展等政策。

公司政策咨询的研究重点是：结合公司开展的各类区域发展规划咨询工作，按照国家区域发展总体战略和政策的要求，研究西部大开发、振兴东北等老工业基地、促进中部地区崛起、东部地区率先发展，以及京津冀协同发展战略、长三角一体化发展战略、长江经济带发展战略、珠三角地区发展战略、黄河流域高质量发展战略、粤港澳大湾区发展战略等各类相关配套政策实施的有效性和偏差，提出进一步完善的政策建议。

2.4　农村发展政策

农村发展政策包括土地政策、农村基础设施建设政策、农村经济发展政策、农村社会发展政策、农村教育文化政策、农村生态环境政策、农村社会保障政策等。

公司政策咨询的研究重点是：着眼于国家农村发展政策的贯彻落实和不断完善，结合项目咨询评估工作，研究各类"三农"政策执行过程中的有效性和偏差，提出有关政策建议。在此基础上，进一步深入研究如何保障农产品的稳定供给、如何促进农民收入稳定增长、如何形成城乡一体化发展的新格局、如何依法保障农民的基本权利、如何推动实施乡村振兴战略等政策。

2.5　可持续发展政策研究

2.5.1　资源环境政策

是政府为了保护和改善环境而制定的各种政策，涵盖空气、水、土壤、废弃物、气候变化、化学品、噪声、土地使用、自然与生物多样性等领域，包括法律、法规、环境行动计划、市场、财政金融等政策工具。我国资源环境政策主要包括直接规制政策、税收政策、补贴政策、资源综合利用政策、清洁生产政策、环保产业发展政策等。

公司政策咨询的研究重点是：着眼于国家资源环境政策的进一步落实和不断完善，结合项目咨询评估工作，研究各类资源环境政策的有效性和偏差，提出政策建议。在此基础上进一步研究我国经济发展中如何保护生态环境，实现人与自然和谐发展，保障我国战略性资源的有效供给，深化我国资源价格体制改革等中长期政策问题和对策。

2.5.2　循环经济政策

循环经济是实施可持续发展战略的重要途径和实现方式。循环经济发展的政策体系涉及资源利用、环境保护、生态建设、产业及区域发展等方面。发展循环经济特别要充分利用价格、财政、税收、投资、产业、技术、消费、法律等手段，充分发挥市场机制对资源配置的决定性作用，包括建立征收环境税费制度、财政信贷鼓励制度、排污权交易制度、环境标志制度等，通过治污、清洁生产等途径实现外部不经济性的内部化。

公司政策咨询的研究重点是：结合循环经济试点评估工作，紧密围绕国家政府部门政策研究和制定工作的需求，着眼于尽快完善和落实我国循环经济政策体系，就我国推进循环经济发展的各类政策问题进行深入研究，提出具体的政策建议。

2.5.3 能源政策

能源政策是为达到既定目标而调整、引导、控制能源经济系统优化运行的一系列手段和措施的总称。从调控对象看，有调控能源经济的宏观政策，如财政政策、产业政策、投资政策、价格政策、税收政策等，也有调控能源经济微观运行的政策，如技术改造政策、节能政策等。

公司政策咨询的研究重点是：紧密围绕国家政府部门政策研究和政策制定工作的需求，结合具体的项目咨询评估工作，着眼于我国能源战略和政策体系的贯彻落实和进一步完善，就我国各类能源政策问题进行深入研究，提出具体的政策建议。

2.5.4 创新发展政策

创新发展政策是科技政策和产业政策的协调融合，可分为三类：一是促进要素供给的政策，主要是提供金融、人力和技术的帮助，包括建立科学技术的基础设施；二是推动创新需求的政策，包括政府购买政策、国产化政策、推动高技术产业化政策等；三是营造创新环境的政策，包括税收政策、专利政策、政府管制政策等，目的在于为创新活动提供良好的氛围和环境。

公司政策咨询的研究重点是：紧密围绕国家政府部门政策研究和政策制定工作的需求，着眼于我国建立创新型国家、科教兴国战略以及相关政策体系的贯彻落实和进一步完善，围绕投资建设、经济结构调整、增强产业自主创新能力等相关技术创新政策问题进行研究，提出具体的政策建议。

3　政策研究咨询的主要方法

3.1　研究咨询方法的采用

政策研究咨询应学习借鉴管理科学、决策科学、行为科学、政治科学等学科的专业方法，体现学科交叉的特点，综合应用自然科学和社会科学的研究方法，从多学科视角构建理论方法体系。在方法的选择和应用中，应强调定性分析与定量分析、静态分析与动态分析相结合，宏观分析与中观—微观分析相结合，政策咨询方案论证与政策专题研究相结合，机制调整分析与制度创新分析相结合，目标群体调查与利益相关者分析相结合，政策方案绩效目标与风险管控分析相结合。

3.2　系统分析方法

系统分析方法是公共政策研究和政策分析的基础性方法。在系统分析方法的应用中，应根据客观事物所具有的系统特征，从事物的整体出发，着眼于整体与部分、整体与结构及层次、结构与功能、系统与环境之间的相互联系和相互作用，对政策系统的整体目标和结构进行优化分析。根据系统的基本特征和分析角度不同，可以将系统分析的基本方法划分为系统整体分析、结构分析、层次分析、相关性分析和环境分析等主要方面，应根据政策研究咨询的实际需要进行方法论的策划运用。

3.3　信息收集方法

3.3.1　文献法

文献法是一种收集、保存、检索、分析资料的方法，分为收集资料、建立文献分类检索系统、资料贮存和资料分析四步进行。

3.3.2　访问法

访问法是访问者通过口头交谈的方式向公众了解情况的方法。其优点是灵活性强，获得的资料丰富，应用范围广，不仅能适应较高层次的公众调查，同时也能适应不能读写的公众。此外，访问法可对获得的资料进行效度和信度的评估，可以控制调查环境，确保访问免受不正常干扰。

3.3.3 问卷法

在政策研究咨询问题调查中，经常采用问卷的形式进行资料的收集和整理工作。问卷是一份精心设计的问题表格，用来测量公众的多种行为、态度和社会特征。

3.3.4 民意测验法

民意测验法是政策研究咨询调查中最主要、应用最广泛的方法之一。民意测验通过对需要了解的公众或他们的代表进行问卷调查，集中了解公众对政策问题的看法和态度。操作程序包括以下环节：确定调查目的、界定调查对象、拟订问卷、确定访问方式、整理资料、撰写调查报告。

3.3.5 实地调研法

实地调研法是指在自然环境下对正在发生的政策事件进行观看、倾听和感受的一种政策研究方法。这种方法要求观察者带着明确的目的，用自己的感官和辅助工具去直接了解正在发生、发展和变化的政策现象，并做出实质性的和规律性的解释。实地调研法包括非参与调研法和参与调研法等具体方法。

3.4 统计分析法

统计分析法是根据抽样调查的资料进行统计推断的一种方法，其特点是按照随机原理抽取样本，确保样本具有代表性；利用数理统计原理进行误差控制，确保分析结果具有准确性；从样本推算全体，使得分析过程具有快捷性。抽样包括非随机抽样和随机抽样等具体方法。

3.5 预测分析法

用于趋势分析，包括趋势线法、移动平均法、最小平方法等具体方法。

3.6 价值分析法

价值分析是研究人员考察人们的社会价值观念及价值规范，并确定价值准则的分析过程与方法。价值分析力求回答"我们应该做什么"的问题。价值分析既是政策分析的重要内容与任务，又是政策研究的重要手段与方法。

3.7 可行性分析法

可行性分析是公共政策分析中极为重要的内容和手段之一。公共政策的可行性分析力求回答"我们能够做什么"的问题。公共政策的可行性包括经济上的可行性、政治上的可行性、行政上的可行性、法律上的可行性和技术上的可行性等研究内容。

3.8 费用分析法

包括费用效益分析法和费用效果分析法等具体方法，基本任务包括三个方面：一是验证一项政策方案或多项可选择的政策的所有费用和效益（效果）；二是对全部费用和效益（效果）进行量化计算；三是比较费用和效益（效果），作为公共政策决策的判断依据。

4 政策研究咨询工作的组织

4.1 明确政策研究的基本原则

政策研究咨询要以习近平新时代中国特色社会主义思想为指导，紧紧围绕建设社会主义现代化强国目标，坚持以人民为中心的发展理念，立足新发展阶段，贯彻新发展理念，构建新发展格局，促进高质量发展，实现共同富裕，使政策研究咨询成果体现国家发展战略总体要求。

4.2 项目负责人资格要求

承担政策研究咨询业务的项目负责人除具有项目经理资格外，还应符合以下要求：

（1）从事相关领域咨询工作 5 年以上，并主持过 10 个以上相关项目的咨询工作。

（2）具有从事政策研究咨询所依托的发展规划、项目评估、项目管理、管理咨询、投融资策划咨询及后评价等相关咨询工作经历，具备承担政策研究咨询业务所必需的专业知识。

（3）具有组织相关咨询工作的管理协调能力。

4.3 咨询专家资格要求

参与政策研究咨询的专家，应满足以下要求：

（1）专家组成员的专业构成应满足政策咨询研究相关工作要求，重视吸纳宏观经济、投资政策、产业政策、区域经济发展政策、农村发展政策、可持续发展政策、创新发展政策、法律法规、金融投资等相关领域的专家。

（2）有深厚的专业理论基础和实际工作经验，在本专业领域具有一定造诣，熟悉相关领域基本情况和发展趋势。

（3）参加过类似政策研究咨询工作，具有独立工作的能力，具有合作精神，责任心强。

4.4 政策研究咨询调研和座谈要求

（1）项目经理接受任务后，应加强与有关方面的沟通协调，全面准确地理解委托方对政策研究咨询工作的具体要求，同时组织专家座谈。

（2）政策研究咨询的调研工作包括宏观背景调研、现场调研和重点专题调研。

① 宏观背景调研，包括对相关领域状况和发展趋势的宏观背景的调查研究。

② 现场调研，应根据政策研究中心的具体任务，对相关地区、领域、部门和各利益相关者进行现场调研和访谈。

③ 重点专题调研，应对政策研究咨询任务所涉及的专题内容进行有针对性的现场考察和调研，进行必要的价值分析、可行性分析和费用分析。

（3）通过调研和资料收集，对政策研究咨询所涉及的基础数据资料的真实性和准确性进行核实和验证。如咨询研究工作过程较长，定量数据应及时更新。

（4）重视调研过程中的公众参与。政策研究咨询工作应按照政策过程的参与性要求，视不同情况尽可能全面听取有关方面意见。

4.5 政策研究咨询论证要求

在调查研究的基础上，通过召开政策研究咨询论证会，组织专家对政策研究咨询工作中所涉及的重要问题进行充分讨论，广泛听取不同领域专家的意见，并及时与委托方进行沟通，以此作为政策研究咨询报告的编写依据。

5 政策研究咨询报告的撰写

5.1 政策研究咨询报告的逻辑要求

政策研究咨询报告的基本要求，在结构形式上表现为三个层面：

第一，提出现行某项政策及其措施存在的问题和不足，或者某项政策措施在新形势、新情况、新任务面前出现的新问题。

第二，针对提出的问题，进行认真的调查、客观的研究、周密的分析和严谨的论证。

第三，提出具体、可行的政策咨询建议和方案，供决策者参考和采纳。

根据这一基本要求，形成了政策研究咨询报告前后互为因果关系的逻辑链：提出问题—调查研究、分析论证问题—提出政策咨询建议和方案等解决问题的政策。其终端应提出政策咨询建议和方案，这是政策研究咨询报告区别于其他类型研究报告的本质特征。

5.2　政策研究咨询报告的内容要求

政策研究咨询报告的内容要求包括以下方面：

（1）应对该领域政策的发展脉络和目前政策出台的背景进行简单描述，使阅读者对该项政策的基本情况有一个总体把握。

（2）应对出现的政策问题进行深入、客观、科学的分析论证，特别是对政策问题出现的主要原因和影响因素以及相关政策的影响进行综合性分析研究。

（3）应对政策方案的主要内容进行阐述和分析，特别是对方案内容的可行性进行客观评价。

（4）应对政策方案的实施效果进行预测评估，分析政策方案对于政策目标的作用以及对于非政策目标的影响。

（5）政策研究咨询报告应落脚于提出可行性和针对性强的政策建议，并说明政策建议的理由与依据。如果有必要，可以进一步分析和预测该领域政策发展的未来趋势和基本动向，为政策趋势提出总体方向和目标。

5.3　政策研究咨询报告的表现类型

5.3.1　陈述型政策研究咨询报告

陈述型政策研究咨询报告的分析论证以陈述性为主要特征，把提出的政策性问题或政策性意见与所进行的调查研究和分析论证有机地融合于政策咨询建议和方案的陈述过程中。若提出多项政策咨询建议和方案，应分项按层次进行结构化陈述。报告正文或其主体对各项内容进行陈述，分别阐述各项政策咨询建议和方案。

5.3.2　调研型政策研究咨询报告

调研型政策研究咨询报告的分析论证以调查研究为主要特征，报告正文应把提出的政策性问题或意见、所进行的调查研究和分析论证、所提出的政策措施建议方案等三部分内容，依次列为三个结构层次。处于中间层次的调查研究分析论证内容，是报告正文的重点内容，应详细阐述调查研究所取得的成果，要进行归纳统计和分析论证，并配以图表进行说明，然后得出调研结论。正文的最后部分应阐述所提出的政策措施咨询建议方案，强调问题的提出、调查研究和措施建议之间在逻辑上的递进因果关系。

5.3.3　实证型政策研究咨询报告

实证型政策研究咨询报告以实证性研究为主要特征。报告以对现行政策及其措施的实证性研究为基础，正文主要归纳现行政策及其措施所取得的实践经验、新的认识、尚存在的问题、有待解决的新课题，最后提出政策措施咨询建议方案。实证型政策研究咨询报告与调研型政策研究咨询报告的区别在于，实证型政策研究咨询报告虽然也以调查研究作为基础，但在报告中不详细反映所取得的调研资料，而是进行概括和提炼并形成观点，把对这些观点的阐述作为报告的主要内容，在此基础上提出政策措施咨询建议方案。

5.3.4　理论型政策研究咨询报告

理论型政策研究咨询报告以理论性研究作为主要特征。报告在形成前同样需要进行大量的调查研究，并在实践研究的基础上重点进行理论研究，界定研究对象的概念，阐释其内涵和外延，分析其意义和作用，对提出的政策性问题从理论上进行剖析。所提出的政策咨询建议通常用于提供政策制定的理论依据、理论原则和设计思路。

5.4　政策研究咨询报告的文字要求

政策研究咨询报告的编写要求条理清楚，表述准确，用语规范，详略得当，体现较高的文字水平。

6 公司政策研究咨询业务的实现流程

6.1 业务来源

公司开展政策研究咨询任务，业务来源主要是：接受外部委托开展专题性政策研究咨询；根据公司需要，自开课题进行专题性的政策研究咨询。

6.2 前期准备

6.2.1 信息、资料的准备

项目经理根据课题情况，收集准备有关资料，及时与有关方面进行沟通，为编制《政策研究咨询课题开题报告》做准备。

6.2.2 《政策研究咨询课题开题报告》的编制和审批

项目经理根据公司质量管理体系文件及咨询项目要求，编制《政策研究咨询课题开题报告》，经部门领导初审后，送公司有关部门审核，报公司分管领导审批。

6.3 课题研究

6.3.1 项目经理根据批准的《政策研究咨询课题开题报告》和政策研究咨询课题需要组成课题研究工作组和专家咨询组，明确成员的分工和职责。

6.3.2 项目经理根据政策研究咨询课题的工作需要，组织课题研究工作组和专家咨询组进行课题研究工作重点和疑难问题研讨、现场调研与考察。

6.4 撰写报告

项目经理组织课题研究工作组成员，对有关信息资料和课题组成员的研究成果进行汇总、整理、归纳，起草形成政策研究咨询报告初稿。

6.5 评审与签发

6.5.1 部门评审

政策研究咨询任务承担部门应召开部门评审会，对政策咨询研究报告进行全面审议，提出修改意见。

课题咨询研究报告经所在部门评审后，对评审意见进行归纳整理，形成《部门评审会议纪要》，经评审组长审核签字后，由部门综合处录入公司业务管理系统。

6.5.2　课题研究报告的修改及核稿

项目经理根据部门评审意见将课题研究报告修改后，经部门分管领导审阅签字，填写《公司发文稿纸》，送业务发展部评审办核稿。

6.5.3　公司评审

对于需要公司评审的研究课题，公司分管领导对报告进行审阅把关，并签署同意提交公司评审的意见。评审办召集公司课题评审会，对课题研究成果进行评审，必要时可以聘请外部专家参与评审。

评审办归纳整理评审意见，形成《公司课题评审会议纪要》，送有关领导审阅后，将评审意见录入公司业务管理系统。

6.5.4　报告修改及核稿

项目经理根据《公司课题评审会议纪要》修改报告，经部门主要负责同志审阅并签明已按公司评审会意见修改的意见后，送业务发展部核稿。

6.5.5　签发

业务发展部按公司有关规定，将修改后的报告呈送公司有关领导审阅、签发。经公司有关领导签发的报告形成政策研究咨询报告终稿。

6.6　报告的印刷、包装、检验、保存和交付

政策研究咨询报告终稿，按规定程序进行印制、提交、保存。

7　业务能力建设和风险防范

7.1　公司政策研究咨询专业人员能力提升

政策研究咨询属于公司智库型高端咨询业务，对咨询研究人员的专业知识及研究能力要求很高，应鼓励具有丰富咨询实践经验的专家开展政策研究咨询工作。应通过专题培训、参加专题研讨会、承担政策咨询研究课题等多种途径提升专业能力，包括专业知识能力、工作合作能力、交往沟通能力等，打造高水平智库人才队伍。

7.2　专家网络建立

公司应根据政策研究咨询业务发展需要，及时更新公司专家库人员构成，吸收一批政策研究咨询领域的知名专家充实到公司的专家队伍中。在公司专家

学术委员会内部成立政策研究咨询行业专家组，由政策研究咨询领域的资深专家组成，形成公司开展政策研究咨询业务的专家基础。公司政策研究咨询专家队伍的建设，应严把质量关。进入公司专家学术委员会的政策研究咨询专家，应是政策研究咨询特定专业领域有较深造诣的专家。

7.3 政策研究咨询业务管理制度和评价体系建设

7.3.1 优化项目组织体系

综合考虑高端智库政策研究咨询的特殊性及对智库研究咨询专家的能力要求，建设与政策研究咨询项目要求相适应的组织体系，实现组织结构、岗位职能、人员素质的协同匹配。公司内部应针对政策研究咨询项目全过程的工作需要，建立相应的流程型或多项政策研究咨询课题同步进行的立体型组织结构，合理安排智库研究人员参与项目实施。

7.3.2 建立管理评价体系

建立适应开展政策研究咨询业务的管理体系，对参与主体、组织形式、专业分布、专业能力进行系统管理，以适应开展政策研究咨询业务的要求。同时，对政策研究咨询业务流程和质量进行评价，建立政策研究咨询全过程工作规范、评价体系和监管考核标准，促进政策研究咨询工作的科学、标准和规范。

7.4 加强学习型组织建设

为实现知识体系的加快构建与有效利用，应将动态学习、知识发展与知识转移和共享作为加强政策研究咨询业务能力建设的重要任务。员工作为终身学习者，要不断地借鉴、吸收新的知识、经验和技能。要发展一批具有良好知识储备和经验的政策研究咨询专家，不断充实和更新公司的政策研究咨询知识和信息资源，为政策研究咨询工作提供基础积累，不断满足外部环境变化和竞争需要。要健全以知识为导向的管理体制，以知识的形成、应用、共享及推广为基础，以知识贡献率为衡量标准和发展目的，建立一套涵盖知识管理全过程的知识评价体系，并将其纳入对部门和员工的日常考核体系中。

7.5 政策研究咨询业务风险识别及防范

风险要素识别是应对政策研究咨询业务风险的第一步。风险存在于政策研究咨询项目周期的各个环节，需要系统连续地对咨询业务风险进行分析识别。内部风险主要包括资料风险、设计风险、技术风险、管理风险等，外部风险主要包括政策风险、社会风险、金融风险、合同风险等。

在政策研究咨询业务的风险防范中，一方面要尽力满足各方利益诉求。政策研究咨询服务项目的实现需要使各方利益诉求得到合理满足。另一方面，要合理分担各类风险。首先分析风险，判断风险是否可控；其次要分析公司和相关业务部门需要承担的风险，包括独立承担和与其他利益相关方共担的风险；最后要根据相关风险对于完成政策研究咨询合同任务以及对公司可能产生的影响，选择制定风险应对措施和方法。

7.6 建立政策研究咨询责任追究制度

按照实行咨询成果质量终身负责制的要求，建立政策研究咨询成果质量追溯机制。公司应建立政策研究咨询从业档案制度，将委托合同、咨询成果文件等存档备查。政策研究咨询业务承担部门及人员的违法违规信息，列入不良记录，建立违法失信联合惩戒机制。

附件二：政策研究咨询模型方法

1 政策研究分析模型

公共政策分析通常有三种基本模型：一是麦考尔-韦伯模型，是针对政策内容与政策过程的研究；二是沃尔夫模型，是关于政策方案设计的方法论；三是邓恩模型，是以问题为导向的分析模型。对于政策分析路径研究，主要从政策要素和政策过程两个方面进行研究，并采用理性分析模型和政治分析模型作为基本分析模型。

1.1 理性模型

理性决策模型也称科学决策模型，其思想渊源可以追溯到古典经济学理论。该理论提出了有关人类行为决策的一个绝对标准，即人们在决策时遵循利益最大化原则，在经济领域就是追求最大利润，要求在众多方案中选择最优方案。各决策模型的对比见表1。

表1   各决策模型的对比

	全面理性	渐进主义	有限理性	混合扫描
方法	规范	规范/描述	规范/描述	规范/描述
适用范围	所有决策	渐进的、非基本的决策	所有决策	所有决策
最佳使用	经营决策	达成和解	承认并应对人的有限理性	根据决策层级做出适应性调整
首要考虑	效率	妥协、调节冲突	寻找一个可以接受的方案	根据决策层级进行灵活调整
决策环境	静态的	问题反复出现且连续改变	静态的	适应各种环境
目标	由外部行动者确定；按程序确定；在对各方案进行实证分析前确定	可能在决策过程中获得；价值、目标和实证分析混在一起	按程序确定；在不出现问题的情况下不变	可以总结并至少按约定标准进行排序；基本决策按有关基准确定，渐进决策按基本决策进一步确定

	全面理性	渐进主义	有限理性	混合扫描
方案搜寻	全面彻底	仅考虑那些与现存政策稍有不同的政策	按先后顺序	至少从两个角度：一是广泛但粗略；二是在广泛扫描的基础上重点详细考察少数方案
方案评估	使用最完全的信息	使用很少的信息和时间	按先后顺序	根据情况和资源而定，弹性较大
方案选择	机遇分析选择能达到预期目标的最佳方式；非政治性	获得足够投票；包含妥协与交易；接近现状	接近现状	满足价值排列的最佳方案
分析限度	综合全面地考虑所有重要因素	非常有限——忽略重要后果、方案和有影响的价值	受人类思维的有限性限制	广泛地全景扫描；详细分析小范围的方案

1.1.1 全面理性模型

指决策者能够依据完整而综合全面的信息做出合理性的决策。决策者应具有绝对的理性，能够对各种备选方案进行比较分析，通过排序选择出最优方案。理性决策要求追求利益的最大化。全面理性决策模型以充分的信息和精准的计算为基础，适用于市场经济充分完善的经济环境下的政策制定，尤其是经济政策的研究制定。如对银行利率的调整政策，应当根据经济社会运行情况、银行存储和信贷规模进行量化分析并进行决策。

全面理性决策的核心，要求决策者针对特定问题的决策，应理性界定目标诉求、多目标的优先顺序，研究每个备选方案的所有可能结果；在各备选方案进行比选的基础上进行方案选择。该模型的局限性是，决策者面临的问题往往具有不确定性，需要根据现象表征去探查存在的问题，要求全面掌握相关信息往往极为困难，常常会因为目标不明确或各目标的价值冲突使得理性决策难以做出。

1.1.2 有限理性模型

决策者在决策过程中往往难以做到完全理性，因受到各方面因素的制约，包括主观因素和客观因素，只能寻求满意的方案或次优方案。有限理性决策模型以追求"满意解"为主要目标，适用于分析有关战略规划、公共支出及安全环保等相关政策。如安全生产政策受到经济发展水平的制约，最优的方案往往难以实现，只能寻求基本满意的方案。

1.1.3 渐进决策模型

政策制定往往根据过去的经验，经过渐进变迁的过程，从而最终达成各方共识，形成政策结果。渐进模型强调以现行政策作为基本方案，与新提出的其他方案进行比较，对现行政策进行修改，从而形成新的政策。这种模型的政策过程，是对以往的政策行为进行不断补充和修正的过程。渐进决策模型以政策逐渐调整为主要方式，要求政策要有继承性，不断进行调适，适用于政府进行政策改良的决策分析。我国改革开放初期提出"摸着石头过河"的政策制定思路，是渐进决策模型的典型应用。

渐进决策模型强调经验分析在目标选择中的重要性，认为决策者不可能掌握所有可能的解决方案，对于各个可供选择的方案，决策者只能对其可能产生的某些"重要后果"进行评价，允许对目的—手段和手段—目的进行无限的调整，从而使解决问题的"正确方法"并不是唯一的。判断一个决策的优劣，并不要求有关各方形成完全一致的解决方案，而是允许对不完美的方案进行不断补救，强调改革是为了解决当前的具体问题，而不是为了实现未来完美的目标。

渐进决策模型的分析思路比较符合政策分析的实际情况，承认政策制定存在信息掌握、经验积累等不足；通过渐进方式做出有限的、注重实效并易于现实接受的决策方案。其弊端是可能会导向于保守主义和安于现状，不易采用具有革命性的政策方案；注重当前短期目标，忽视长远目标；不适于政治性和战略性决策。

1.1.4 混合扫描模型

混合扫描模型是一个分层模型，要求将高层级的、根本性的决策与低层级的、渐进式的决策结合起来。"扫描"是指寻找、收集、处理和评估信息并得出结论的必要活动。同时，混合扫描还包含了资源分配规则，要求根据实际情况的变化确定不同层级决策过程中的资源配置要求。该模型结合了渐进主义和理性主义的思想，使得决策者能够灵活进行决策方案的调整。

1.1.5　最优化模型

是德洛尔在剖析全面理性模型和渐进模型存在的问题，并吸收其合理成分的基础上提出的政策分析框架，将政策分析划分为原政策制定、政策制定与后政策制定三个阶段。

1.2　精英主义模型

这一模型的基本观点认为，社会是由有权的少数人和无权的多数人组成，价值是社会精英决定的，少数有权人处于统治地位，这些精英并不是被统治的多数无权人的代表；少数社会成员从非精英阶层向精英阶层转移，有利于维护社会稳定并避免爆发革命，但这个过程一定是缓慢而持续的；在基本的社会制度和价值观方面，精英阶层的看法是基本一致的，并致力于维护现存的社会制度；公共政策所反映的不是社会大众的要求，而是少数精英阶层的主流价值观；活跃的社会精英很少会受到冷漠的社会大众的影响。精英主义模型见图1。

精英理论并不意味着少数精英与社会公众之间处于矛盾之中，也并不是说精英总是倚仗其所处的主导和优势地位而牺牲公众利益。相反，精英群体会进行广泛的政策变更，并在公共政策制定过程中寻求民意的支持，与社会公众进行互动，以保持公共政策的社会接受性，维护他们在现有体制中的角色地

图1　精英主义模型

位，寻求更多的社会公众对相关政策的支持，由此避免社会公众的不安情绪。

1.3　团体理论模型

团体理论模型的基本假设是，社会生活中存在着各种有着自身特定利益的群体或团体，这些群体或团体经常会围绕不同的利益、权力、价值进行竞争。该模型认为，权力是决策过程中的不同个体之间关系的属性，权力关系并不是永恒的，精英与大众之间没有永恒的区分，领导阶层也是流动和机动的，社会中有着多种权力中心及其存在的社会基础，各利益团体之间存在着大量的竞争，公共政策是各竞争群体之间进行交易和妥协的结果。团体理论模型见图1和图2。

该模型将公共政策看成是集团斗争的产物，认为政府决策过程实际上是团

体间争取影响政策的过程。在这种影响之下，政策便成为各种团体之间竞争后所形成的均衡。这种均衡取决于各个利益集团的相互影响力，一旦这种影响力的格局发生变化，政策便可能改变。任何时候，公共政策都反映了占统治地位的那些集团的利益。各个团体都有权参与公共政策的决定过程，政府在公共政策制定中处于被动地位。公共政策制定过程的核心是各种公共政策利益群体所期望的平衡。

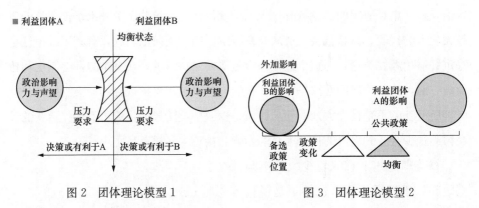

图 2　团体理论模型 1　　　　　　　　图 3　团体理论模型 2

1.4　系统理论模型

强调各环节的相互作用及环境对于公共政策制定的重要影响，强调公共政策制定是一个完整的动态过程，认为公共政策是政治系统对周围环境所提出的要求的反映，政策过程是一个"输入—转换—输出"的系统过程。该模型的基本特点是把系统论的理论方法应用于政策科学的研究，运

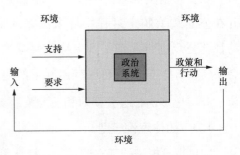

图 4　系统理论模型

用系统论的基本原理来分析和解释政策过程。系统理论模型见图 4。

该模型的优点是力图对政策过程做出科学说明，把政策过程描述为一个科学化的过程。其缺点是并没有描述政策如何在政治系统中产生，没有反映可能存在的"黑箱操作"问题，没有体现价值取向问题。系统理论模型以时间为节点，揭示在同一时间截面内各种不同环境要素对公共政策的影响。环境要素的改变需要一个"从量变到质变"的过程，系统对环境变化的适应也需要一定的反应时间，当决策者接收到系统内部传导的信息并准备做出决策时，可能外部环境已经再次开始微小"量变"。

1.5 动态过程模型

动态过程模型也被称为政策生命周期模型，用于揭示公共政策制定的一般步骤，包括收集信息、提出建议、做出决定并形成相关文件、行使职权（合法性）、法律和规则的运用、对政策实施绩效的评估和政策终止等七个环节，运用决策理论对政策决策过程进行解释，力图建立科学的政策理论框架。动态过程

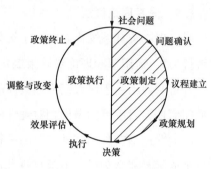

图 5 动态过程模型

模型见图5。该模型的缺陷在于论述政策形成过程的时候，没有体现政治环境对政策制定的影响作用。

1.6 制度根基模型

制度根基模型是在传统政治学的基础上发展起来的政策分析模型，用于研究政府机构及其相互关系在政策制定中的作用，包括政府机构的组织形式、机构之间的权力关系和政府活动程序，认为公共政策是制度的产物，制度决定公共政策的基本价值取

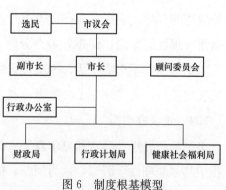

图 6 制度根基模型

向及其内容，政府制度决定政府制定公共政策的程序。制度根基模型见图6。该模型有助于解释不同国家政策过程的差别，特别是用来解释不同政治制度国家间的差别。其研究方法是静态的，对于政策的形成过程等动态问题没有做出回答，只描述了政策的"合法性"问题，而没有回答"科学性"问题。

1.7 公共选择模型

公共选择理论从"经济人"假设的角度出发，认为政府机构并非一个没有

自身利益的组织，由于其具有"理性经济人"的特征，会因为追求自身利益最大化而导致政策失败。为了有效弥补政策失败，实现全社会真正的民主，政府需要还政于民。公共选择模型建立于这一理论的基础之上，又包括公地悲剧、囚徒困境和集体行动的逻辑等三种基本理论模型。

1.8　博弈理论模型

博弈理论及其系统化研究始于约翰·冯·诺伊曼、摩根斯坦的《博弈论与经济行为》。运用博弈理论对政策制定进行分析研究是理性决策的一种特殊形式，其目的并不在于向人们描述具体的决策过程，而是告诉处于竞争状态中的人们如何根据对手行为做出相对理性的选择。博弈理论事实上是决策者注意力由"内向"逐渐转移到"外向"的一种思维过程，即决策者承认包括自己在内的每个人都是完全理性、追求自身利益最大化的，所以其只能在充分认识他人"经济人"本性的基础上做出对自己最有利的抉择。

决策者在依据博弈理论进行决策时存在着"对人"和"对己"两种不同的价值标准，在对他人决策行为进行预测时应更多地重视其"经济人"属性，即做好最坏的打算。而在自身进行决策时虽然应以最大利益为目标，但实则更应遵循相对理性的原则，即做好最充分的准备。博弈理论中的这种"对人""对己"双重标准并不构成矛盾，相反，它们很好地诠释了传统理性模型和有限理性模型的关系，最终统一于决策者对利益最大化的追求。

1.9　垃圾桶模型

美国学者科恩、马奇和奥尔森等人提出的决策垃圾桶模型，关注政策制定过程中的"非理性"因素，认为问题、偏好与解决方案之间并没有一致的逻辑推演关系，因此组织的决策程序并不是沿着"问题—方案—决策"这种直线式的思考路线进行的，而是一种相对"组织化的无序"状态，并表现为三个特征：偏好模糊、技术不明、参与流动。问题、解决方案、参与者和决策机会等四大源流会独立地进入组织结构。组织结构又受到净能量承载量、进入结构、决策结构和能量分布的影响。在针对特定问题的决策机会到来之时，政策之窗会提供一个"垃圾桶"，来自组织内部的所有信息都被倾倒进垃圾桶，从而让问题、参与者和解决方案等因素有机会碰撞在一起，通过在"垃圾桶"中配对，从而产生决策。也就是说，组织决策是各种因素混合交叉的结果。

2 政策研究分析方法

2.1 系统分析方法

系统分析是美国著名智库兰德公司首先提出的分析方法，是一种根据客观事物所具有的系统特征，从事物的整体出发，着眼于整体与部分、整体与结构及层次、结构与功能、系统与环境之间的相互联系和相互作用，求得整体目标优化的政策分析方法，已被广泛运用于各个研究领域，特别是在有风险和不确定性的经济社会政策的制定以及公共政策系统的改进上。随着应用数学和运筹学的进一步发展，高效率、大容量和多功能计算机的出现，系统分析方法已成为公共政策研究和政策分析的基础性方法，可划分为系统的整体分析、结构分析、层次分析、相关性分析和环境分析等不同方面。

2.1.1 整体分析

整体分析是系统分析的核心方法，要求把握系统的整体性特征，从整体入手，分析系统的本质和运行规律。对于政策系统分析而言，运用整体分析法进行政策研究的基本要求是：在把握全局的基础上，分析系统与子系统、子系统之间以及系统与外部环境之间的作用关系，寻求系统运行的本质和规律，从而对系统整体和系统目标进行优化，以确保系统目标可以最大程度实现。在实践应用中，对于简单的、规模较小的系统进行整体分析比较容易，而对于复杂的、规模较大的系统进行直接的整体分析比较困难。对于复杂的系统进行整体性分析，需要在整体观念的指导下，按照内在的逻辑关系，将系统分解为相互关系的一组子系统，从而将系统整体的目标分解为各子系统的目标，通过子系统的局部优化和相互之间的协调以实现系统整体目标的最优化。

2.1.2 结构分析

系统结构是指系统各组成部分之间的相互关系。不同的系统结构会产生不同的系统功能、状态和性质。对政策系统进行结构分析，是为了发现政策系统的整体性、层次性、环境适应性等特征，进而研究系统的最优结构，以实现系统最优化输出的目标。系统论认为，成熟的系统其内部结构相对比较稳定，在一定时期内不会有质的变化。对于复杂的政策系统而言，只有先确定其合理的系统结构，才能对政策系统进行整体优化，实现系统最优输出的目标。

2.1.3 层次分析

层次分析法最初由美国大学教授萨蒂于20世纪70年代提出，其解决政策问题的基本思路是：首先分析政策问题涉及的因素及其相互关系，按照一定的逻辑关系将各个因素进行分层，形成政策问题的多层次结构；其次，对各个层次的因素进行分析，赋予相应的权重系数，进而建立判断矩阵；最后，将这些权重系数进行归一化处理，从而对各个方案按照数值大小进行排列，选择最优方案。应用层次分析法，需要考虑如何分层以及处于同一层级上的各因素是否匹配等问题。

从系统论的观点看，任何系统都具有一定的结构，对这种结构可以从纵向上进行划分，形成系统的结构层次。每一层级的元素、结构都是上一层级的元素、结构的有机组成部分，但上一层级的功能和结构不是下一层级的功能和结构的简单相加。对于多层次的系统结构，从上到下主要包括目标层、准则层和方案层。层次分析法需要建立层次结构模型、构造判断矩阵、层次单排序、层次总排序、一致性检验。层次分析法的多层次结构见表2。

表2　　　　　　　　　　层次分析法的多层次结构

目标层	最优方案			
准则层	准则1	准则2	准则3	…
方案层	方案1	方案2	方案3	…

要对各要素构造判断矩阵，通常将各准则影响水平设置为1～9的整数，矩阵元素值为因素两两间的比值。例如，假设准则1影响水平＝1，准则2影响水平＝3，准则3影响水平＝5，则可得到表3要素构造判断矩阵B。

表3　　　　　　　　　　要素构造判断矩阵

要素	准则1	准则2	准则3
准则1	1	1/3	1/5
准则2	3	1	3/5
准则3	5	5/3	1

对判断矩阵求出特征向量与最大特征值，然后检验矩阵一致性，公式为：$b_{ij} = b_{ik}/b_{jk}$。

然后，计算各因素对目标层的权重。W 为矩阵 B 的特征向量，λ 为对应特征值。

$$BW = \lambda_{\max} W$$

将 W 标准化为向量 ω，即得到判断矩阵的层次单排序结果。

引入一般性指标 CI，平均随机一般性指标 RI（经验值）。

$$CI = \frac{\lambda_{\max} - n}{n - 1}$$

得到随机性一致性比值 $CR = CI/RI$。

一般情况下，$CR \leqslant 0.10$ 就认为判断矩阵具有一致性。然后进行层次总排序的一致性检验，分别得到准则层对目标层的权向量 ω_0 与方案层对准则层的权向量 ω_1，ω_2，ω_3，…，分别计算 $\omega_0\omega_i$ 的积，最终计算出方案层对目标层的权向量。

2.1.4　相关性分析

按照系统论的观点，系统内各个组成部分之间以及部分与外部环境之间存在着相互作用的关系。政策系统的相关性分析要求在政策研究过程中，加强对政策系统内部之间以及与外部环境之间的作用关系分析。在界定政策问题、确定政策目标、设计政策方案、选择与执行政策方案等过程中，要加强对政策问题、政策目标、政策方案之间以及与外部的政治、经济和社会环境之间的相互作用关系分析，以明确政策问题和政策目标、设计理想的政策方案。

2.1.5　环境分析

对于政策系统而言，环境是指与政策系统相关的，处于政策系统以外的物质、能量和信息的总和。政策系统的存在与环境有着密切的关系，环境的改变会对政策系统的元素、结构和层次等产生影响，进而改变政策系统的功能、状态和性质。政策系统分析的首要前提是在环境分析的基础上，明确政策系统的边界，再进一步分析政策系统与环境的关系，以界定清楚政策系统问题。

2.1.6　协同分析

对系统发展变化中各部分变化发展的同步性，即系统的变化引起系统各要素或单元及环境的变化的必然性与规律性进行分析。政策协同分析的常用理论途径包括协同学途径、制度分析途径、网络途径、政策循环途径等。政策协同分析可以从横向维度、纵向维度和时间维度等维度进行，或者从宏观层面、中观层面和微观层面制定政策协同分析框架。

2.2 信息收集方法

2.2.1 文献法

文献法主要包括对资料进行收集、分类、贮存和分析几个步骤。

（1）收集资料。通过各种媒介收集与政策问题相关的资料，既要有广泛性又要有针对性。

（2）资料分类。将收集到的文献资料按照一定的规则进行分类，以便贮存。

（3）资料贮存。对收集到的信息进行登记、编目、装订及存档。随着计算机技术的普及应用，大数据、云计算和数据挖掘等技术工具在政策分析中不断得到应用。

（4）资料分析。资料分析主要分为横向分析和纵向分析。横向分析是指对政策问题包含的因素以及因素之间的关系进行分析，纵向分析是指对政策问题的来龙去脉进行分析。

2.2.2 访问法

访问法是指研究人员与公众通过直接交谈的方式获取相关信息的方法。访问法的优势在于灵活性较强，适用范围广，可以获得丰富的一手资料，这种方法既适用于水平高的公众，也适用于读写水平不高的公众。同时，访问法还可以控制调查环境，以免访问受到干扰。访问法的不足之处在于调查的费用高、耗时长、需要的人员多、获取的资料无法核对等。

访问法主要有结构式和非结构式两种模式。结构式访问是指访问者事先设定好访问的内容，并以调查问卷的形式展现，被访问者只能按照设定的问卷进行回答。结构式访问便于对访问结果进行量化分析，但由于问卷内容相对固定，难以深入地探讨问题。非结构式访问没有固定的问卷，由访问者根据问题或者大致的问题提纲，与被访问者进行自由交谈，被访问者可以畅所欲言。非结构式访问可以对问题进行深入地探讨，但访问结果通常难以量化。

2.2.3 问卷法

在政策研究中，问卷法是一种收集、整理相关资料的常见方法。问卷通常用来了解公众对政策问题的看法、行为表现和社会特征。问卷的类型有开放型和封闭型两种。开放型问卷是由访问人员提出问题，被访问对象自由回答。封闭型问卷是指事先设定好作答范围和方式，被访问对象不能自由回答，主要形式有填空式、是否式、多项选择式等，即设定好问题和答案选项。

2.2.4 民意测验法

民意测验法是指对公众或者公众代表对政策问题的看法和态度进行问卷调查的方法，这是政策研究中应用比较广泛的调查方法之一。民意测验法的基本操作步骤包括：确定调查目的，选定调查对象，拟定调查问卷，确立调查方式，整理调查资料及撰写调查报告。其中，调查对象的选定，有普查和抽查两种方式，普查的调查成本高、时间长，通常较少采用；抽查是采取一定的方法从调查对象中选取具有代表性的样本进行调查，实际调查中较多采用抽查的方法。

2.2.5 实地观察法

实地观察法是指对政策事件进行实地观看、倾听及感受的研究方法，属于政策研究方法中的一种。实地观察法要求研究人员带有明确的目的，通过自身的感官和辅助工具直接对政策现象的发生、发展及变化进行认识，并做出科学合理的解释。实地观察法主要分为两种：参与观察法和非参与观察法。

（1）参与观察法，是指研究人员作为参与者进行观察，以"参与人"的身份获取最直接的资料。通常有"作为观察者的参与者"和"完全的参与者"两种形式，前者以公开身份参与进行观察，后者以隐藏身份参与进行观察。

（2）非参与观察法，是指研究人员作为旁观者进行观察，尽可能获取原始的、真实的政策资料，通常要求研究人员的观察不会对被观察者的行为产生影响。

2.3 信息分析方法

2.3.1 定量分析方法

公共政策分析中的量化分析方法是运用各种数学工具对公共政策现象的数量特征、数量关系与数量变化进行分析的一种研究手段，其主要作用在于揭示和描述公共政策现象之间的相互作用和发展趋势。

(1) 确定型定量分析方法。主要是指应用情境相对单一，假定条件可以合理界定，变量、约束条件及备选方案可以确定，能够接受一定的置信度检验的方法，包括排队论、线性规划、马尔柯夫分析、损益分析等方法，见表4。

表4　　　　　　　　　确定型的定量模型、方法和技术

模型、方法和技术	应用	基础知识
线性规划	解决在产业、交通、库存、建筑、后勤及网络中的配置、分配和优化问题	计算机科学、敏感性分析、代数解法、单纯形表、经济学
排队论	人、事物或事件的等待服务问题	蒙特·卡罗法、模拟、统计学
规划管理技术	生产和建设计划	PERT（成本或时间）、CANTT（甘特图）、网络分析（CPN）、决策树
马尔柯夫分析	销售经营、预测	矩阵代数、经济学
对抗分析	商业、心理学、国防研究	博弈论
质量保证	工业、国防	科学、技术
损益分析	资源分配	经济学、统计学

(2) 随机型定量分析方法。应用于不确定型问题分析的方法。主要有随机库存论、动态规划、贝叶斯定理等方法，见表5。

表5　　　　　　　　　随机型的定量模型、方法和技术

模型、方法或技术	应用	基础知识
动态规则应用	在生产、配置活动中的多阶段决策	计算机科学和概率论
计算机模拟	系统内部的相互作用	计算机科学和蒙特·卡罗法
随机库存论	需求或提前时间是随机的情况	概率论和期望值统计量
随机模型	计算系统转换的概率	矩阵代数、微积分

续表

模型、方法或技术	应用	基础知识
取样、回归、指数平滑	大总体的问题解	统计学和概率论
贝叶斯定理	条件概述下的预测、相关和因果分析	代数、概率论以及有关先验概率的知识
损益分析	资源分配	经济学和统计学
决策树	系统行为	代数和统计学

2.3.2 定性分析方法

定性方法被归为现代公共政策分析的"软"技术。它是指人们依据自己的经验和知识，综合运用逻辑思维，通过对研究对象性质的分析、判断，进行政策分析和决策的一种技术方法。公共政策分析的"软"技术主要是通过组建专家咨询、论证组织，充分发挥专家的集体智慧，使专家自由地发表意见，形成一种倾向性意见，供决策参考。现代公共政策分析中定性方法的核心是专家技术或称智囊技术，主要依靠政策分析和决策的参与者的知识、经验和判断。

（1）可行性分析方法。可行性分析主要回答"能够做什么"的问题，是公共政策研究的重要手段之一。公共政策的可行性分析的主要内容有：一是法律可行性，指公共政策过程没有与法律相违背的情况；二是经济可行性，指公共政策过程可以有效获取所需的经济资源，并且可以与宏观经济的整体发展相配合；三是政治可行性，指公共政策可以得到利益相关者的赞同，包括执政党、政府、人民大众以及利益团体；四是行政可行性，指公共政策过程可以得到各级行政组织和行政人员支持，并且和行政程序相配合；五是技术可行性，指公共政策过程依赖的技术手段是实际存在并可获取的。这五种可行性之间存在着密切的关系，其中有一种不可行，都会降低其他几种可行性。

公共政策的可行性分析主要步骤有：一是机会研究，指根据市场、资源、已有政策等方面的情况，对正在拟订的公共政策做出是否可行的大概估计；二是初步可行性研究，指在机会研究可行的基础上，相对更为全面、准确地再次评价公共政策是否可行；三是可行性研究，指在初步可行性研究通过的基础上，进行全面准确的再次研究，相比初步可行性研究，这一阶段需要耗费大量的人力、物力。

(2) 创造性分析方法

创造性分析方法的应用非常广泛，这种方法通过专家的直接判断、灵感激发及类比等形式进行政策过程分析，既是专家心理活动的过程，也是其逻辑推理的过程。常用的创造性分析方法有以下几种。

① 个人判断法。个人判断法是指依靠专家个人判断的政策分析方法。在实际操作中，首先是专家对政策问题及其外在环境的现状和发展趋势、可能的政策方案及预计的实施效果等提出个人的看法和意见，然后由政策研究人员对这些看法和意见进行归纳、整理和分析，得出政策问题的一般结论。个人判断法适用于政策过程的各个阶段，其优点是在保证专家心情放松、没有外界干扰的情况下，可以充分发挥专家的创造力和判断力；其不足之处在于，受专家的信息来源及质量、知识结构、对政策问题的兴趣等因素的影响，容易产生判断的局限性。

② 头脑风暴法。头脑风暴法是由美国学者奥斯本于 1948 年提出的用于加强创造性思维的方法，也是当前常用的一种专家会议法，主要用于查明问题，提供解决政策问题的方法等。头脑风暴法通常是由 10～15 名专家一起讨论某一问题。

采用头脑风暴法分析政策问题时，需要给参会专家提供可以充分发挥创造性思维的良好环境。组织者和参与者应遵守几项基本原则：一是突出主题，限制议题范围，提出议题的具体要求；二是尽可能探讨每一个设想，不能对他人的意见提出质疑；三是鼓励专家们对提出的设想或方案进行改进和综合；四是创造自由舒适的会议氛围，鼓励专家们充分发挥想象力、创造力；五是要求专家发言尽量简练，但不能照本宣科。

头脑风暴法的优点在于：可以充分调动与会专家的智慧，并且可以产生信息和智慧方面的互补效应；专家之间通过相互交流和启发，可以产生"思维共振"的效果，激发出更多的创造性思维灵感；可以促使专家们更全面地考虑问题，从而提供的备选方案也会更多、更合理。不足之处是：与会专家容易受权威以及时势所影响，会议容易忽略少数人的设想，某些专家固执己见影响会议效率等。从实践情况来看，头脑风暴法通常能在较短时间内获得有价值的政策方案。

③辩证分析方法。公共政策现象具有复杂多变性，要求政策分析人员及其活动要能够适应这种复杂多变性，即政策分析人员必须具备辩证分析思维，包括两面思维、模糊思维等。

两面思维是指采用一分为二的观点分析事物的思维方式。这种思维方式要求政策分析人员坚持全面辩证地分析政策问题，既要分析政策的正面性，也要分析政策的反面性；既要考虑到政策问题的个性，也要考虑到政策问题的共性。

模糊思维主要是对政策问题中难以精确的因素进行处理的思维方式，如确立战略目标。生活中有很多应用模糊思维的事例，如"雨下得很大""天气炎热"等。对于具有模糊性的政策目标来说，通过模糊思维处理，可以简化成相对明确的目标，如"全面建成小康社会"。

2.4　预测分析法

2.4.1　趋势线法

趋势线是揭示过去发生的事件与未来可能发生的事件之间关系的简单指示线，通常用直线或曲线表示，也就是如果一条直线或曲线能够与过去的数据吻合，就能预测未来的数据。这种方法比较简单，但精确程度较差，通常只能用于对不超过两年的数据进行预测。

2.4.2　移动平均法

一般情况下，收集的数据有可能因为数据的周期性、时点差异等特点，会对数据基本趋势分析造成干扰，需要对数据进行平滑处理，移动平均法是较为常用的一种处理方法。移动平均法是建立在表格的基础上的，方法比较简单，但结果的精确性不高，通常要对数据进行三期移动平均处理。

2.4.3　最小二乘法

最小二乘法即最小平方法，是通过寻求与现有数据之间误差平方和最小的匹配函数，从而利用函数对未来的数据进行预测。最小二乘法的应用比较广泛，随着计算机应用技术的日益普及，利用计算机可以很快求解最小二乘法模型。

2.4.4　德尔斐法

德尔斐法又称专家意见法，是指专家组成员只与工作人员相接触，专家之间不直接接触，通过多轮的咨询，使专家组成员的意见趋于集中，形成问题的解决方案。优势在于：一是专家之间不直接接触，有利于专家独立思考，提出自己的方案；二是多次反馈，有利于使专家的意见趋于集中，优势互补，实现最终方案的优化；三是可以采用定性德尔斐法得出整个专家组的意见，即工作人员将专家的方案分为四种情况，依此给出中位数和上下四分点，中位数为专家组的方案，四分点与中位数的间隔代表方案的偏差；四是操作上比较简便，利用信息技术，不必把专家集中在一起，既有利于专家节省时间，也有利于整合资源。不足之处在于：一是不能快速形成方案，最终方案的提出需要耗费很长的时间；二是虽然可以保证一定的独立性，但不利于专家之间的互相激励和启发，形成更多的创造性设想。

德尔斐法的基本操作步骤是：设计征询调查表，组建专家小组，多轮专家征询调查，预测方案的最终统计。多轮专家征询调查的大致程序是：根据拟定的政策方案，设计政策方案实施前景预测的调查问卷，然后发放给专家组成员，每一专家成员以独立、匿名的方式完成调查问卷；工作人员集中整理专家成员的意见，将整理后的结果发放给专家组成员，专家组成员根据整理的结果再次发表预测意见；根据情况需要，可以重复上述两个步骤，直至形成较为一致的专家组意见。

2.5　费用分析法

费用分析法包括费用效果分析法和费用效益分析两种基本方法。

费用效果分析法是对政策运行费用与政策实施所达到的效果加以对比的分析方法。在整个政策研究过程中，出于有效运用稀缺资源的考虑，费用和经济分析对于决策有着重要的帮助。在政策的阐明阶段，政策制定者会关心达到政策目标所需要投入的资源。在政策制定阶段，政策制定者会关注使用相同资源的情况下，何种政策会使公众受益最大。在政策的执行阶段，管理人员又会致力于提高政策实施所实现的效果，使所产生的效果与费用之比为最大。在评估计划的时候，完成该计划的费用也是要重点审核的重要因素。

效果和效益的主要区别在于前者难以进行货币量化，后者则可以采用货币单位进行量化。费用效益分析的基本任务包括三个方面，一是验证一项政策或多项可选择的政策的所有费用和所有效益；二是确定全部费用和全部效益的货币量化价值；三是计算这项政策（或多项政策）的纯效益（正或负），以使费用效益决策标准可被应用。

费用的确定是公共政策经济分析的基础。分析人员在没有对计划所需资源进行准确估计的情况下，不可能研究效果或净效益等问题。尽管费用有着如此重要的地位，但在政策研究中有时仍然对它们估计不足。对费用的忽略是政策研究中最常见的陷阱之一。这种忽略可能是技术上的原因，例如政策分析的方法论中就容易忽略经济性问题；有时也可能是政治上的原因，例如为了完成一些重要的政策目标甚至可以做到不计成本的程度。

2.6 快速评估方法

不同的研究方法针对不同的政策研究领域和对象，适用性各不相同。在医疗卫生领域，系统评价和其他类型的证据合成方法是整理和分析卫生系统证据的有效且科学合理的研究方法。但是，相对较长的研究时间和高额的研究成本通常会阻碍其在战略决策中的应用。这就需要一种能在短时间内合成最佳证据，及时用来支持卫生决策和卫生体系建设，且有一定成本效益的证据合成方法，因此产生了一种新的证据合成研究方法——快速评估方法，并成为一种快速解决政策需要问题的有效方案。快速评估方法的研究步骤类似系统评价，只是在方法上可根据用户需求进行调整，如精简或加速，从而可在较短的时间内提供相关的证据。

2.6.1 制定计划书

首先要与委托者沟通，详细了解用户需求，明确问题的范围，以及涉及的利益关系，以评估是否适合使用快速评估方法。因为只有详细了解用户需求才能提出合理的研究问题，将需求转化成可以回答的科学问题。然后制定包括问题背景、研究问题、研究方法和时间安排的计划书，并与用户达成共识。

2.6.2 文献收集与数据提取

确定文献检索范围和数据资源，并由专业检索人员制定检索策略，实施文献检索。由于快速评估方法具有较高的时间要求，建议首先收集相关性强、质量高的系统综述和原始文献，按照系统综述的文献等级由高到低依次检索和筛选，同时注意灰色文献的收集。文献纳入标准可以由研究者根据计划书的内容自行设定。资料数据至少应该由 2 名研究者背靠背筛选和提取。提取的内容包括研究目的、方法、结果、存在的问题和研究局限性。为避免快速提取导致研究所需重要信息的遗漏，建议增加第三方参与讨论。

2.6.3　证据的合成和评价

快速评估方法大多采用定性的研究方法，仅有少量采用定量研究方法。对快速评估方法质量的评价尚没有统一的方法。采用的评价方法主要有 Cochrane 评估清单、dad 量表、INAHTA 评估清单、CRD 评估清单等。

2.6.4　撰写报告

报告格式与一般的研究报告一致，主要包括题目、摘要和正文。正文包含引言、研究方法和研究结果。快速评估方法的用户主要是健康卫生管理者或决策者，而他们最想知道的就是生成证据的结果，因此最好以简明扼要的方式阐述研究结果，为他们提供简报和研究报告两种形式。

2.7　超理性分析法

超理性政策分析认为，超理性过程的主要表现形式包括：判断、直觉、创造力、灵感、隐含的知识、信仰、洞察力、意志、超感交流与预见能力。超理性因素主要包括判断力的运用、创造性的发现、头脑风暴和其他决策方法。超理性分析以主观判断为主，而这种主观判断应当建立在充足知识和丰富经验的基础上。超理性和非理性的区别在于，非理性是建立在信息不完备基础之上的主观判断。

当一个公共政策问题包含社会、政治、组织、意识形态、伦理道德因素时，往往难以用理性的方法分析解决。在这种情况下，就必须用超理性分析方法来解决问题。超理性分析方法主要有以下几种。

（1）问题的主观识别方法。构建政策问题具有主观性。

（2）趋势的直觉预测方法。直觉预测方法所依据的是判断、直觉、灵感、洞察力，常用的直觉预测方法有德尔斐法、交互影响分析法和情景描述法。

（3）方案的灵感激发方法。寻求解决问题的方案，是主观能动性的体现。

（4）决策的经验判断方法。政策的最终形成往往需要少数权威人员甚至个人做出抉择。这个过程通常依赖于个人的经验判断。

（5）结果的模糊评估方法。对政策结果的评估可以采用模糊评估法，主要评估个体与团体的心理感受。

超理性分析受主观因素的影响特别大，要防止超理性分析可能导致的片面或极端情况的出现，应遵循以下基本要求：建立在定量分析的基础之上，决策者具有足够的经验积累，政策过程能够排除明显的错误和缺陷，综合各种信息进行深入分析，政策分析考虑环境因素的变化。

3　政策绩效评估模型

德国学者韦唐（Evert）Vedung，在其专著《公共政策和项目评估》中，根据政策评估标准不同的问题，归纳出以下 10 种政策绩效评估模型，见图 7。

3.1　目标获取模型

将政策目标作为政策绩效评估所依据的唯一标准。这种评估方法需要做出两个判断：一是政策方案是否在目标领域内取得了预期的结果；二是所观察到的结果是否属于该政策作用的产物。目标获取模型是一种最简单、最直观的政策绩效评估模型。由于该模型将一个复杂的评估问题处理得过于简单，故而其缺点也是很明显的：政策目标可能是模糊的；一项政策可以设立多个目标，而且不易从中遴选出一个主要目标，同时多个目标之间还可能有冲突；不考虑政策实施后出现的非预期结果；决策者可能会为实现一个战略目的而制定某项政策；不考虑政策的实施过程，将政策的落实看作是一只"黑箱"，而且不考虑政策的实施成本；目标获取模型认为政策执行者是严格按照决策者的意旨行事的，但事实并非如此。模型结构见图 8。

3.2　侧面影响模型

政府行为往往具有很强的外部效应。一项政策实施后将会在目标领域之

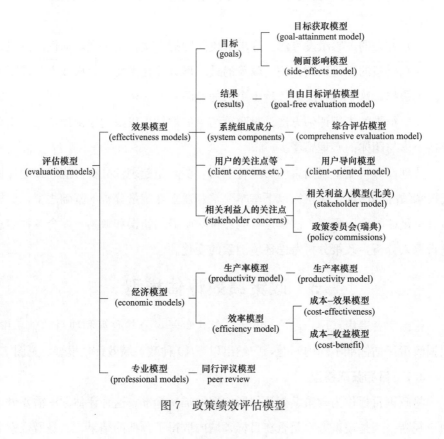

图 7　政策绩效评估模型

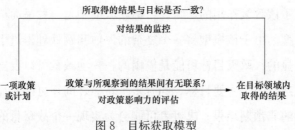

图 8　目标获取模型

内、目标领域之外出现许多预料不到的或不希望出现的结果。政策评估者如果要客观、全面地评估一项政策，就必须将这些结果都纳入考察范围。其中，"非预期的侧面影响"可能是评估者最为关注的，但用什么样的标准来评价这些影响却是一个难题。对于这些预料之外的结果，不可能有事先规定的衡量标准。侧面影响模型的解决思路是，对于能够评价的结果，就对其予以评价（如目标领域内取得的结果）；对于那些不能评价的"侧面影响"，则列举出来，留给决策者或其他用户自行评价。模型结构见图9。

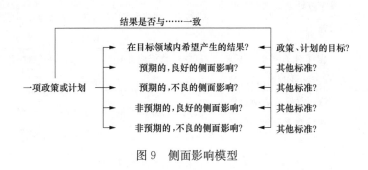

图 9　侧面影响模型

3.3　自由目标评估模型

政策评估者的任务是评价一项政策的综合效应，这就要求其对各种现象的判断不能带有任何主观倾向性，而侧面影响模型将政策效应划分为若干层次，有意突出了目标领域内的政策效应，显然是带有偏见的。有关预定目标的知识可能会变成思想的禁锢，从而阻碍评估者去注意附带效果，特别是没有预料到的附带效果。为了消除这一缺陷，提出了"自由目标评估模型"，让评估者在没有任何目标约束的条件下开展评估，全面考察政策实施带来的方方面面的影响，不论其是预期的还是非预期的。这一模型建议评估者只需描述事实、结果，而最好将对判断标准的应用、把判断糅合成总的价值和用结论来指导未来的行动等工作留给决策者去做。

3.4　综合评估模型

将政策的前期准备（投入）、落实（转化）、取得成果（产出）三个阶段都纳入评估范围。综合评估模型有两个突出优点：政策的制定和落实过程都属于评估范畴，故而评估结论能够较好地反映决策民主化程度，及政策执行程序的公开、公平、公正性；对政策实施后出现或不出现某个结果的原因能够给予较好的解释。如果政策实施效果难以物化甚至难以描述，则只能依赖对政策过程的评估。模型结构见表6。

表 6   综合评估模型

评估的实施阶段		前期（投入阶段）	中期（转化阶段）	后期（产出阶段）
该阶段的特征		政策或计划被采纳并开始实施	政策或计划被落实	政策或计划落实以后，关于其执行结果的大部分数据已经收集到
描述	目标	制定了什么样的目标，希望产生什么样的结果	所制定政策或计划的内容	政策、计划所应产生的预期结果
	现实情况	与这一阶段的活动或事件相关的数据资料：现存条件的描述	政策或计划的实际落实情况	关于政策、计划执行后实际产生结果的数据资料
判断	标准	用作比较基础的价值标准	用作比较基础的价值标准	用作比较基础的价值标准
	判断	将目的、现象与标准进行比较	将目的、现象与标准进行比较	将目的、现象与标准进行比较

3.5 用户导向模型

聚焦于政策接受者或者称作"政策用户"的目标、需求、关注点等问题，开展用户导向的评估，首先要进行政策用户的定位（除非评估对象是针对全体公民的政策）。其次要确定评估样本（一般情况下，政策用户的数量都非常庞大，因此只能进行抽样调查）。再次是调查用户意见。根据不同的评估对象，对用户的调查内容可以有各种不同的选择（政策制定、实施直至终结等各个阶段的相关内容均可纳入调查范围）。最后，需要对调查结果进行统计分析并得出评估结论。

3.6 相关利益人模型

"相关利益人模型"是在"用户导向模型"的基础上发展而来的。政策评估者对于一项政策所涉及的专业知识往往知之甚少，导致给评估工作带来很大困难，而通过与相关利益人的交流，通常可以解决这一难题。该方法不囿于既定的政策目标，而是综合考察政策制定、实施过程中涉及的各种因素，故而有利于最大程度地反映现实情况。相关利益人评估方法将各方面的意见都反映到评估报告之中，其政策建议易于被接受，应用价值较高。但这种方法实际操作难度很大，要求评估者必须对相关利益群体的需求和关注点十分敏感，并进行准确把握，否则，调研工作将很难进行。政策制定、执行过程与政策评估过程的相关利益群体见表 7、表 8。

表 7   政策制定、执行过程中的相关利益群体

公民	在国家政治系统中有权选举各级决策者的公民
决策者	负责决定各种政策是否要制定、继续实施、中止、暂缓执行或取消的政府官员
不同政见者	对某项政策持不同意见的人
国家层面的主管官员	负责政策实施的国家高级官员
具体主管官员	具体负责政策实施的中层官员
地区主管官员	某一地区负责政策实施的主管官员
独立中介机构	对于政策实施，在某方面负有责任的非政府组织
当地管理部门	负责政策传达的当地部门
社区基层干部	负责政策传达的一线负责人（他们通过当面宣讲、电话、邮寄等方式直接将政策传达给群众）
用户	政策的调节对象（如业主、厂商、市政部门等个人或组织）
交叉部门	政策实施所牵涉到的其他政府机构
竞争者	与政策执行部门竞争有限资源的机构或组织
大环境中的相关利益群体	实施一项政策的大环境所牵涉到的组织、团体、个人及其他单位
学者	从事政策相关内容研究的学者

表 8   政策评估过程中的相关利益群体

评估人	负责政策评估项目的设计、执行，做出评估结论的人员
评估发起人	对评估活动进行立项组织并给予资金支持的机构
其他从事政策评估活动的人员和机构，评估方法论的研究者等	通常会阅读评估报告，对评估技术、评估结论的质量进行评价

3.7 生产率模型

生产率就是产出与投入的比率，即生产率＝产出/投入。对生产率高低的判断，是生产率模型所关注的核心问题，主要考虑以下方面：已经取得的生产

率与过去进行比较；同一国家或行政区相似组织间生产率的国内比较；不同国家相似组织已得到的生产率的国际比较；和过去最好效果的比较；已取得的生产率是否符合政治主体的目标；是否满足使用者的需要；是否满足已被接受的职业准则；是否满足费用效果要求；是否符合目标优化要求。

在生产率模型的应用中，如果投入和产出都能够进行量化，则能够更加客观真实地反映政策绩效结果。但实际上，政策投入和产出效果往往难以进行全部识别和量化，甚至难以找出有效的政策效果量化指标，对其内在的及潜在的期望性价值难以进行量化，使得生产率模型的应用面临困难。

3.8　效率模型

效率可以从两方面进行测量：费用—效果分析和费用—效益分析。在费用—效益分析中，政策实施所付出的代价和产出都要采用货币单位进行量化计算。在费用—效果分析中，费用采用货币单位进行量化，产出则根据真实效果进行计算，通过可计算的政策费用与可比较的政策效果对政策合理程度进行评估判断。两者的差异如表 9 所示。

表 9　　　　　　　　　费用—效果分析与费用—效益分析方法的比较

费用—效益分析	费用—效果分析
应用货币价值对政策方案的所有费用和效益进行量化计算，操作方法比较复杂	避免以币值衡量政策效果，操作较为简单
强调政策方案的净效益，显示出经济理性的特质	强调政策的功效，显示出技术理性的特征
由于强调币值计算政策的净效益，因此需要对政策的各种费用进行货币量化计算	极少依赖市场价值，不太依赖利润极大化的逻辑
适合于对不重视较具外部性和无形结果的政策绩效评估	适合于具有外部性和无形结果的政策绩效评估
适合于处理费用变动与效益变动的政策问题	适合于处理固定费用与固定效果的政策问题

3.9　同行评议模型

同行评议指由具有相同职业的成员组成的评估委员会进行评估。同行评议特别着力于对评估对象做一全面的质量判断。在一些技术性领域，官员们发现把规划和讨论这些问题留给受到良好教育的专业人员是明智之举。这种评估通常开始于被评估者的自评。在所收集到的材料如纪实证据、现场勘察的基础上，评估者做出初步判断；然后让被评估者在报告结论出来之前讨论评估者的报告。评估者应倾听和征求被评估者的意见。

同行评议的执行步骤，首先是要选定同行中更专业且独立的专家；其次，评估者与被评估者应相互作用，评估者应认真考虑被评估者的关注焦点，而被评估者要提供有关的材料，双方应及时进行交流并沟通。同行评议往往比较费事，而且会因个人价值准则不同而导致结论混杂。但在复杂的技术领域，同行评议可能是最为有效的评估模型。

4 政策绩效评估方法

4.1 正式评估与非正式评估

4.1.1 正式评估

指事先制定完整的评估方案，严格按照规定的程序和内容执行，由确定的评估者进行评估。正式评估在政策评估中占据主导地位，其结论是政府部门考察政策绩效的主要依据。

4.1.2 非正式评估

指对评估者、评估形式、评估内容没有严格规定，对评估的最后结论也不做严格要求，人们根据自己掌握的情况对政策绩效做出鉴定和判断。我国政策绩效评估中的非正式评估方法应用，主要有以下几种类型。

（1）由我国地方党和政府的主要官员根据对中央政策执行情况的了解和调查，向中央有关部门和国务院反映情况，或者通过中央召集的地方党政主要负责人会议向上反映情况。

（2）党中央和国务院的主要领导同志到地方调研，亲自体验政策的效果与影响，对政策做出评估。

（3）大众传播媒介的公开报道和内参反映政策效果。

（4）群众的来信来访反映政策效果或问题。

正式评估占据主导地位，直接关系到政策绩效评估的质量，应大力提倡并不断改进。非正式评估应成为正式评估的必要补充。二者缺一不可，都应给予足够重视。

4.2　内部评估与外部评估

4.2.1　内部评估

指由政府机构内部的评估组织和人员所进行的评估，可分为两类：由政策运行机构和人员自身进行评估；由专职评估组织和人员进行评估。我国的一般公共政策和科技、教育、产业等具体政策的实施绩效，普遍实行内部评估方式。政府法制部门往往负责政府政策与部门政策的绩效评估。同时，政府各政策制定部门也会对其出台的相关政策进行评估。

4.2.2　外部评估

是由政府外的评估主体所进行的评估，分为委托和不委托两种类型。外部评估通常由受行政机构委托的研究机构及专家进行评估，或由投资或立法机构、中介组织进行评估。我国的政策外部评估主要由学术机构、行业协会、中介组织等通过研究项目的形式进行，集中体现在投资建设领域。

4.3　事前评估、执行评估与事后评估

事前评估能够有效避免政策评估与政策决策的分离，即在政策被执行之前就通过评估，判断其优劣性以决定是否予以实施，或者是通过评估发现政策方案的缺陷，对政策方案做出相应改进，为制定科学的政策方案提供保障。

执行评估也称事中评估，是对政策执行中的情况进行评估，即根据政策执行过程中反馈的政策执行效果及政策对象的发展状况等信息及时调整政策方案，以优化资源配置。执行评估是对政策执行过程的跟踪评估，目的就是要保障政策执行的有效性，防止政策执行的效果偏离政策目标。在评估过程中，如果发现政策偏离，评估工作应寻找政策失效的原因。

事后评估是政策有效期结束时，通过衡量政策目标的实现程度，对政策的整体绩效进行最终评价。在政策已经执行之后，原来在事前预测中、执行中只能部分体现的政策效果都将以更完整的形式出现，此时对政策效率、效应能够做出更加全面的衡量评价。通过对政策的事后评估来决定是否结束原有政策周期，开启新的政策周期，同时通过事后评估对前项政策的成功经验和失败教训

进行总结，以便指导新政策的制定和评估工作。

4.4 政策影响、效率、效益评估

4.4.1 政策影响评估

主要是指对政策对其对象产生的作用及各种制约因素对政策产生的作用所进行的分析评估。

4.4.2 政策效率评估

指政策在其运行过程中的速度、范围等功能效力的分析评价。

4.4.3 政策效益评估

指对政策运行中或运行结束后所产生的有效结果、成果、收益等进行评价和估计，即对政策实施的客观结果进行分析、评价和认定。

参 考 文 献

[1] 国家发展和改革委员会. 工程咨询单位资格认定办法 [Z]. 2005.

[2] 刘本义. 工程咨询行业管理体制改革研究 [D]. 黑龙江大学, 2006.

[3] 梁静. 中国工程咨询业发展对策研究 [D]. 武汉理工大学, 2003.

[4] 汪洋.《工程咨询业 2010—2015 年发展规划纲要》辅导报告 [J]. 中国工程咨询, 2010 (06): 13-15.

[5] 王春福. 有限理性利益人与公共政策 [M]. 中国社会科学出版社, 2008.

[6] 安德森·詹姆斯·E, 唐亮. 公共决策 [M]. 华夏出版社, 1990.

[7] 陈振明. 政策科学 [M]. 中国人民大学出版社, 1998.

[8] 殷前明. 我国政策咨询现状分析及其发展思考 [D]. 黑龙江大学, 2011.

[9] 亨利. 公共行政与公共事务 [M]. 中国人民大学出版社, 2002.

[10] 张金马. 政策科学导论 [M]. 1992.

[11] 林德金. 政策研究方法论 [M]. 延边大学出版社, 1989.

[12] 戴伊, 鞠方安, 吴忧. 自上而下的政策制定 [M]. 中国人民大学出版社, 2002.

[13] 刘秋姝. 政策系统视角下的我国循环经济政策设计研究 [D]. 南开大学, 2011.

[14] 吴兴智. 经济社会发展视域中的民主转型与政治发展——"经济社会发展与民主政治建设国际学术会议"综述 [J]. 中共浙江省委党校学报, 2009 (6): 15-17.

[15] 王振国. 群体性事件对公共政策议程的影响 [J]. 商情, 2010, 000 (011): 115-115.

[16] 陈振明. 公共政策制定的基本程序 (下) [J]. 中国工商管理研究, 2006 (7): 72-74.

[17] 苏海龙, 张园. 城市规划的公共政策过程 [C]. 规划 50 年——2006 中国城市规划年会论文集 (中册). 2006.

[18] 严强. MPA 核心课程内容述要公共政策学 [J]. 中国人才, 2004 (03): 93-95.

[19] 孙丽萍, 魏振. 简述社会工程之公共政策分析 [J]. 辽宁教育行政学院学报, 2009, 026 (003): 4-6.

[20] 刘雪明. 中国政策咨询业发展的现状、问题及对策研究 [J]. 广东行政学院学报, 2001, 13 (002): 39-42, 49.

[21] 马建堂. 开创国家高端智库建设新格局 [J]. 现代企业导刊, 2018, 12 (12): 12-12.

[22] 高福生，朱四倍. 决策失误是中国最大的失误 [J]. 决策与信息（上半月），2009，000（007）：15-16.

[23] 楚德江. 公共政策探究式教学：理论与应用 [J]. 现代教育科学：高教研究，2013.

[24] 蒋文武. 政策分析的价值取向研究 [J]. 行政论坛，2006，000（004）：42-44.

[25] 胡宁生. 公共政策分析的意义与模式 [J]. 中国行政管理，2001，000（004）：57-58.

[26] 罗国元. 论建立有中国特色的现代商业银行制度 [D]. 西南交通大学，1997.

[27] 袁静. 中央银行货币政策和金融监管冲突与合作研究 [D]. 重庆大学，2004.

[28] 李东荣. 关于我国面临的国际贸易摩擦产生原因及对策研究 [D]. 北京交通大学，2007.

[29] 毕永杰. 浅谈财政政策与货币政策的搭配 [J]. 同煤科技，2010，000（004）：19-20.

[30] 姜涛. 政府经济规制与战略性新兴产业发展 [J]. 中共浙江省委党校学报，2012（05）：35-39.

[31] 于长革. 政府公共投资的经济效应分析 [J]. 财经研究，2006（02）：30-41.

[32] 任虎. 中国区域经济协调发展的政策研究 [D]. 华中科技大学，2008.

[33] 孙梦祎. 我国政府公共投资对产业结构影响的实证研究 [D]. 东华大学，2014.

[34] 周洋玲. 中国转轨时期紧缩性宏观调控分析研究（1978—1997）[D]. 复旦大学，2005.

[35] 王维刚. 工程咨询项目生命周期管理研究 [D]. 南开大学，2009.

[36] 张宇贤，胡祖铨. 正确且全面看待当前的稳投资政策 [J]. 财经界，2019，000（010）：33-34.

[37] 刘勇. 论中小企业政策 [D]. 西南财经大学，1999.

[38] 惠宁，刘鑫鑫. 新中国 70 年产业结构演进、政策调整及其经验启示 [J]. 西北大学学报：哲学社会科学版，2019（6）.

[39] 苏多杰. 把握区域发展战略 促进区域协调发展 [J]. 攀登（哲学社会科学版），2008，27（002）：42-46.

[40] 江世银. 论区域产业政策 [J]. 天津行政学院学报，2002（3）：43-46.

[41] 王磊. 城市综合体的功能定位与组织研究 [D]. 上海交通大学，2010.

[42] 宁骚. 公共政策学·第 2 版 [M]. 高等教育出版社，2011.

[43] 广东省政府发展研究中心调研组. 国外促进区域协调发展的经验与启示 [J]. 广东经济，2013（6）：4-8.

[44] 付晓东，王静田，崔晓雨. 新中国成立以来的区域经济政策实践与理论研究 [J]. 区域经济评论，2019，000 (004)：P.8-24.

[45] 崔万田，徐艳. 改革开放四十年的区域经济政策创新 [J]. 辽宁大学学报（哲学社会科学版），2018，v.46；No.275 (05)：59-63.

[46] 本社. 全国主体功能区规划 [M]. 人民出版社，2015.

[47] 宋一森. 主体功能区管理问题研究 [D]. 西南财经大学，2008.

[48] 马丽. 河北省农村公共事业发展评价研究 [D]. 河北经贸大学，2008.

[49] 彭新万. 我国"三农"制度变迁中的政府作用研究 [M]. 中国财政经济出版社，2009.

[50] 张新光. 中国农村综合改革的基本内涵及其政策走向 [J]. 河北学刊，2007.

[51] 於亚洲. 电力行业节能降耗及财税政策研究 [D]. 厦门大学，2008.

[52] 王衍行，汪海波，樊柳言. 中国能源政策的演变及趋势 [J]. 理论学刊，2012，000 (009)：70-73.

[53] 张泉. 改革开放 40 年中国能源政策回顾：从结构到逻辑 [J]. 中国人口·资源与环境，2019 (10).

[54] 吕光辉，潘晓玲，师庆东. 国外生态税实践及其对我国可持续发展建设的启示 [J]. 新疆大学学报（哲学人文社会科学汉文版），2002，30 (004)：18-21.

[55] 吴长年，魏婷. 循环经济政策体系初探 [J]. 生态经济，2005，000 (011)：57-59.

[56] 王秋蓉，温宗国. 循环经济是推进可持续发展的强大引擎——访清华大学环境学院教授，循环经济产业研究中心主任温宗国 [J]. 可持续发展经济导刊，2019，000 (012)：P.35-38.

[57] 任勇，李华友，周国梅，等. 我国发展循环经济的政策与法律体系探讨 [J]. 中国人口·资源与环境，2005 (05)：135-140.

[58] 孙明. 安徽省创新系统现状分析和政策研究 [D]. 合肥工业大学，2001.

[59] 梁正，李代天. 科技创新政策与中国产业发展 40 年——基于演化创新系统分析框架的若干典型产业研究 [J]. 科学学与科学技术管理，2018，039 (009)：21-35.

[60] 熊晓琳. 关于中国社会保障制度的重构 [J]. 理论前沿，2002，000 (005)：21-23.

[61] 王冰，向运华，卢旋，等. 改革开放 30 年来我国社会保障事业的回顾与展望 [J]. 社会保障研究，2008 (01)：16-22.

[62] 徐娜. 财政政策对居民消费需求的影响 [J]. 经济视角：中，2011.

[63] 王坤．我国物流产业政策选择研究［D］.北京交通大学，2011.

[64] 李鑫伟，牛雄鹰，Li，等．国际化路径与区域中小企业成长的关系：互补或替代[J].经济与管理，2017，06（v.31；No.259）：76-82.

[65] 陈岩．我国公共政策的伦理问题分析［D］.大连理工大学，2004.

[66] 蒋福容．我国公共决策中的专家参与问题及对策研究［D］.中国海洋大学，2009.

[67] 陈宇．政策分析的精神气质［J］.发展研究，2006，01（1）：78-78.

[68] 张飞．制造协同服务网的理论与方法研究［D］.浙江大学，2007.

[69] 匡跃辉．科技政策评估：标准与方法［J］.科学管理研究，2005（06）：64-67＋81.

[70] 周迪泽．快速评估方法（RR）及其在卫生政策研究领域的应用［J］.天津科技，2020，047（002）：70-73.

[71] 吕志奎．政策执行中的工具选择［D］.浙江大学，2006.

[72] 周英男．工业企业节能政策工具选择研究［D］.大连理工大学，2009.

[73] 刘秋姝．政策系统视角下的我国循环经济政策设计研究［D］.南开大学，2011.

[74] 巫永刚．公共政策执行监督机制研究［D］.上海师范大学，2009.

[75] 黄毅．公共政策执行偏差分析及对策研究［D］.上海交通大学，2011.

[76] 夏艳．我国公共政策执行偏差分析及对策研究［D］.华东师范大学，2008.

[77] 路文明．论我国政策听证制度的完善［D］.南京师范大学，2011.

[78] 王丽芳．协商民主视角下的价格听证制度研究［D］.西北大学，2008.

[79] 王欢乐．公民参与公共政策制定问题研究［J］.时代报告：学术版，2015，000（012）：4-4.

[80] 陈芳，陈振明．当代中国地方治理中的公民参与——历程、现状与前景［J］.东南学术，2008，000（004）：111-120.

[81] 胡斌．政府决策中公民参与问题研究［D］.湖南大学，2010.

[82] 王沛栋．政府与社会互动视角下我国公民行政参与路径研究［D］.电子科技大学，2008.

[83] 李乐为．论地方政府绩效评估中的公民参与［J］.经济研究导刊，2009（24）：159-161.

[84] 苗文文．地方政府绩效评估中的公民参与机制研究［D］.山西大学，2008.

[85] 陈玉飞．公民参与公共政策制定中的政府引导及推动［D］.东南大学，2011.

[86] 曾凡军．社会转型期我国公共政策的价值冲突及其对策研究［D］.广西师范大

学，2005.

[87] 王珂．构建公民参与政策决策的运行机制 [D]．电子科技大学，2009.

[88] 王婷．我国政府公共决策中的智库建设研究 [D]．湖南大学，2016.

[89] 栗宁远，范瑞光．内涵建设与精准服务：我国地方智库影响力提升策略探析——基于
上海社科院的案例分析 [J]．安徽行政学院学报，2019，000（001）：44-50.

[90] 黄可，梁慧刚，姜山，等．国外思想库的发展特点与趋势 [J]．现代情报，
2009（02）：34-36.

[91] 薛澜，朱旭峰．"中国思想库"：涵义、分类与研究展望 [J]．科学学研究，
2006（03）：321-327.

[92] 李艳，王凤鸣．欧美思想库运行机制对我国思想库发展的借鉴意义 [J]．学术界，
2010，000（005）：214-221.

[93] 祝淑月．民主党派与公共政策制定——基于浙江实践的分析 [D]．复旦大学，2009.

[94] 包兴荣．试论公共决策咨询机构发展与中国国家软实力建设 [J]．决策咨询通讯，
2008（05）：36-42.

[95] 安德鲁·里奇．智库、公共政策和专家治策的政治学 [M]．上海社会科学院出版
社，2010.

[96] 郭琳．美国智库及其影响力研究 [D]．山西大学，2011.

[97] 上海社会科学院智库研究中心．2013 年中国智库报告——影响力排名与政策建议[J].
中国科技信息，2014.

[98] 黄开木，栗琳．基于政策网络的智库核心能力研究 [J]．智库理论与实践，2016，
1（02）：27-33.

[99] 刘耀国．政策咨询报告的文体特征和语用要求 [J]．秘书，2003，000（001）：47-51.

[100] 陈佳云．试论公共政策的主要分析模型与超理性分析 [J]．广东行政学院学报，
2011，23（002）：5-9.

[101] 刘文婧．混合扫描决策模型：理论与方法 [J]．理论界，2014（1）：176-179.

[102] 马小娟．基于政策模型公民参与的三种分析范式 [J]．求索，2012（12）：182-184.

[103] 胡红霞，杨家连．公共政策分析模型分类重构研究 [J]．云南行政学院学报，
2012（01）：65-68.

[104] 宋洪鹏．基于演化博弈理论的产业政策分析模型研究 [D]．天津理工大学，2011.

[105] 珞佳．决策的"垃圾桶"模型 [J]．群众，2019，000（016）：P.49-49.

［106］王瑞祥．政策评估的理论、模型与方法［J］．预测，2003（3）：6-11.

［107］谢媛．政策评估模式及其应用［D］．厦门大学，2001.

［108］卫梦星．基于微观非实验数据的政策效应评估方法评价与比较［J］．西部论坛，2012，22（4）：42-49.